슈퍼 마이너리티 히어로

KB064102

차례

아직 2020년이 다 가진 않았지만, 올해는 한동안 잊지
못할 한 해로 기억될 것 같습니다. 언젠가 디스토피아
비슷한 것을 맞이한다면, 혹시나 전 지구적인 재앙이
온다면, 세상은 어떤 모습이 될까 종종 상상해 보곤
했어요. 사이버펑크 영화에서처럼 인간이 빚어 올린
테크놀로지에 압사당하려나, 환경의 역습에 대패하려나.
하지만 상상은 현실의 구체성을 따라가지 못하죠.
기록적인 장마로 엄청나게 습한 날씨에 마스크를 못
벗어 불쾌지수가 치솟고, 책 애호가들의 테마파크나
다름없는 공공 도서관을 이렇게 오랫동안 이용할 수 없게
될 줄은 미처 몰랐습니다. 갈 거면 그냥 한 방에 가는 줄
알았죠. 카리스마 넘치거나 초인적인 능력을 가진 영웅이
나타난다면 이 상황을 일거에 타개할 수 있을까요?

설마, 그럴 리가요.

올해가 유독 심했다고 할 수도 있지만, 생각해 보면
'올해는 오곡이 참 알맞게 무르익고 가내 두루
평안했으니 태평성대가 따로 없구나.'라고 흡족하게 한
해를 마무리한 적은 거의 없는 거 같아요. 인재든 천재든,
21세기를 살아가는 지구인으로서 실시간으로 일어나거나
일어날 예정인 사고를 감각하지 않고서 어찌 일상을
살아갈 수 있겠어요. 영화에서라면 이럴 때 슈퍼히어로가

짜잔 나타나 위기와 도탄에 빠진 지구를 구하고, 나도 구해 주겠죠. 어쩌면 나는 그의 연인이나 사이드킥이 될 수도 있고요.

그런데, 과연 거대한 힘을 가진 존재에게만 우리를, 세상을 구할 자격이 있는 걸까요.

안전가옥과 메가박스중앙(주)플러스엠이 함께한 첫 번째 공모전에서 '슈퍼 마이너리티 히어로'를 공모 주제로 선정한 건 이런 의문 때문이었어요. 히어로의 '슈퍼'한 능력이 꼭 엄청나야만 의미가 있는 걸까. 스포트라이트를 받으며 활약하는 대신 어디선가 조용하고 소소하게 세상에 의미를 더하는 히어로가 있다면, 그들은 어떤 모습으로 어떻게 우리를 구원할까요.

저희의 의문과 기대에 다양한 이야기로 답해 준 189편 가운데 치열한 심사를 통과한 다섯 작품이 수상작으로 선정되었습니다. 어디서도 본 적 없지만, 어디에나 있을 것 같은 할머니 히어로 〈캡틴 그랜마, 오미자〉, 슈퍼히어로의 애달픈 각성을 그린 〈서프 비트〉, 사랑에 빠진 히어로가 펼치는 끝 간 데 없는 코미디 〈사랑의 질량 병기〉, 특별한 능력을 지닌 10대들의 에너지가 폭발하는 〈피클(Fickle)〉 그리고 귀여운 '코지 히어로물' 〈메타몽〉까지, 작품들 속에 등장하는 매력적이고 유일무이한 히어로들의 탄생을 함께 맞이하게 되어 기쁩니다. 지금도 우리 곁 어딘가에서 남몰래 히어로의 과업을 수행하느라 분주할 것만 같은 이들을 만나 보세요.

안전가옥 스토리 PD
이지향 드림

캡틴 그랜마, 오미자
(Captain Grandma)

- 범유진 -

《맛깔스럽게, 도시락부》,《선샤인의 완벽한 죽음》 등을 발표했다.
화요일에 태어난 아이는 은총을 받는다는 머더 구스의 노래에 의문을
품으며 자라났다. 의문을 가진 자는 끄적거리게 되는 법인지라
자연스레 글을 쓰게 되었다. 삶도 글도, 한곳에 고이지 않도록 재미지게
지낼 수 있기를 바란다.

1.

오미자가 한글을 배운 건 여든 살이 되던 해의 봄이었다. 2월, 오미자는 친구들과 어울려 쑥을 캐서는 마을 회관에 갔다. 오미자가 스무 살에 결혼한 이후로 내내 살고 있는 숙향리는 100여 가구가 모여 사는 아담한 동네였다. 200여 명의 주민들 대부분이 65세 이상에 가장 젊은 사람은 42세인, 고령화가 진행되고 있는 흔한 시골 마을이었다. 마을 주민 중 어린애는 한 명도 없었는데, 마을에 초등학교가 없어서였다. 하나 있던 학교가 폐교된 뒤 숙향리에 살고 있던 몇 안 되는 젊은 부부들은 학교가 있는 진향리로 이사를 가 버렸다. 숙향리의 노인들은 툭하면 마을 회관에 모여 '초등학교 탈취 작전'을 세우곤 했지만, 도청 앞까지 트랙터를 몰고 갈 기력이 없어서 늘 계획만 세우다 얘기가 끝났다. 대신 숙향리 노인들은 명절이나 방학 때면 데굴데굴 굴러 들어오는 손주들을 위해 주머니에 돈과 과자를 장착하고 지내는 쪽을 택했다. 나물 캐기는 할머니들의 쏠쏠한 용돈벌이였고, 마을 회관은 그들의 다방이자 영화관이자 서점이었다. 집이라고 텔레비전이 안 나오는 건 아니었으나 모여서 수다 떨며 봐야 뉴스도 드라마처럼 재미나지는 법이었다. 오미자도 허구한 날 마을 회관을 드나들었다. 쑥을 캔 그날도, 그런 보통의 날이었다.

그 보통의 하루가 특별해진 것은 우연이 겹쳤기 때문이었다. 오미자의 친구인 정소영이, 아들이 책을 냈다고 자랑을 했다. 우리 새끼가 작가 선생이여, 라며 어깨에 힘을 팍 준 정소영은 50여 권의 책을 마을 회관 한쪽에 쌓아 올렸다.

"읽고 싶은 사람은 한 권씩 갖고 가."

오미자가 책을 집어 들었을 때였다.

"아따. 미자야. 너는 글도 못 읽으면서 왜 책을 가져가냐."

최진선이 찰싹, 오미자의 손등을 쳤다. 짠순이로 유명한 최진선은 늘 오미자가 자신보다 쑥을 많이 캔다고 못마땅해했다. 쟤는 용돈 줄 손주도 없으면서 욕심만 많아가지고, 라며 오미자의 흉을 봤다. 그때마다 오미자는 무자식이 상팔자니 내가 이 중 젤 팔자 좋은 년이다, 라고 맞받아쳤다. 그러나 손에서 툭 책이 떨어졌던 그때에는 윗입술과 아랫입술이 딱 붙기라도 한 듯 아무 말도 할 수가 없었다.

"왜 그래. 글 못 읽어도 책 갖고 있으면 좋지. 가져가."

정순영이 오미자의 손에 책을 쥐여 주었다.

"읽지도 못하는 걸 가져가면 그게 낭비지."

최진선의 이죽거림에 딱 붙었던 오미자의 입술이 들썩이려던 순간, 오미자는 벽에 붙은 공고문을 봤다. '어르신 한글 교실'. 오미자의 입술이 드디어 평소처럼 쫙, 벌어졌다.

"책 이깟 거. 내가 여름에 더워서 암것도 하기 싫을 때 마을 회관에서 쩌렁쩌렁 소리 내서 읽어 준다! 다들 딱 기다려!"

그렇게 오미자는 '어르신 한글 교실'의 학생이 되었다. 3개월간 진행된 한글 교실이 끝났을 때 오미자는 한글을 더듬더듬 읽을 수 있게 되었다. 그러나 아무리 해도 책을 술술 읽어 내려갈 실력을 갖추기는 어려웠다. 군청에서는 예산 문제로 한글 교실을 연장하지 않았고, 오미자는 마지막 수업 날 교사를 붙잡고 하소연했다.

"이제 간신히 읽고 쓰는데 선생님들 다 가 버리면 어째."
"할머니. 매일 완성된 문장을 하나씩 써 보세요. 베껴 쓰는 건 안 돼요. 할머니가 쓰고 싶은 말을 써야 해요. 그럼 금세 실력이 좋아질 거예요."

그날부터 오미자는 꼬박꼬박 하루에 한 문장을 썼다. 단어와 조사를 제대로 이어 붙이는 것이 어려워서, 밤마다 공책을 붙들고 씨름을 했다. 그렇게 한 달쯤 하다 보니 텔레비전 자막을 읽을 수 있게 되었다. 오미자는 신이 났다. 이전부터 무슨 내용인지 정말 궁금했던 광고가 있었던 것이다. 그 광고에는 외국의 어린애가 나왔는데, 그 아이의 말이 더빙 없이 자막으로만 나왔다.

캡틴 그랜마(Captain Grandma), 오미자

오미자는 그 광고가 나오기를 기다리며 텔레비전을 틀어 놓고 매일 숙제를 했다. [오늘은 비가 왔습니다.] [순금이와 닭을 삶아 먹었습니다.] 공책에는 날짜가 쌓여 갔다.

6월 초, 더위가 막 시작되려 할 즈음에 오미자네 소가 송아지를 낳았다. 노산이라 긴 고생 끝에 송아지를 낳고는 그 몸을 핥아 주는 어미 소가, 오미자는 그저 기특하기만 했다. 저것 몸을 제대로 챙겨 줘야지 싶어, 오미자는 저녁 내내 정성 들여 죽을 쒔다.

다음 날 새벽 오미자는 졸린 눈을 비비며 외양간으로 향했다. 그리고 우사 안에 들어서자마자 주저앉아 엉덩방아를 찧었다. 제대로 서지도 못하는 송아지가, 자기 몸의 서너 배는 되는 소를 낳고 있었다. 그것은 오미자가 80년 인생 내내 한 번도 본 적 없는 무시무시한 장면이었다. 오미자는 우사에서 뛰어나와 반쯤 걷고 반쯤 기어간 끝에 집 툇마루에 앉아 헐떡이는 숨을 뱉었다.

"어이구야. 저것이, 어찌 된 일이야. 뭐 저런 이상한 일이."

오미자는 한참을 중얼거리다가 방으로 들어가 공책을 펼쳤다.

'이런 괴상한 일은 잘 써 놓아야지. 암.'

밤을 새워서라도 꼼꼼히 적어 놓으리란 각오로 공책을 펼친 오미자의 눈앞에, 한 문장이 툭 튀어 올랐다. 어제저녁 잠들기 전 오미자가 숙제로 쓴 문장이었다.

[송아지가 소를 낳습니다.]

소가 송아지를 낳았다고 쓴다는 것이 그만, 깜빡 잘못 써 버렸다.

'가만있어 봐. 혹시 이거, 내가 이리 써서 그리된 거 아냐?'

오미자는 새벽이 꼴딱 새도록 공책을 노려보며 앉아 있었다.

"까짓것. 써 보면 알겠지."

오미자는 볼펜을 들었다.

*

[주민탁 폐암 다 낫는다.]
[이민숙 이 썩은 거 다 낫는다.]
[정순영 허리 디스크 다 낫는다.]
[최진선 무릎 아픈 거 다 낫는다.]

오미자는 볼펜 끝을 달칵달칵 누르기를 반복했다. 송아지가 소를 낳은 지 일주일. 오미자는 이제 자신에게 능력이 생겼다는 것을 알았다.

하루에 한 문장. 쓰는 대로 이루어지리라!

정말로 딱, 가장 먼저 쓰는 한 문장만이 현실이 되었다. 그 이상은 아무리 써도 아무 일도 일어나지 않았다. 그래서 오미자는 매일 저녁 고민했다. 누구를 먼저 고칠까, 하고. 오미자가 자신에게 생긴 능력에 놀란 것은 잠시뿐이었다. 오래 살다 보니 하늘에서 이런 선물도 주는구나 하고 납득을 했고, 받은 선물은 나누어야지 싶었고, 친구들

캡틴 그랜마(Captain Grandma), 오미자

의 몸을 쌩쌩하게 만들어 주리라 결심했다. 마을에 하나뿐인 병원은 영 신통찮았다. 마을 사람들은 아프다 아프다 하면서도 사실은 안 아픈 게 들통날까 봐, 혹은 진짜 아프다는 걸 확인하는 게 무서워서 병원에 가기를 꺼렸다. 그렇다 보니 오미자가 마을 사람들의 아픈 곳만 치료해도 1년은 넘게 걸릴 상황이었다. 한동안 숙제로 뭐 쓸지 고민은 안 하겠네, 라고 오미자는 생각했다.

'그놈의 할망구. 망할 할망구.'

하지만 오늘, 오미자는 누구의 이름도 공책에 쓰고 싶지 않았다. 오후에 있었던 일이 자꾸만 펜 끝을 무디게 했다.

오후에 오미자는 마을 회관에 갔다. 원래도 자주 갔지만, 능력이 생긴 후 오미자는 뻔질나게 마을 회관에 드나들었다.

"참말 이게 뭔 일인지. 이가 하나도 안 아프니 그리 좋을 수 없어. 오징어를 20년 만에 먹었다니까."
"나는 어떻고. 허리가 늘 지금만 같으면 손주를 업어 기를 수도 있겠다니까."

오미자 덕분에 앓던 지병에서 싹 벗어난 마을 사람들은 회관에 모여 앉아 앞다투어 떠들었다. 기적이 일어났다고. 기적을 일으킨 장본인인 오미자는 회관 한쪽에 앉아, 창조물을 바라보는 비밀스러운 신이라도 된 듯이 후후 웃었다.

"최 원장이 명의라니까. 이것 봐. 내가 최 원장 주려고 샀지. 곱지?"
"짠순이 최진선이 웬일이야. 이거 비싼 거 아냐?"

"캐시미어다, 캐시미어. 내 무릎 싹 고쳐 준 은인인데 이 정도쯤이야. 이렇게 고맙습니다, 하고 성의 표시를 해야 앞으로도 잘 봐줄 거 아냐."

최진선의 말에 오미자의 웃음이 싹 사라졌다. 오미자는 최진선의 옆으로 가 그가 손에 든 것을 봤다. 한눈에 봐도 비싸 보이는 스카프였다. 오미자는 툭, 최진선의 엉덩이를 밀며 사람들 사이에 끼어 앉았다.

"너는 나한테 200원짜리 커피 한 잔 안 사더니."

"너한테 왜. 100원도 아깝다."

"뭐? 야. 난 그래도 네가 친구라고…."

"친구는 무슨. 미자 너는 뜨내기 아니냐. 스물 넘어 훌쩍 시집와 놓고. 네가 지금은 사라진 숙향 국민학교를 알아?"

오미자는 팍, 최진선의 엉덩이를 걷어찼다.

"오미자, 미쳤냐!"

오미자는 고래고래 소리 지르는 최진선을 뒤로하고 마을 회관을 나왔다. 집으로 가는 내내 씩씩 거친 콧김이 뿜어져 나왔다.

'뜨내기? 오냐. 내가 여기서 50년을 넘게 살았는데도 니들하고 그깟 학교 같이 안 다녔다고 뜨내기 취급이라 이거지. 잘났다. 잘났어. 국민학교 나온 게 아주 벼슬이야, 벼슬.'

오미자는 집에 도착하자마자 찬물을 벌컥벌컥 들이마셨다. 평소 심술궂은 최진선이야 그렇다 쳐도, 정순영이나 다른 친구들이 말 한마디 안 거들어 준 것이 못내 서운

했다. 오미자의 기억은 남편이 세상을 떠난 20년 전으로 거슬러 올라갔다. 그때 함께 장을 치러 준 마을 사람들은, 입을 모아 오미자를 욕했다. 여자가 기가 세니 남자가 먼저 간 것이라고. 오미자는 육개장을 뒤엎으며 사람들과 싸웠다. 시뻘건 국물을 뒤집어썼던 게 누구였더라. 그때도 오미자의 편을 들어 주는 사람은 아무도 없었다. 15년 전 시어머니 장례식 때도 그랬다. 마흔 살이 되도록 아이를 낳지 못해 시어머니에게 타박을 들을 때에도, 막 시집와서 매일 울며 지낼 때에도 그랬다. 한 주전자 가득했던 물을 양 뺨이 터져라 쏟아 넣던 오미자는 결국 바닥에 물을 뿜어냈다. 오미자는 바닥을 적신 물자국을 보다, 그 위에 냅다 주전자에 남은 물을 몽땅 부어 버렸다.

"썩을 것들."

오미자는 방에 들어와 벌렁 드러누웠다. 그러다 깜빡 잠이 들었고, 해가 진 뒤에야 깨어났다. 오미자는 습관처럼 공책을 폈다.

"망할 할망구. 망할 할망구들."

오미자는 그 순간 그저 너무나 외로웠다. 2년 전 곁을 떠난 망치가 그리워졌다. 망치는 오미자가 12년을 기른 개였다. 옛날부터 개를 좋아했지만 시어머니가 질색해 기르지 못하다가, 시어머니가 돌아가시고 나서야 기르게 되었다. 망치가 있었으면 끙끙거리면서 허벅지에 척 얼굴을 올리곤 위로해 주었을 것이다. 그 온기가 그리워, 오미자는 무릎을 끌어안았다. 그 와중에도 남편은 새끼손톱만큼도 그립지 않았다.

[나는 오늘 망치랑 뛰어놀 거다.]

오미자는 공책에 또박또박 적어 넣었다. 그러곤 방문에 착 달라붙어 앉아 기다렸다. 밖에서 개 짖는 소리가 들려오진 않을까, 하고. 방문을 열고 어두운 마당을 기웃기웃 살펴보기도 했다. 하지만 망치는 나타나지 않았고, 오미자는 괜히 텅 빈 주전자만 몇 번 어루만지다 잠들었다.

그날 밤 내내 오미자는 망치와 뛰어노는 꿈을 꾸었다.

'이렇게 되면 쓴 대로 이루어진 건가, 아닌 건가.'

다음 날 아침, 오미자는 고개를 갸웃거렸다. 전날 밤의 꿈이 무척 생생해서 망치와 정말 만났던 듯했다. 진짜 되살아나게 좀 해 주지. 아쉬움에 쩝쩝 입맛을 다시던 오미자의 머릿속에 문득 궁금증이 일었다.

'이 능력으로 할 수 있는 건 뭐고 못 하는 건 뭔가.'

그날부터 오미자는 매일 다른 내용을 공책에 적었다.

하루는 텔레전에 교통사고 현장이 긴급 생중계되었다. 6중 추돌 사고였다. 사람들이 응급차로 실려 가는 광경을 보며, 오미자는 공책에 적었다.

[교통사고 당한 사람들 다 산다.]

하지만 글을 적자마자, 사망자가 나왔다는 앵커의 다급한 목소리가 흘러나왔다. 그래서 오미자는 알았다. 아, 이 능력으론 사람 죽고 사는 거는 어떻게 못 하는구나. 다음 날, 내친김에 [오미자의 얼굴이 20대로 돌아간다.]라고 적었다. 역시나 이루어지지 않았다. 그다음 날에는 [오미자는 황소 한 마리 들 정도로 힘이 세진다.]라고 적어 보았다. 그건 이루어졌다. 그런 실험을 몇 번 거듭하는 사이에 오미자는 허리 한 번 안 굽히고 산 정상까지 올라가, 나무를 몽땅 베어 어깨에 턱 얹고 내려올 수 있을 만큼 힘이 세졌다. 그러나 겉모습은 하나도 안 바뀌어서, 주변에서는 그 사실을 몰랐다.

돈에 대한 실험도 했다. [오미자 집에 돈이 많이 생긴다.]라는 문장은 어떤 사건도 일으키지 않았다. 그러나 [슈퍼마켓 현금통 동전이 다 오미자 집에 쌓인다.]라는 문장은 그대로 이루어졌다. 그날 슈퍼마켓에는 도둑이 들었다고 난리가 났다. [오미자는 복권 5등에 당첨된다.]라고 적자, 그것도 이루어졌다. 오미자는 복권과 바꿔 온 5천 원짜리 지폐를 텔레비전 위에 올려 두고 손대지 않았다.

"나 이젠 글씨 참 잘 쓰네. 이젠 저런 책 한 권쯤 거뜬히 읽겠어."

실험 내용을 공책에 적어 넣으며, 오미자는 만족스럽게 웃었다. 매일 새로운 실험을 하고 기록하는 일이 생각보다 재미있었다. 그 재미에 흠뻑 빠져 마을 회관에 가는 것도 잊고 지냈다.

"미자야. 집에 있냐?"

하루는 정순영이 담장 너머에서 오미자를 불렀다. 오미자는 공책을 덮고 방문을 열었다.

"왜?"
"너 왜 요즘 마을 회관에 안 와?"
"바빠."
"진선이가 너, 책 못 읽으니까 도망갔다고 이죽거려."

오미자는 방에서 나와 툇마루에 걸터앉았다. 정순영이 허리를 두드리며 집 안으로 들어와, 오미자의 옆에 앉았다.

"어이구. 죽겠다."

"순영이 너 허리 다 낫지 않았어?"

"도로 아파. 됐고. 너 빨리 옷이나 챙겨 입고 나와."

"옷?"

오미자는 그제야, 정순영이 평소 거의 안 입는 검은 치마를 입고 있는 것을 눈치챘다.

"주 씨가 결국 갔단다."

정순영이 손가락 끝으로 하늘을 가리켜 보였다.

"주 씨가? 뭐로? 설마 폐암? 그거 다 나아서 퇴원해 집에 온 거였잖아."

"다 낫기는. 사흘 전에 갑자기 심해져 가지고 실려 갔어. 네가 요즘 마을 회관도 안 오고, 일도 뚝 떨어져서 혼자 꼬물거리고, 나물 캐러도 같이 안 가니 모를 것 같아서 부르러 온 거야. 얼른 옷 갈아입고 와. 사람들 다 같이 병원 가기로 했어. 장례식을 거기서 할 거래."

"마을에서 안 하고?"

"주 씨 아들이 서울 살잖아. 병원에서 해야 손이 덜 간대."

오미자는 검은 치마를 꺼내 입고 머리를 매만지는 척하며 정순영 몰래 공책을 펼쳐 보았다. 분명히 [주민탁 폐암 다 낫는다.]라고 적혀 있었다.

'이게, 아무래도 효과가 영영 이어지는 게 아닌가 보다.'

여름의 더위가 완전히 무르익었을 때쯤, 오미자는 자신의 능력에 대한 실험을 끝냈다. 오미자가 마지막으로 한 실험은 날씨에 관한 것이었다. [숙향리에 하루 종일 비가 온다.]는 이루어졌다. 그러나 [서울 종로 3동에 비가 온다.]는 이루어지지 않았다. [진향리에 비가 온다.]도 안 이루어졌다. 오미자는 공책에 결과를 적고 집을 나섰다. 서울엔 못 가도, 진향리에는 갈 수 있었다. 진향리는 숙향리에서 버스로 열 정거장 떨어져 있었고, 오미자는 그때까지 한 번도 진향리에 가 본 적이 없었다. 그곳은 숙향리보다 두 배쯤 컸고, 숙향리에는 없는 스파게티 전문점이 있는 곳이었다. 오미자는 태어나서 처음으로 스파게티를 먹은 뒤 집으로 돌아왔다. 그리고 다음 날 다시 적었다. [진향리에 비가 온다.] 이번에는 이루어졌다. 진향리에 느닷없는 폭우가 쏟아졌다는 소식이 전해졌다.

"눈이든 우박이든 내가 가 본 데에만 내리게 할 수 있나 보네. 어이구, 까다롭다. 이 능력 별로 쓸모없는 거 아냐? 그냥 힘세고 돈 많은 할머니로 늙어 죽겠네."

오미자는 실험 결과를 천천히 살피며 혀를 찼다.

"신이 좀스럽기도 하지. 이런 능력을 줄 거면 뭘 써도 다 되게 해 주든가. 그 뭐야. 팬티만 입고 막 날아다니는 그⋯. 슈퍼맨! 그래. 슈퍼맨처럼. 이거는⋯."

오미자는 말을 끊고는 한참이나 끙끙거리다 결국 사전을 폈다.

"슈퍼⋯. 슈퍼마켓. 이것은 아닐 텐데. 미국 사람들 글자는 통 모르겠고. 어쨌든 그거지. 슈퍼맨의 능력이 슈퍼마켓같이 없는 게 없는 그런 거라고 한다면, 내 능력은 완전 동네 구멍가게, 아니지. 효과가 한 달도 못 가니 월세도 못 내는 거 아니야. 이건 뭐 시장 바닥 좌판이네, 좌판."

하지만 오미자는 투덜거리면서도, 좀처럼 공책을 덮지 못했다.

'그래도 기껏 이런 능력이 생겼는데. 이걸로 할 수 있는 일이 없으려나.'

무언가를 해야만 할 것 같았다. 가방 안에서 간질간질, 무언가 움직이는데 그걸 안 꺼내 보고 그대로 넣어 둔 그런 기분이었다. 오미자는 자리에서 일어나 방 안을 왔다 갔다 했다가, 방구석에 쪼그려 앉았다가, 벽에 등을 대고 벅벅 문질렀다가, 괜스레 물을 마셨다가, 텔레비전을 켰다가 껐다가, 도로 공책을 들여다보았다가, 다시 텔레비전을 켰다.

"저 광고! 이제야 나오네!"

다시 텔레비전을 끄려던 오미자의 손이 멈췄다. 오미자가 무슨 내용인지 궁금해하던 광고가 나왔다. 오드리 헵번이 환하게 웃으며 등장하는 첫 장면. 그다음에는 외국 아이들이 우르르 등장했다. 아이들은 맨발로 뛰었고, 물을 길으러 아주 먼 곳까지 걸어갔고, 더러운 물을 그대로 마셨고, 배를 앓았다. 누군가가 아이들 중 제일 어려 보이는 아이에게 물었다. "소원이 뭐니?"라고. 아이는 대답했다. 그 대답은 자막으로 텔레비전 화면 위에 쓰였고, 오미자는 드디어 그 자막을 읽었다. 예전에는 한글을 몰라, 보고도 무슨 뜻인지 알 수 없었던 아이의 대답을.

"이거네. 이거."

가방 안에서 간질거리던 것이 툭 튀어나왔다. '소말리아에 희망을'이라는 문구가 나오고 광고가 다 끝나자, 오미자는 앉은 채로 방 한구석을 가만히 바라보았다. 그러다 텔레비전 위를 봤다. 복권 당첨금으로 받은 5천 원짜리 지폐는 한 달이 지났는데도 사라지지 않은 채였다.

'저런 식으로 돈을 버는 게 가능하다면, 더 큰 금액도 너끈하겠지. 그럼 돈 문제는 없을 것이야.'

오미자는 결심했다.

소말리아에 가기로.

2.

한심한은 경운기의 초크 밸브를 당겼다. 바람 빠지는 소리와 함께 시동이 걸렸다. 한심한은 손에 들고 있던 막걸리를 병 바닥까지 탈탈 털어 마시고는 경운기에 올라탔다.

'덜덜거리는 게 꼭 내 인생 같군. 제기랄.'

길에서 흙먼지가 자욱하게 피어올랐고, 한심한은 잔뜩 얼굴을 찌푸렸다.

'내가 이런 데에서 썩고 있다니.'

한심한은 사방을 둘러보았다. 엉성하게 포장된, 경운기 한 대가 간신히 오고 갈 만큼 좁은 길. 감자밭, 밭, 그리고 또 밭. 슬레이트 지붕을 이고 있는 키 낮은 집들. 한심한에게는 그 풍경이 회색과 갈색의 구멍 숭숭한 누더기 옷처럼 보였다. 한심한은 신경질적으로 변속 레버를 잡아당겼다.

'이 지긋지긋한 풍경. 이 지긋지긋한 마을!'

한심한은 끄윽, 길게 트림을 했다. 시큼한 막걸리 냄새가 몸 안에서 밀려 올라왔다. 숙향리로 온 지 어느새 반년. 매일 막걸리를 물처럼 마신 탓에 이제는 숨만 쉬어도 막걸리 냄새가 났다. 한심한은 자신의 몸에서 뿜어져 나오는 것이 양주가 아닌 막걸리 냄새라는 것을 견딜 수가 없었다. 막걸리를 외상으로 사 들고 나올 때면 늘 듣는 술 좀 그만 마시라는 슈퍼 할머니의 잔소리도, 김 씨 할아버지에게 일거리가 없냐고 물어야 하는 것도, 선심 쓰듯 거름이나 주고 오라며 만 원짜리 몇 장을 건네주는 주름 자글자글한 손도, 내 것도 아닌 밭에 냄새나는 거름을 뿌려야 하는 처지까지도 모두 견디기 힘들었다.

'주식에서 절반만 건졌어도. 사업만 안 망했어도. 아니지. 그깐 게 뭐가 문제야. 타고나길 부잣집 아들로 났어봐. 뭘 하다 망해도 상관없지.'

술기운과 함께 울분이 치솟아 올랐다. 경운기가 어느새 길을 벗어나 밭두렁 쪽으로 미끄러져 들어가고 있는 것도 눈치채지 못한 채 한심한은 기어를 고단으로 올렸다. 순간 경운기가 두렁 아래로 급하게 굴러떨어졌고, 당황한 한심한은 클러치 레버를 죽 당겼다. 핸들이 순식간에 휙 돌아가면서 경운기는 완전히 중심을 잃었다. 한심한은 경운기와 함께 두렁에 처박혔다. 한심한은 경운기의 몸체 아래 깔렸다. 빠져나오려 몸부림을 쳤지만, 허리 아래가 도저히 움직이지 않았다. 시동이 꺼지지 않아 계속 털털털 움직이는 경운기의 떨림이 몸 안까지 파고들어 내장을 뒤틀리게 만들었다. 한심한은 흙투성이가 된 얼굴을 손등으로 문지르고, 고개를 옆으로 돌려 칵 침을 뱉었다. 가래에 피가 섞여 나왔다. 한심함은 더럭 겁이 나, 마구 소리를 질렀다.

"누구 없어요? 사람 살려!"

아무도 나타나지 않았다.

'경운기에 깔려 죽다니.'

순간 한심한이 떠올린 것은 본 적 없는, 그럼에도 뚜렷이 어른거리는 장면이었다. 엎어져 있는 트랙터, 그 아래 깔려 버둥거리고 있지만 남들 눈에 보일 리 없는 한 사람.

'저주야. 역시 저주라고.'

한심한은 다시 칵, 침을 뱉었다. 침은 한심한의 입가 옆으로 주르륵 흘러내렸다.

"너 뭐 하냐?"

흙과 피, 침으로 얼룩진 한심한의 얼굴 위로 그림자가 드리워졌다.

*

한심한은 마흔두 살이었다. 그는 숙향리에서 태어나 스무 살 때 대학 진학을 위해 서울로 갔다. 한심한은 그의 어머니가 마흔 살에 낳은 늦둥이였고, 그의 어머니는 그를 낳고 사흘 후 세상을 떠났다. 한심한의 아버지는 아들이 가여워 아들이 원하는 건 무엇이든 해 주었다.

그래서 한심한은 경제적 어려움 없이 삼수 끝에 대학에 합격하고, 그럭저럭 졸업을 하고, 5년간 공무원 시험 준비를 할 수 있었다. 그러나 한 번도 면접까지 가지 못했다. 한심한은 그렇게 된 게 자신의 이름 때문이라고 여겼다. 심한(深瀚). 깊고 큰 사람이 되라는 의미를 가진 이름이었으나, 성과 붙어 한심한이 되어 버렸다.

"이름이 이러니깐, 되는 일이 없잖아! 아빠. 사실은 나 싫어하지. 그래서 이따위로 지은 거지, 내 이름! 다 망하라고!"

한심한은 또다시 공무원 시험에 떨어진 날, 수화기를 붙들고 외쳤다. 통화 상대는 한심한의 아버지였다. 한심한은 취하긴 했어도 자기가 무슨 말을 하는지는 분명히 알고 있었지만 술에 취했다는 핑계로 온갖 말을 쏟아 내었다. 다른 애들은 수강료가 비싼 학원도 척척 다니고, 몇십만 원짜리 동강도 공유할 사람 안 구하고 척척 듣고, 고시원처럼 비좁은 데서 고생도 안 하는데, 내가 그런 애들을 어떻게 이기냐고. 내 이름이 이따윈데 면접까지 가 봤자 웃음거리만 될 게 뻔하지 않냐고. 그런 걱정을 하다 보면 공부에 집중이 안 된다고. 그러니 내가 시험에 못 붙는 건 다 아빠 때문이라고. 흙수저 아버지를 가졌으니 내 인생도 내내 흙수저일 수밖에 없다고. 한심한은 고래고래 소리를 질렀다. 불합격의 원인을 타인의 탓으로 전부 돌리고 나니 마음이 편해졌다. 한심한은 일방적으로 전화를 끊고 기절하듯 잠들었다. 다음 날 오후 1시가 넘어 일어난 한심한은 길게 이어진 부재중 전화 목록을 봤고, 통화 버튼을 눌렀다.

"한심한 씨죠. 여기 경찰선데요. 아버지가 돌아가셨습

니다."

한심한은 휴대폰을 방바닥에 툭 떨어뜨렸고, 토했다.

한심한의 아버지는 트랙터에 깔려 숨진 채 발견되었다. 경찰에서는 이 죽음이 사고사인지 자살인지를 가려야 한다고 했다. 보험사에서는 트랙터를 몰고 나간 이유가 작업을 하기 위해서인가, 이동을 하기 위해서인가를 집요하게 따졌다. 어느 쪽이든 아버지가 왜 그 한밤중에 트랙터를 몰고 나갔느냐가 문제였다. 경찰과 보험 조사관 모두 한심한에게 물었다. 그날 저녁에, 아버지와의 통화에서 무슨 이야기를 했냐고. 마음에 짚이는 것이 없냐고. 한심한은 고개를 가로저었다. 아버지가 왜 그런 행동을 했는지, 이유를 알고 싶지 않았다.

"원래 시골에서는 밤에 트랙터로 드라이브도 하고 그러는 거야! 얘가 얼마나 불쌍한 애라고. 낳자마자 지어미 죽고, 이젠 하나 남은 애비까지 잃었는데. 어디 애한테 돈 안 주려고 수작을 부려, 수작을!"

숙향리 사람들은 한심한의 편을 들며 보험사 직원을 다그쳤다. 한심한에게 모질게 굴면 마을 사람들 전부 보험을 해지해 버리겠다는 으름장도 놓았다. 그 덕에 한심한 아버지의 죽음은 결국 사고사로 결론이 났다. 한심한은 1억의 보험금을 받았다. 처음 만져 보는 큰돈이었다.

한심한은 장례식이 끝나자마자 서울로 돌아갔고, 밤마다 악몽을 꾸기 시작했다. 꿈속에서 한심한은 내내 트랙터에 쫓겼는데 트랙터 바닥에는 아버지가 철썩 달라붙어 있었다. 한심한은 한 달간 같은 꿈에 시달리다, 어차피 공부도 안 되는 거 돈이 있으니 가고 싶었던 곳에

다 가 보기나 하자 결심했다.

그때부터 한심한은 테이블 하나에 100만 원은 넘게 든다는 나이트클럽, 룸살롱, 레스토랑을 섭렵하기 시작했고 그곳에서 새로운 친구들을 사귀었다. 그 친구들은 한심한에게 늘 비슷한 것을 물었다. 집은 어디? 차는 뭐? 무슨 사업 해? 그들에게 노량진 고시원에 산다고 말할 수 없었던 한심한은 강남에 오피스텔을 알아보러 나갔고, 자신이 가진 돈으로는 전세를 구할 수 없다는 사실에 충격을 받았다. 1억은 한심한에게는 매우 큰 돈이었지만, 한심한이 원하는 삶을 계속 이어 가기엔 턱없이 적은 돈이었다. 한심한은 남은 돈으로 사업을 하리라 결심했고, 몇몇 투자 설명회에 다녀왔고, 거기서 만난 몇몇과 친해졌고, 함께 프랜차이즈 레스토랑을 열기로 했다. 그들 중 누구에게도 요식업 종사 경험이 없었고 아무도 회계를 볼 줄 몰랐으나 접대비를 쓰는 데만은 모두가 능숙했다. 사업은 3년을 못 버티고 망했다. 들어갈 때 지불했던 권리금은 간신히 건지고 나왔지만, 다섯 명이 나누고 나니 본전도 못 건진 꼴이 되었다. 그러던 중에 주식 브로커에게 홀라당 넘어간 한심한은 남은 돈을 전부 주식에 탈탈 털어 넣었다. 사기였다. 한심한은 강남 오피스텔 월세도 자동차 리스비도 더 이상 낼 수 없게 되었고, 다시 노량진 고시원으로 돌아왔다. 1억이란 돈이 그렇게 쉽게 사라졌다는 것을 실감할 수 없었다. 어떻게든 회복할 수 있을 거란 생각을 하며 지하철역 근처를 어슬렁거리다 다단계 권유를 받았다. 다이아몬드 등급에 오르겠노라는 포부를 가지고 다단계 회사에서 제공하는 숙소로 들어갔다. 그는 그곳에서 먹고 자고 물건을 팔았다. 그렇게 5년을 보내고도 한심한은 여전

히 가장 아래 등급인 브론즈에 머물러 있었고, 2천만 원
짜리 마이너스 통장과 500만 원의 사채를 쓰고 있었다.
사채업자들이 숙소까지 따라와 난동을 부렸기에 숙소
에서는 쫓겨나고 말았다.

한심한은 2년간 노숙자로 역과 공원을 떠돌다가 어느
날 충동적으로 버스에 올라탔고, 숙향리로 돌아왔다. 숙
향리에는 허물어지기 직전이긴 했으나 한심한의 아버
지가 살던 집이 남아 있었고, 마을 사람들은 한심한을
'불쌍한 어린 것' 취급을 하며 받아들여 주었다. 남자가
어찌 밥을 하겠냐며 끼니때마다 밥을 먹이거나 밥을 해
주고 가거나 반찬을 나누어 주었으며, 그가 망나니짓을
하며 마을을 돌아다녀도 아직 철이 없어 저렇지, 하고
감싸 주었다. 그래서 한심한은 숙향리에서 지낸 반년 동
안 점점 자신이 어른임을 인지하지 못하는 어른이 되어
갔다. 여전히 서울에서 지내는 한심한의 친구들은 하루
에도 몇 번씩 그에게 양주며 외제 차 등등 그가 그리워
하는 온갖 것들의 사진을 보냈다. 분명 함께 사업을 하
다가 망했는데, 자신과 달리 너무나 멀쩡히 잘사는 듯한
친구들의 연락을 받을 때마다 한심한은 혼잣말을 중얼
거렸다.

"아빠가 내게 저주를 건 거야. 이름부터가 저주였던
거라고."

하지만 그 저주를 풀 방법을 그는 몰랐다. 아니, 푸는
것이 두려웠다. 방구석에 쌓인 공무원 수험서 안에는 개
명 신청서가 끼워져 있었지만, 그는 그것을 한 번도 제
출한 적이 없었다.

*

"너 뭐 하냐?"

한심한은 짧게 한숨을 쉬었다. 경운기에 깔려 죽을지도 모르는 마당에 나타난 사람이 할머니라니. 그것도 하필 오미자라니. 한심한은 오미자가 싫었다.

한심한이 술에 취해 마을 회관 앞에서 고래고래 노래를 불렀을 때였다. "어이구. 젊으니까 목청도 좋다." 사람들은 한심한을 끌어내기는커녕 칭찬을 했다. 한심한은 술과 기분에 한껏 취해 있을 수 있었다. 퍽, 오미자의 손바닥이 한심한의 등짝을 내리치기 전까지는. "사람이면 공중도덕을 지켜라. 도덕을!" 오미자의 날 선 꾸중에, 한심한은 입을 딱 다물었다. "넌 애한테 왜 그러냐." "사내놈이 그럴 수도 있지." 옆에 선 사람들이 오미자를 타박했다. "애는 무슨. 마흔 넘은 애가 어디 있어." 오미자의 그 말에 한심한은 좋았던 기분과 술기운에서 완전히 깨어나고 말았다.

"할머니. 전화. 전화 없어요? 사람 좀 불러요."
"이거 치우는 정도로 뭔 사람을 불러."

오미자는 경운기를 번쩍 들어 한심한의 몸 위에서 치웠다.

'경운기가 이렇게 쉽게 들리는 거였어?'

한심한은 눈을 껌뻑였다.

"운전 잘했어야지."

오미자가 경운기를 한쪽에 세워 놓는 동안, 한심한은

몸을 일으키려고 바르작거렸다. 하지만 여전히 허리 아래가 통 움직이지 않았다. 그 둔탁한 감각이 경운기의 무게 때문이 아님을 알게 된 한심한의 입술이 바짝바짝 말랐다.

'설마 허리를 다친 건 아니겠지?'

한심한은 오미자를 향해 손을 뻗었다.

"할머니. 빨리 구급차 좀 불러요. 나 다쳤나 봐!"
"나 휴대폰 없는데."
"아, 그럼 마을 회관에 가서 불러와 줘요! 나 허리 병신 되면 책임질 거야!"
"너 오늘 운 좋은 줄 알아라. 내가 오늘 아직, 아무것도 안 썼거든."

오미자는 주머니에서 수첩과 펜을 꺼내 무언가를 썼다.

'저 할망구가 뭐 하는 거야.'

한심한은 드러누운 채 어깨를 마구 흔들며 몸부림쳤다.

"할머니! 빨리 구급차!"
"됐다. 그만 버둥거리고 얼른 일어나 봐."
"못 일어나니까 구급차를 불러 달라는 거지! 봐. 이렇게 움직이려고 해도 다리가 꼼짝을…. 어, 움직이네? 움직인다! 움직여!"

아무런 감각이 없던 허리 아래가 움직였다. 한심한은 벌떡 일어나 앉아, 자신의 몸을 살폈다.

'사고 났을 때 놀라서 몸이 굳었던 것뿐인가?'

한심한은 자리에서 일어나, 경운기를 살폈다. 경운기

의 뒤쪽이 완전히 찌그러져 있었다.

"수리비 많이 나오겠는데, 이거. 김 씨 할아버지가 혼낼 텐데. 아, 짜증 나…."

투덜거리는 한심한의 등을 오미자가 철썩 내리쳤다.

"고맙습니다, 도 안 하나!"
"왜 때려요. 왜! 하여간 노친네…. 고맙습니다. 됐죠?"
"엎드려 절 받기네. 그런 빈 인사는 됐고, 나 뭐 하나만 도와줘라."
"뭘요?"
"비행기. 넌 서울에서 왔고, 젊기도 하니까 외국도 나가 봤을 거 아니냐."

한심한은 외국에 가 본 적도, 비행기를 타 본 적도 없었다. 눈앞에 존재하지 않는 즐거움은 그의 관심거리가 아니었기에 여행에는 취미가 없었다. 한 번쯤 해외여행을 간다면 자랑거리로 삼게 크루즈쯤은 타야지, 하고 생각한 적이 있을 뿐이었다. 그러나 사실대로 말하려니 자존심이 상해서, 한심한은 고개를 끄덕였다.

"비행기 타려면 어떻게 해야 하는지 좀 알려 줘."
"어디를 가시게요?"
"소말리아."
"소말리아가 어디 있는 나라더라…. 할머니. 거기는 사람들이 많이 안 가는 곳인데. 별거 있지도 않고. 가는 데 시간도 엄청 걸릴 텐데요."
"괜찮아. 그런 건."
"돈도 엄청 많이 들어요."
"그것도 괜찮아."

"한 500, 600만 원 들 텐데요?"

"괜찮다니까."

"천만 원 넘게 들지도 모르는데?"

"아! 괜찮다고! 돈 많아! 얼마가 들어도 돼!"

한심한의 눈가가 가늘어졌다. 숙향리에 돌아온 후 처음으로 막걸리 아닌 다른 것의 냄새를 맡았다. 돈 냄새. 그토록 원하던 기회의 냄새였다. 한심한은 자기 옆에 선 오미자를 위아래로 훑어보았다. 꽃무늬 셔츠에 삼베 치마. 아무리 봐도 브랜드 물건이 아닌 게 분명한 운동화. 어디를 봐도 갑부로는 보이지 않았다. 그렇지만 의외로 있지 않던가. 산골에 사는 노친네가 몇십억 자산을 가진 부자라거나 하는 일이. 한심한은 오미자를 좀 더 떠보기로 마음먹었다. 어차피 할 일도 없었다. 경운기를 가지고 일찍 돌아가 봤자 김 씨 할아버지에게 더 빨리 혼나게 될 뿐이었다. 한심한은 입꼬리를 쭉 위로 올려 사업용 스마일을 장착했다.

"봐요. 할머니. 이게 비행기 예약 사이트. 여기 들어가서 회원 가입하고, 자리 선택하고, 돈 내면 돼요. 근데 인터넷을 좀 쓸 줄 알아야 할 텐데."

오미자는 한심한이 내민 휴대폰 화면을, 허리를 굽히고 한참을 들여다보았다.

"이건 뭐 이렇게 화면이 작아."

"비행기 예약만 한다고 끝나는 게 아니에요. 소말리아 도착해서 뭐 타고 이동할지, 어디서 잘지 그런 거는 다 어떻게 하려고요? 말도 안 통할 텐데. 내가 같이 가면 그런 거 대신 해 줄 수도 있는데. 근데 내가 몸값이 좀 비싸."

오미자는 쭉 허리를 펴고 서, 허리에 척 손을 얹었다.

"복잡하네. 그래. 젊은 네가 좀 해 봐라. 돈 줄게."

됐다. 한심한은 속으로 쾌재를 불렀다.

"그런데 할머니. 소말리아에는 뭐 하러 가려고?"

오미자의 대답은 짧고도 굵었다.

"세계 정복하러."

*

'이 할머니는 잠도 없나.'

한심한은 벌겋게 충혈된 눈을 비비며 기지개를 켰다. 고속버스에 탈 때만 해도 한심한의 눈은 매처럼 빛났다. 서울로 가기까지는 버스로 여섯 시간이 넘게 걸리니, 그 사이 오미자가 잘 것이라 확신했던 것이다.

'저 가방. 저기에 분명히 돈이 있어.'

한심한은 오미자의 발아래 놓인 커다란 가방을 흘깃 봤다. 꽤 낡아 보이는, 커다란 여행 가방이었다. 한심한이 그 가방을 버스 짐칸에 넣으라고 했을 때, 오미자는 고개를 가로저었다. "이건 내가 갖고 있어야 안심이 돼." 그 말에 한심한은 확신했다. 저것이 돈 가방이구나, 하고. 한심한은 오미자가 잠이 들면 휴게소에 멈췄을 때 슬그머니 가방을 들고 내릴 계획을 세웠다. 서울까지 따라가 오미자의 수발을 드는 것보다야 그쪽이 편할 터였다. 그러나 오미자는 잠깐 졸지도 않았고 휴게소에 내려 쉴 때도 가방

캡틴 그랜마(Captain Grandma), 오미자

을 꼭 들고 내렸다. 한심한은 꾸벅꾸벅 졸다가 퍼뜩 깨어나 오미자를 살피다가 또 꾸벅꾸벅 졸기를 반복하느라 결국 아무것도 하지 못한 채 서울에 도착했다.

"야. 내리자. 병든 닭처럼 뭘 계속 졸아, 졸기를."

오미자는 한심한을 흔들어 깨우고는, 앞장서 버스에서 내렸다. 한심한은 오미자를 따라 버스에서 내리며, 벌게진 눈을 비볐다.

"같이 가요. 할머니. 뭘 그렇게 바빠."

한심한은 오미자의 옆에 딱 붙어 걸었다. 잠깐이라도 오미자가 한눈을 팔면 가방을 낚아채 달릴 심산이었다.

'아무리 정정해도 노인네가 나를 쫓아올 수 있겠어?'

한심한은 혹시나 경찰이 있을까, 주변을 두리번거리며 살피느라 옆에서 걷던 오미자가 멈춰 선 것을 미처 알아차리지 못하고 혼자 터미널 밖까지 나갔다가 황급히 되돌아왔다. 한심한은 모여 선 사람들 틈에서 오미자를 찾아냈다.

"어디서 거짓말을 해! 내가 모를 줄 알아!"

한 남자가 예닐곱 살쯤 되어 보이는 아이를 때리고 있었다. 아이는 역사 바닥에 주저앉아 팔을 들어 머리를 감쌌다. 그러나 날아드는 남자의 손을 모두 막기에, 아이의 팔은 너무 가늘었고 손은 너무 작았다. 남자에게서는 진한 술 냄새가 풍겨 나왔고, 그는 가끔씩 멈춰 서 무슨 일이냐고 수군거리는 사람들을 향해 욕설을 퍼부었다. 경찰 불러야 하는 거 아니야, 라며 아이를 들여다보던 사람들은 그 기세에 눌려 슬그머니 자리를 떠났다.

"가요. 할머니. 저런 데 말려들면 골치만 아파."

한심한은 오미자의 팔을 잡아당겼다. 그러나 오미자는 꼼짝도 하지 않았다. 남자가 발로 아이의 등을 내리찍으려는 듯, 한쪽 발을 높이 쳐들었을 때였다.

"아무래도 안 되겠다. 저 썩을 놈."

오미자는 사람들 사이를 비집고 남자 쪽으로 다가갔다. 남자는 멈칫 행동을 멈추고 오미자를 봤다. 오미자가 할머니라는 것을 확인한 남자는 홍, 거친 콧바람을 내뿜었다.

"꺼져, 할망구. 남의 집 일에 상관 말고."

오미자는 남자의 말에 대답하지 않고 양손으로 움켜잡고 있던 가방을 한 손에 옮겨 들었다. 그러곤 번개 같은 몸놀림으로, 웅크려 앉은 아이를 한 손으로 안아 올려 옆구리에 끼웠다.

오미자는 달렸다.

남자가 소리를 지르며 쫓아갔지만 역부족이었다. 오미자는 빨랐다. 단거리 육상 선수인가 싶을 정도로 빨랐기 때문에, 지나가던 사람들은 오미자를 경탄 어린 시선으로 바라보았다.

"무슨 노인네가 저렇게 힘이 넘쳐…?"

우두커니 혼자 남은 한심한은 깨달았다.

오미자의 가방을 빼앗는 것.

그것이 자신의 생각만큼 만만한 일은 아닐 것임을.

캡틴 그랜마(Captain Grandma), 오미자

3.

이상한 노인네에게 걸렸다.

야는 자신의 맞은편 의자에 앉아 숨을 헐떡이고 있는 오미자를 바라봤다. 버스 터미널에서 지금 앉은 탁자가 놓인 편의점까지는 두 정거장쯤 떨어져 있었다. 그 거리를 저 할머니가 내내 뛸 줄은 몰랐다. 가끔 경찰을 부르거나 하는 식으로 끼어드는 사람은 몇몇 있었지만, 야를 들고 도망친 사람은 처음이었다.

'옷차림도 후줄근하고. 뜯어먹을 거리도 없어 보여.'

쓸데없는 참견쟁이. 야는 무릎에 고개를 묻었다. 어차피 야는 돌아가야 했고, 돌아가면 더 얻어맞을 터였다. 요사이 삼촌의 기분은 계속 저기압 선을 그리고 있었는데, 야가 통 돈을 벌어 오지 못해서였다. 하지만 야는 벌이가 줄어든 게 당연하다고 생각했다. 별다른 재주도 없이, 다리를 전다는 것만으로 계속 돈을 벌 수 있을 리가 없다고. 다리를 절면서 배고파 하는 아이를 무작정 도와주는 사람이 그토록 많았다면 자신이 지금껏 앵벌이를 할 필요도 없었을 거라고.

"목 탄다. 안에 들어가서 아이스크림 하나 사 와라. 여기 돈. 네 것도 사."

야는 오미자가 내미는 만 원짜리를 받아 들고 편의점 안으로 들어갔다. 야의 오른쪽 발이 바닥에 끌리며 지익, 소리를 냈다. 야는 아이스크림 냉동고 앞에서 한참 고민하다가 제일 비싼 콘과 가장 싼 쭈쭈바를 하나씩 집어 들고 계산했다. 야는 편의점 밖 탁자로 돌아와, 콘 아이스크림을 오미자에게 내밀었다.

"넌 이름이 뭐냐."

"야요."

"야?"

"어릴 때부터 야라고 불렸으니까, 야죠."

야는 쭈쭈바를 손에 쥐고 조물조물 주물렀다. 손바닥에 물방울이 맺히자 검은 먼지 때가 쭈쭈바 껍질에 묻어났다.

"아빠는 계속 그랬냐?"

"아빠 아닌데. 삼촌. 진짜 삼촌인지는 나도 몰라요."

"도망을 안 가는 거는 삼촌이 좋아서냐, 못 뛰어서냐?"

"뭐 당연한 거를 물어요. 뛸 수 있으면 진즉 튀었지."

야는 늘 도망가고 싶었다. 어릴 적부터 그랬다. 야가 자란 곳은 좁은 지하 방이었다. 여섯 명에서 열 명 정도 되는 아이들과 함께 지냈고, 서너 명의 어른들이 드나들었다. '삼촌'은 아이들을 데리고 나가 감시하는 역할을 했고 대부분 술에 취해 있었다. 삼촌은 늘 할당금을 채우는 데 혈안이 되어 있었는데 금액을 못 채우면 다른 어른들이 삼촌을 때리기 때문이었고, 그런 날이면 삼촌은 애들을 때렸다. 삼촌은 가끔 야를 앞세워 직접 앵벌이에 나서기도 했다.

야는 지하 방도, 삼촌도, 들고 다녀야 하는 바구니도 싫었다. 바구니 안에는 '도와주세요. 다리를 절어요. 아빠, 엄마는 나보다 더 많이 아파요.'라고 쓰인 종이쪽지가 한가득 들어 있었다. 야는 그 쪽지를 지하철에 탄 사람들의 무릎 위에 올려놓을 때마다 소리치고 싶었다. 거짓말이에요. 아빠도 엄마도 없어요. 이건 삼촌이 시켜서 하는 거예요. 삼촌은 나쁜 사람이구요. 내가 크면 사람들이 돈을 안

준다고 툭하면 날 굶겨요. 난 일곱 살처럼 보이지만 이미 열한 살이라고요, 라고. 누구하고든 눈이 마주쳤다면 진짜 외쳤을지도 모른다. 하지만 아무리 야가 절박한 눈빛으로 사람들을 둘러봐도, 야를 마주 봐 주는 사람은 아무도 없었다. 대부분의 사람들은 눈을 감고, 무릎 위에 놓인 쪽지와 앞에 선 야를 모르는 척했다. 모르는 척만 하는 건 차라리 나았다. "요즘도 저렇게 다리 저는 척을 하는 애들이 있네." "지금이 쌍팔년도인 줄 아나." 가끔 들려오는 빈정거림은 야를 더욱 주눅 들게 만들었다. 그럴 때면 야는, 자신이 잘못된 곳에 존재하는 잘못된 존재인 듯하다고 느꼈다.

언젠가 야는 간신히 삼촌의 감시를 피해 지하철 안에 있는 경찰의 팔을 붙잡은 적이 있었다. 경찰은 물었다. 무슨 일이니. 하지만 이내 삼촌이 달려왔고, 조카를 잃어버릴 뻔했는데 경찰과 함께 있어서 다행이라고 너스레를 떨었으며, 경찰은 그 말을 믿었다. 그날 야는 삼촌에게 몹시 맞았다. 아픔에 익숙해진 몸에도 괴로운 폭력이었다. 그때 야는, 아픔의 절대점은 존재하지 않으며 존재하지 않는 것에 익숙해질 수는 없다는 것을 깨달았다. 그래서 야는 두 번 다시 그런 시도를 하지 않게 되었다.

그래도 야는 늘 도망치고 싶었다.

'하지만 이 다리로는.'

쭈쭈바가 야의 손안에서 뭉그러졌다. 야는 쭈쭈바의 뚜껑을 따고 물처럼 녹은 아이스크림을 한입에 털어 넣었다.

"됐다. 야야. 일어나 뛰어 봐라."

"못 뛴다니까요. 할머니, 아이스크림 안 먹어요? 다 녹아."

"이거 믿고, 한번 뛰어 봐."

야는 오미자가 들어 보인 쪽지를 힐끔 들여다봤지만, 곧 고개를 돌렸다.

"나 글 못 읽어요."

"그럼 내가 읽어 주마. 야는 폴짝폴짝 아주 잘 뛰게 다리 안 아프게 된다."

"놀려요? 그깟 걸로 뭐가 된다고."

야는 신경질을 내며 자리에서 일어났다. 야의 무릎이 탁자 아래를 쳤고, 위에 놓여 있던 콘 아이스크림이 바닥으로 데구르르 굴러떨어졌다. 야는 반사적으로 구르는 아이스크림을 따라 걸음을 내디뎠고, 콘을 잡았다. 그러곤 눈을 깜빡였다. 야는 아이스크림을 손에 든 채 오미자를 뒤돌아봤다. 오미자는 여전히 쪽지를 들고 앉아 있었다.

"폴짝폴짝."

야는 읽을 수 없는 글자를 소리 내어 중얼거리곤, 오미자가 해 보라 했던 대로 제자리에서 뛰었다. 탁자 주변을 한 바퀴 빙 둘러 달려도 보았다. 바닥을 끄는 소리는 한 번도 나지 않았고, 모든 감각이 너무나 생생하게 양 발바닥 끝부터 온몸을 타고 전해져 왔다.

"할머니. 초능력 있어요?"

탁자 앞으로 돌아온 야는 그렇게 물었다.

"암. 있지. 그 슈퍼맨인가 뭔가 하는 놈보다 내가 더 셀지도 몰라."

오미자는 껄껄 웃었다.

캡틴 그랜마(Captain Grandma), 오미자

"요즘은 슈퍼맨 인기 없는데."

"그럼 누가 인기가 좋냐?"

"캡틴 아메리카나 아이언맨."

"그럼 캡틴 오미자. 나는 그거다, 그거."

야는 주워 든 아이스크림을 오미자에게 내밀었고, 오미자는 아이스크림 껍질을 벗겼다.

"근데 그거, 한 달도 안 갈 수도 있다. 아이고, 다 녹았네."

"왜요? 월 결제 서비스 같은 거예요?"

"비슷한가. 계속 잘 뛰고 싶으면 나 따라오든가."

이상한 할머니다. 역시, 이상한 할머니에게 걸렸다. 야는 녹아서 손등에 떨어진 아이스크림을 쭉쭉 빨아 먹는 오미자를 한참이나 바라봤다.

'뭐 어때. 까짓것.'

어차피 더 이상 나빠질 것도 없을 텐데. 야는 고개를 끄덕였다.

"같이 갈래요."

"좋네. 일단 이거 다 먹고."

야와 오미자는 마주 앉았다. 야는 오른발 발목을 왼쪽 오른쪽으로 까닥까닥 계속 움직였다. 오미자는 아이스크림을 먹었다. 오미자가 콘의 끄트머리까지 아작아작 씹어 먹고 나니, 한심한이 가쁜 숨을 내쉬며 앞에 와 섰다.

"할머니. 내가 얼마나 찾았는지 알아요?"

"찾았으면 됐지. 뭘 화를 내냐. 오늘 어디서 자냐? 앞장서라."

"서울 지리도 모르면서 혼자 뛰긴 왜 뛰어…. 뭐야. 넌 왜 따라와."

한심한이 야를 노려보았고, 야는 오미자의 옆에 딱 붙어 섰다.

"애도 갈 거야. 가자."

오미자는 아이의 어깨를 끌어안고, 한심한을 앞질러 걸어 나갔다.

"걔가 왜 같이 가는데. 아, 할머니!"

한심한은 뒤에서 버럭버럭 소리를 질렀다.

*

한심한이 잡은 숙소는 1박에 40만 원짜리, 5성급 호텔이었다.

"대박. 침대가 내가 살던 방보다 더 커!"

야는 호텔 방에 들어서자마자 침대 위로 뛰어올랐다. 탄력 있는 매트리스가 야의 몸을 천장까지 밀어 올려 줄 것만 같았다.

"야. 뛰지 마. 할머니, 전 바로 옆방에 있을 거고요. 여기, 전화기 버튼 누르면 저랑 연결돼요."

야는 침대에서 내려와 옆에 있는 냉장고를 열었다.

"여긴 언니들도 없는데 무슨 음료가 이렇게 많아?"

야는 생수병을 꺼내 뚜껑을 열고 꿀꺽꿀꺽 마셨다.

"언니들?"

오미자가 야에게 물으며 손을 내밀었다. 야는 오미자에게 생수를 건네주었다.

"남자들이 여자 사러 가는 데요. 삼촌이 가끔 벌이가 괜찮을 때 가거든요. 거기 가게 언니들이 그랬어요. 비싼 음료수만 채워 넣으면 돈이 안 남는대요. 근데 싼 것만 채워 넣으면 남자들이 뭐라고 한대요. 언니들 참 친절한데. 나는 다리를 저니까, 나중에 갈 데 없으면 여기로 오라고도 해 주고."

"지랄 염병을 한다."

오미자는 욕을 하고는 생수병을 다 비웠다. 야는 냉장고 위 서랍을 열었고, 그 안에 나란히 놓인 초콜릿 중 하나를 집어 들었다. 찰싹. 한심한이 야의 손등을 때렸다.

"너 이게 하나에 얼만지 알고 막 먹어? 여기 룸서비스 비싸. 그거 하나에 9천 원이다. 호텔은 다 돈이야, 돈."

야는 슬그머니 초콜릿을 내려놓았다.

"그래? 호텔은 다 돈이라고? 어디 돈 좀 써 보자."

오미자는 야가 내려놓은 초콜릿을 덥석 집어 거침없이 껍데기를 벗겼다.

"맛있네. 야야, 서랍에 든 거 다 꺼내라. 이건 또 뭐야. 이거 전화하면 배달도 해 주나 보네. 아따, 세상 참 좋네. 이거랑 이거 주문 좀 해 봐."

야는 냅다 침대에서 뛰어내려, 냉장고 안에 든 음료를 몽땅 꺼내 침대 위로 던졌다. 초콜릿과 과자도 연이어 허공을 날았다.

"왜 지랄이야, 할머니!"

"시끄러워! 너는 네 방 가!"

한심한은 씨근덕거리다가, 결국 오미자가 시키는 대로 음식을 주문해 주고는 방에서 나갔다. 곧 호텔 직원이 음식을 방 안으로 가져왔다.

스테이크와 스파게티, 김치찌개가 실린 트레이가 침대 옆에 나란히 놓였다. 먹자. 오미자가 숟가락을 들었다. 야는 잠깐 동안 오미자의 눈치를 보다, 스파게티 접시를 들어 입술에 대고는, 면발을 긁어모으듯 입안에 밀어 넣었다. 그때부터 야는 정신없이 먹었다. 먹고, 또 먹었다. 한 시간도 안 되어 모든 접시가 깨끗하게 비워졌다. 야는 음료수와 초콜릿, 과자가 널린 침대 한가운데에 양팔을 한껏 벌리고 누웠다.

"한 번이라도 배 터지게 먹는 게 소원이었는데. 소원 하나 뿌쉈네."
"소원이 몇 개나 되는데?"
"많죠. 한 100개쯤."
"그중에 젤은 뭔데?"

야의 손가락 끝에서 초콜릿 봉지가 바스락거렸다. 야에게는 사실 소원이 그다지 많지는 않았다. 춥지 않았으면, 굶지 않았으면, 맞지 않았으면, 도망칠 수 있었으면.

그리고 제일 간절하게 원하는 것 하나. 절대 나를 버리지 않을 누군가와 만나는 것. 하지만 야는 그 소원만은 누구에게도 말하고 싶지 않았다. 이루어질 수 없는 소망을 말하는 것은, 그것을 바라는 마음의 크기만큼 고통스러운 일이었다.

"근데 할머니는 만날 이렇게 비싼 데서 자요?"

캡틴 그랜마(Captain Grandma), 오미자

야는 슬쩍 말을 돌렸다.

"아니. 나도 이런 데는 첨이야. 내 집은 저기, 멀리 촌구석이고. 서울은 오늘 처음 왔다. 80 평생에 처음."

"서울엔 뭐 하러 왔는데요?"

"소말리아 가는 비행기 타려고."

"소말리아? 거긴 왜 가려고요?"

"세계 정복하러."

야는 오미자가 농담을 한다고 생각했지만, 오미자의 표정이 한껏 진지한 것을 보고 그 말이 농담이 아님을 금세 알아챘다.

'세계 정복.'

야는 오미자의 대답을 곱씹었다. 세계 정복. 세-계-정-복. 오미자가 트레이를 밖에 내놓는다, 환기를 시켜야 한다 부산을 떠는 내내 야는 그 단어를 곱씹었다. 백 번도 넘게, 혀 아래에서 굴렸다.

'뭐가 뭔지 모르겠지만 능력 있는 건 인정. 그래도 세계 정복이라니. 진짜 캡틴이라도 될 작정인가 봐.'

캡틴은 악당을 무찌르는 정의의 편이다. 야는 오미자가 들고 온 가방을 조심스럽게 옷장 안에 넣는 것을 봤다.

'저기에 돈이 들어 있는 모양이네. 그러니까 저렇게 챙기겠지.'

야는 초콜릿 봉지를 깠다.

'쫓겨날 거야. 난 악당이니까. 분명히.'

분명 배가 불렀는데, 잠깐 사이에 몽땅 소화되어 버린

모양이었다. 허기가 졌다. 야는 초콜릿을 입에 넣었다.

'이렇게 좋은 일이 나한테 계속 일어날 리도 없고.'

야는 도망치고 싶었고, 늘 소원을 품고 있었으나, 더 이상 누구에게도 기도하지 않았다. 신에게든 인간에게든. 아주 어릴 적에는 밤마다 눈을 꽉 감고 바라기도 했다. 내일 아침에 눈을 뜨면 기적이 일어나기를. 야가 바라는 기적이란 누군가 자신의 이름을 부르며 말해 주는 것이었다. 여기서 나가자. 계속 함께 있어 주마, 하고. 그러나 10여 년이 지나도록 그런 일은 일어나지 않았고, 야는 기적을 믿지 않게 되었다. 기적을 부정해야만 견딜 수 있는 날들이 이어졌다. 그래서 기적을 경험하고도 야는 그것이 계속될 것임을 믿을 수 없었다. 맛있는 음식도, 푹신한 잠자리도, 한껏 자신의 편을 들어 주는 할머니의 존재도 곧 사라질 것이라, 미리 각오하는 편이 나았다.

'저 가방. 저거 가지고 돌아가면 한 달은 맞지 않겠지.'

깨드득. 야의 입안에서 초콜릿이 부서졌다.

*

다음 날 아침, 야는 몸을 흔드는 손길에 잠에서 깼다.

"일어나. 옷 사러 가자."

야는 주섬주섬 일어나, 오미자의 뒤를 따라 방을 나왔다. 마침 담배를 피우러 방을 나오던 한심한이 두 사람을 봤고, 역정을 내며 따라나섰다. 오미자는 가방을 들고 있었다. 서울에 오는 내내 들고 있던, 커다란 여행 가방을. 야는 오미자가 든 가방을 힐끔거렸고, 그러다 한 번은 한심한과 시선이 딱 마주쳤다. 야는 한심한도 가방을 노리고 있음을 눈치챘다.

'캡틴이라더니. 왜 쫄따구로 악당만 데리고 다녀, 이 할머니는.'

야는 쯧, 혀를 찼다.

오미자는 호텔과 연결된 백화점에 들어가 여성복 매장을 돌며 척척 옷을 샀다.

"무슨 옷을 그렇게 사요. 노인네가."

한심한은 오미자를 따라다니는 내내 투덜거렸다. 야는 오미자가 탈의실에 들어갈 때마다 짐을 들어 주겠다고 나섰고, 그때마다 한심한이 야를 막아섰다. 하지만 야는 기회가 올 것임을 알았다. 한심한이 손에 쥔 담뱃갑을 초조하게 쥐었다 폈다 하는 것을 봤기 때문에. 결국 한심한은 니코틴에 졌다.

"너 허튼짓하면 가만 안 둬."

한심한은 야에게 윽박지르고는 흡연실을 찾아 여성복 매장을 나갔다. 야는 코웃음을 치고, 오미자가 탈의실 앞에 둔 가방을 집어 들었다. 매장 직원의 눈을 피해 가방을 끌어안고 나오자마자 야는 뛰었다. 아래층을 향해 계단을 미끄러지듯 뛰어 내려가는 자신이, 야는 너무나 싫었다. 뛸 수 있게 해 준 사람의 가방을 훔쳐, 좁고 어두운 방으로 돌아가려 뛰고 있는 모습이라니. 야의 뜀박질은 자신을 향한 미움만큼 둔해졌다.

"야! 너 거기 안 서!"

한심한은 둔해진 야를 손쉽게 따라잡았다. 흡연실에

서 뛰쳐나온 한심한은 에스컬레이터 중간에서 야의 목덜미를 낚아챘다. 야는 한심한에게 붙들려 백화점 휴게실 안쪽으로 질질 끌려갔다. 그리고 사물함이 줄지어 서 있는 벽에 쾅 내던져졌다. 사물함 옆 의자에 앉아 있던 젊은 남자는 흠칫 놀란 듯 일어나, 한심한의 눈치를 보며 휴게실 밖으로 나가 버렸다.

"이게 어디서 굴러먹다 와서 내 걸 노려. 안 그래도 노인네 수발드느라 피곤해 죽겠는데! 너 오늘 한번 죽어 봐라."

한심한이 깍지 낀 손을 우두둑 소리 나게 꺾는 것을 보며, 야는 질끈 눈을 감았다. 퍽. 둔탁한 타격음이 울렸다. 그러나 야는 하나도 아프지 않았다.

"어디서 애를 때려! 이놈 이거, 진짜 철 안 들래!"

오미자의 목소리에, 야는 눈을 떴다. 한심한은 뒤통수를 부여잡고 쪼그려 앉아 있었다. 오미자는 검은 투피스 정장을 입고, 머리에 폭 넓은 흰 헤어밴드를 하고, 귀에는 동그랗고 커다란 귀걸이를 차고 있었다. 거기에 굽 낮은 검은 단화까지. 머리에서 발끝까지 완벽 변신이었다. 야가 보기에 변신한 오미자는 좀 멋있었다.

"얘가 할머니 가방 들고 튀었다고요."
"그게 내 거지, 네 거냐?"
"미치겠네. 진짜."

한심한은 소리를 지르며 휴게실을 나갔다. 오미자는 야에게 다가왔고, 야는 반사적으로 몸을 움츠렸다. 오미자는 야의 겨드랑이 아래에 양손을 넣어, 야를 번쩍 들어 올려서는 품에 안았다. 야는 오미자의 품에 코알라처럼 철

캡틴 그랜마(Captain Grandma), 오미자

썩 매달린 모양새가 되었다.

"나 걸을 수 있는데요."

"헛소리. 다리가 그렇게 후들후들 떨리는데 뭘 걸어. 막 태어난 송아지도 너보다는 덜 떨겠다."

"나 안 때려요?"

"왜 때려?"

"할머니 거 들고 도망가려고 했잖아요."

"그거는 잘못했습니다, 하면 되지. 근데 너, 어디 가려고 했냐? 나랑 있으면 다리도 하나도 안 아플 거고, 맛있는 것도 많이 먹고, 세계 정복하는 것도 볼 수 있을 텐데, 안 아깝냐?"

야는 오미자의 어깨에 턱을 올린 채 피식 웃었다.

"세계 정복을 어떻게 해요."

오미자는 고개를 돌려, 야의 귀에 입을 바짝 가져다 대고 소곤소곤 귓속말을 했다. 야의 눈이 동그래졌다. 절대 이루어지지 않을 것 같은 소원을 눈 아래로 꽉 밀어내야 했던 새까만 밤과 너무 많은 색들로 어지러웠던 낮이 떠올랐다. 그 모든 것을 덮을 수 있는 무언가를 바랐던 적이 있었다. 눈앞에 나타난 것 자체로 기적인, 예를 들어 지구로 떨어지는 거대한 운석 같은 그런 무언가를. 그런 것이 나타나면 자신의 소원이 이루어질 수도 있을 것만 같았으니까.

"나도 소원이 있는데."

혼잣말처럼 중얼거린 야의 엉덩이를, 오미자는 가볍게 추켜올렸다.

"말을 해라. 원하는 게 있으면 아주 크게 소리쳐. 말 안 하면 누가 알겠냐. 네 소원이 뭔지."

야는 오미자의 귀에 속삭였고, 오미자는 고개를 끄덕이고 야를 안은 채 에스컬레이터를 타고 위층으로 올라갔다. 어린이 옷을 파는 층에 도착한 오미자는 야를 품에서 내려놓았다.

"너도 옷 사자."
"할머니."

야는 오미자를 올려다보았다.

"캡틴이라고 불러도 돼요?"

자고로 캡틴에게는 조수가 필요한 법이다. 야는 오미자의 세계 정복에 기꺼이 동참하기로 마음먹었다.

4.

"여기, 호텔 열쇠. 호수 확실히 외웠지?"
"진짜 괜찮은 거지?"
"그렇다니까. 그냥 시골 할머니야."
"가방만 가지고 나오면 된다 이거지."
"오늘 저녁 11시쯤으로 하자. 내가 할머니 방에서 뭉개고 있을 테니까 그때 딱 들어와. 너무 문 얌전하게 열지 말고. 카드키 내가 준 거 티 내지 말아야 돼. 그렇다고 너무 소동 피우면 호텔 경비원 올지도 모르니까, 적당히."
"왜 꼭 너 있을 때 가야 돼?"
"그래야 내가 의심을 안 받지. 그것도 모르냐."
"무조건 반 주는 거다."

"알았다고. 아, 몇 번을 말해!"

"새끼. 촌에서 구르다 오더니 성질 더러워졌네."

"그러게. 네 성질대로 하려면 사람 사든가. 우리가 네 꼬붕이냐?"

"우리가 지금 돈이 없어서 이런 거 하려는 게 아니잖아. 사업 같이 말아먹은 의리로 해 주는 거지. 안 그러냐?"

"… 불량배 고용하는 건 무섭잖아."

"간은 콩알만 해 가지고."

"어쨌든 잘만 하자고. 노인네 눈먼 돈, 우리처럼 젊은 사람들이 잘 써 줘야지. 안 그래?"

＊

오미자는 침대에 누워 텔레비전 리모컨을 마구 눌렀다. 호텔에서 지낸 지 사흘째, 오미자는 커다란 텔레비전에 푹 빠져 있었다. 벽의 3분의 2를 채우고 있는 평면 텔레비전으로 보는 드라마는 코딱지만 한 고물 텔레비전으로 보는 것과는 차원이 다르게 재미있었다. 오미자는 리모컨과의 악전고투 끝에 케이블 채널의 존재를 알아냈으며, 유료 영화 구입 서비스까지 파악했다.

"소말리아로는 갈 수가 없어요. 거긴 여행 금지 지역이야. 그나마 소말리아 국경 근처까지 가려면 케냐로 가야 된다는데. 할머니. 내 말 듣고 있어요?"

"듣고 있어. 아, 이거 왜 안 되니."

오미자는 리모컨을 만지며 짜증을 냈다.

"안 듣고 있구만. 할머니. 소말리아 안 갈 거예요?"

"듣고 있다니까. 이거 보고 싶은데 어떻게 하는지 알 수가 있어야지."

"영화 구입해서 보게요? 핸드폰 있어요?"

"없어."

한심한은 재빨리 머리를 굴렸다. 어차피 여행 설명은 오미자의 방에 머무를 구실이었다. 아직 밤 10시도 안 됐으니 한심한은 친구들이 쇼를 벌이러 올 때까지 오미자의 방에 있어야만 했다. 할 일도 없이 방에서 어물거렸다가 의심을 받느니, 영화를 보는 게 낫지 싶었다.

"내가 결제해 줄게요. 나중에 돈 줘요."

한심한은 오미자가 골라 놓은 영화를 결제한 후 플레이 버튼을 눌렀다. 오드리 헵번의 영화 세트였다. 첫 작품은 〈사브리나〉였다.

영화가 시작되었다.

한심한은 냉장고에서 맥주를 꺼냈다. 오미자가 나도, 하며 손을 내밀었다. 한심한은 야가 자신의 휴대폰을 만지는 걸 보고 눈을 부라렸고, 휴대폰을 뺏긴 야는 잠깐 영화로 시선을 돌렸지만 곧 심드렁한 얼굴로 공책과 펜을 들고 끼적끼적 낙서를 시작했다. 한심한은 텔레비전을 바라보며 투덜거렸다.

"오드리 헵번을 좋아하면 로마엘 가지. 왜 소말리아에 가. 거기 순 위험하기만 하던데."

"로마? 뭔 로마?"

"〈로마의 휴일〉. 사람들 거의 다 그거 보고 오드리 헵번 좋아하는 거 아닌가?"

"내가 본 오드리 영화는 〈사브리나〉, 이것밖에 없어. 극장에서 봤지. 열여섯 살 때."

"엄청 오래전 아닌가. 극장에 걸렸을 때면."

"56년 겨울. 내가 부산에 있을 때였어. 시내에 극장이
딱 하나 있었는데, 거기가 미어터지게 인기였지. 좀
예쁜가, 오드리 헵번이. 난 그때 신발 공장 다니고 있
었어. 숙소에서 먹고 자면서. 열여섯 살밖에 안 되니
까 공장장이 돈을 많이 안 줬지. 영화 보러 갈 돈은 당
연히 없었고."

흑백영화의 화면은 단조로웠고, 등장인물들은 노래를
부르듯 대사를 했다. 오미자는 텔레비전 속 오드리 헵번
을 가리켰다. 체크무늬 원피스를 입고 머리를 뒤로 묶은
모습이었다.

"곱지. 그때 나와 같은 방 쓰던 언니가 딱 저렇게 입고
다녔거든. 사람들이 다 한국의 오드리 헵번이라고 칭
찬을 했지. 나보다 다섯 살쯤 많은 언니였는데, 맘도
얼마나 착했는지. 내가 영화를 너무 보고 싶어서 저
언니 돈을 훔치려고 서랍을 막 뒤지다가 들키지 않았
겠냐. 뭐라고 변명을 하나. 공장장한테 이르면 쫓겨날
텐데. 어지럼증이 다 나더라."

"아빠나 엄마한테 돈 좀 보내 달라고 하지."

"그럴 부모가 있었으면 내가 학교도 못 가고 그렇게
살았겠냐."

오미자는 두 번째 맥주 캔을 땄고, 영화는 이어졌고,
오미자의 이야기도 틈틈이 계속되었다.

열여섯 살이던 오미자는 그때, 무조건 빌었다. 언니의
다리를 붙잡고 이르지 말아 달라고. 영화가 너무 보고

싫어서 그랬다고. 딱 하루만 다른 애들처럼 영화도 보고, 짜장면도 먹고 그러고 싶었다고. 가당치도 않은 소원인 걸 알면서도 그러고 싶었다며 엉엉 울었다. 그러자 언니는 오미자를 데리고 나가 영화를 보여 주었다. 오드리 헵번의 〈사브리나〉를. 영화를 다 보고 나서는 짜장면도 사 주었다. 오미자는 그때의 짜장면 맛을 지금도 떠올릴 수 있었다.

"나이 들면서 힘들 때마다 생각했지. 그때 언니랑 본 영화를. 오드리 헵번을. 오드리를 닮았던 언니를."

한심한은 냉장고 안에서 오징어구이를 꺼내 질경질경 씹으며 오미자의 이야기를 흘려들었다. 다른 건 별로 귀에 들어오지 않았지만 오드리 헵번을 닮았다는 언니라는 사람에게는 흥미가 갔다. 예쁜 여자는 늙어서도 예쁠까 궁금했다.

"그 누님이랑은 지금도 연락해요?"
"연락을 어떻게 해. 죽었는데."
"그 누님이?"
"갔지. 공장에 불이 났어. 화상을 심하게 입어 가지고."

한심한은 다섯 캔째 맥주를 땄다. 얼굴에 불콰하게 술 기운이 올라왔다.

"그런데 뭐, 그런 거를 소원이라고. 고작 짜장면에 영화라니."
"말 참 예쁘게 한다. 그러는 네놈 소원은 뭔데?"
"왜요. 말하면 들어줄라고?"
"길잡이 노릇 해 주는 수고도 있으니, 누가 아나. 저놈이거 진심이구나, 하면 하나쯤 들어줄지."

캡틴 그랜마(Captain Grandma), 오미자

"할머니가 무슨 신이라도 돼요?"

한심한은 빈정거리면서도 머릿속 한구석에서 계산기를 두드렸다. 돈이다, 돈. 역시 돈. 촌뜨기 할머니가 돈을 펑펑 쓴다면 역시 그 때문이리라. 로또. 로또 1등 당첨금이 얼마나 되더라. 얼마쯤 달라고 하면 이쯤은, 이라고 하면서 내주려. 하지만 점점 치밀어 오르는 술기운이 한심한의 계산기를 멈추게 했다. 진심이구나, 하면. 오미자의 그 말이 한심한의 머릿속 한가운데를 자꾸만 쿡쿡 찔렀다. 진심으로 바라는 것. 진짜 소원. 정말로 신이 나타나서 뭐든지 들어주겠다고 하면….

'저주야. 저주를 풀어야 해. 이 빌어먹을 저주.'

'그날, 한심한의 아버지는 왜 트랙터를 몰고 나갔는가.' 한심한은 그 답을 끄집어내지 않으려 부단히 노력했다. 그럴수록 악몽은 계속되었고, 한심한은 진짜로 아버지가 자신에게 저주를 걸었다 여기게 되었다. 한심한은 공무원 수험서 한가운데 끼워져 있는 개명 신청서를 가끔씩 꺼내 들여다봤다. 이름을 바꾸면 한심하지 않은 인생을 살게 될 것만 같았다. 그러나 개명 신청을 할 순 없었다. 그랬다가는 아버지의 저주가 더 심해지지 않을까 두려워서였다.

"아버지를 딱 한 번만 만나면…."

한심한이 중얼거렸을 때였다. 덜컹. 호텔 방 문고리가 요란하게 흔들렸다. 삐빅. 호텔 열쇠가 작동하는 소리와 함께 서너 명의 남자가 방 안으로 뛰어 들어왔다.

"어이, 할망구. 돈 좀 있다는 소문을 들었는데 말이지."

한심한은 번쩍 정신이 들었다. 친구들의 불량배 연기는 한없이 서툴렀다. 야구방망이며 식칼을 쥔 품새도 어색하기 그지없었다.

'그래도 뭐. 노인네도 취한 것 같고. 남자가 세 명이나 쳐들어왔는데 겁은 나겠지. 좋았어. 나도 바람을 좀 넣어야지.'

한심한은 겁에 질린 표정을 지으며 호들갑을 떨었다.

"할머니가 돈을 펑펑 쓰고 다니니까, 저런 놈들이 온 거잖아요. 딱 보니깐 깡패네, 깡패."

"깡패?"

"서울엔 별 이상한 놈들이 많다고요. 이런 큰 호텔에 쳐들어올 정도면 보통 놈들이 아닌 것 같은데. 할머니, 시키는 대로 하는 게 좋겠어요."

"내가 뭔 돈을 펑펑 썼다고 소문까지 나냐."

"요 며칠간 쟤 데리고 만날 돌아다녔잖아요. 어디 가는지 말도 안 하고."

한심한은 오미자가 자신을 쏙 빼놓고, 야와 다니며 온갖 사치를 부렸을 것이라 의심하고 있었다. 옷을 샀을 때처럼 말이다. 그게 아니라면 아침 10시도 안 되어서 호텔을 나갔다가 저녁 6시가 넘어서야 호텔에 들어올 만한 일이, 서울에 처음 온 노인네에게 있을 리가 없다 싶었다. 오미자와 야가 지내는 방에 야의 물건들이 하나둘씩 늘어나는 것도 한심한의 상상을 부채질했다. 한심한은 오미자가 가방을 들고 호텔로 돌아올 때마다 안타깝기 그지없는 눈빛으로 그 가방을 봤다. 내 돈. 저 가방 안에 들어 있는 내 돈이 오늘은 얼마큼 줄었을까, 하고.

한심한은 오미자의 옆에 딱 붙어 소곤거리며 친구들에게 눈짓을 했다. 친구들은 짐짓 큰 동작으로 손에 든 것들을 휘두르고, 방에 놓인 가구를 걷어찼다. 오미자는 그런 남자들을 빤히 바라보다 벌떡 일어나 그들에게 다가갔다.

"이것들이. 어디 신발도 안 벗고 방에를 들어와!"

고함 소리와 함께 오미자의 팔이 풀스윙을 했다. 건장한 남자들은 오미자의 힘에 밀려 컥, 목이 잡힌 닭 같은 소리를 내며 엉거주춤 뒷걸음질을 쳤다.

"무슨 할머니가 이렇게 힘이 세?"
"야. 이렇게 되면 얘기가 다르잖아!"
"안 되겠다. 일단 철수. 나가자, 나가!"

남자들은 후다닥 방을 뛰어나갔다. 오미자는 손을 주무르며 침대로 돌아와 앉았다.

"젊은것들이 허약해 빠져서는."

한심한은 멍하니 오미자를 봤다. 오미자가 경운기를 들어 올렸을 때에는 경운기 아래에서 빠져나왔다는 기쁨에 겨워 오미자의 힘에 대해서는 크게 신경을 안 썼다. 등짝을 내리치는 오미자의 손이 범상치 않다고는 생각했지만, 그것도 그러려니 했다. 설마 남자 셋의 멱살을 붙잡고 짐짝 다루듯 던져 버릴 줄이야. 한심한은 기가 팍 죽어 침대 아래로 스르륵 미끄러져 내려갔다.

"영화 하나도 못 봤네."

오미자는 침대에 도로 앉아, 한심한이 꺼내 놨던 오징어를 질겅질겅 씹었다. 한심한은 게걸음으로 슬금슬금

현관문 쪽으로 다가갔다. 의심받기 전에 방으로 돌아가 다음 계획을 짜야지 싶었다.

"야. 근데 그 케냐라는 데는, 소말리아랑 얼마나 떨어져 있냐?"

한심한은 현관에 어정쩡하게 서서 대답했다.

"국경 근처까지 가면 가깝기야 한데. 그 국경까지 가는 것도 쉽지가 않다고 하던데요. 여행사들이 전부 안 된다 하던데."

"그래도 한번 꼭 가 봐야 하는데."

"보기만 해도 되는 거면, 비행기에서 볼 수는 있죠. 두바이 경유해서 탄자니아로 가면 소말리아 위를 지나는데, 소말리아 땅을 꽤 가깝게 볼 수 있대요. 여행 마니아들은 그렇게라도 본다고, 여행사 직원이 알려 주던데요."

"그래? 그럼 혹시 서울을 한눈에 볼 수 있는 곳이 있냐?"

"글쎄요. 남산 전망대?"

"그럼 난 내일 거기 좀 가야겠다."

영화는 거의 끝나 가고 있었다. 공책에 낙서를 하던 야가 하품을 하며 이불을 끌어당겼다.

"캡틴. 저 영화, 남자들이 너무 늙었어요. 저 정도면 원조 교제 아닌가."

"그렇지? 암만 봐도 오드리가 아까워."

*

그날 저녁, 한심한은 꿈을 꿨다. 꿈속에서 한심한은 수

화기 너머 아버지에게 소리쳤다.

"아빠 때문이야. 다 아빠 때문에! 아빠가 가난하니까! 잔소리할 거면 보험금이나 잔뜩 남기고 죽어 버리라고!"

아닌데. 그렇게 말하려던 게 아닌데. 한심한은 수화기 안으로 걸어 들어갔다. 전파를 타고 순식간에 숙향리에 도착했다. 한심한은 아버지가 전화를 끊고 푹 한숨을 쉬며 집 밖으로 나오는 것을 봤다.

"썩을 놈. 지 하고 싶은 거 다 하게 해 주려고, 이리 아등바등 살았는데."

아버지는 트랙터에 올라탔다. 시동을 걸지는 않고, 운전석에 앉아 있기만 했다. 한참이나 트랙터의 창밖, 어둠을 응시하던 아버지가 시동을 걸었다.

"아버지. 왜 가요. 어딜 가요. 밤인데. 어두울 때 운전하는 거 싫어하면서."

한심한은 소리쳤다. 트랙터를 따라 달렸다. 트랙터 안에서 아버지가 외치는 말들이 선명하게 한심한의 귓가를 때렸다.

"오냐. 내가 죽으마! 하나밖에 없는 아들이 죽으라는데. 여보. 나도 이젠 당신 따라갈래요. 나 혼자서는 힘들어서 더 못 하겠어!"

트랙터는 점점 빨라졌고, 한심한은 필사적으로 달려 트랙터 창문에 매달렸다.

"미안해. 아빠! 내가 진짜 미안해!"

트랙터가 뒤집어졌고, 한심한은 트랙터 문으로부터 튕겨 나갔다. 동시에 잠에서 깨어났다. 한심한의 뺨은 눈물로 축축하게 젖어 있었다. 한심한은 눈을 껌뻑이고, 코를 두어 번 훌쩍이며 잠꼬대처럼 중얼거렸다.

"… 다음엔 좀 더 그럴싸한 작전을 짜야지."

이번 일이 끝나면, 돈이 잔뜩 생기면, 이번에야말로 개명 신청을 하리라. 한심한은 사과를 하면 무슨 짓을 했든 용서받을 수 있다고 생각하는, 용서하는 쪽의 입장 따윈 괘념치 않는 인간이었으므로 그렇게 저주에서 벗어났다 여겼다. 끝날 리 없는 아버지의 저주에서. 한심한은 코를 킹 풀고, 오미자의 가방을 빼앗을 각오를 새삼 다지며 다시 잠을 청했다.

*

"저기가 인천이라 이거지. 서울이 참 콩알만 하게 보이네."

오미자는 전망대 망원경을 들여다보고 공책에 무언가를 적어 넣었다. 그러곤 전망대에서 서울 전체를 훑어본 뒤, 카페에 자리 잡고 앉아 만화책을 꺼냈다. 야가 추천해 준 만화책은 히어로물이었다. 오미자는 평생 읽어 본 적 없던 만화책에 푹 빠졌다. 오미자가 지금 읽고 있는 건 히어로의 탄생을 다룬 부분이었고, 오미자는 읽는 내내 고개를 끄덕였다.

"이런 숙제 같은 걸 해내야, 영웅으로 각성을 한다 이거지. 이거네. 내가 소말리아에 끌리는 데에는 다 이유가

캡틴 그랜마(Captain Grandma), 오미자

있다는 거지. 그게 내 숙제인 거지. 암."

카페 한쪽에 놓인 라디오에서 뉴스가 흘러나왔다. 오미자는 잠시 책에서 눈을 떼고, 뉴스에 귀를 기울였다.

"속보입니다. 이상 현상이 발생했습니다. 서울 전 지역과 인천 일부 지역에 벚꽃이 피었습니다. 한여름에 벚꽃이 이토록 대량으로 개화하는 일은 전에 없던 것으로, 학자들은 이번 이변이 다른 재난을 알리는 신호는 아니냐는 걱정을…."

오미자는 흡족하게 웃었다. 자신의 예상이 맞았다. 서울에서 캡틴다운 일을 하느라 며칠 지체하긴 했어도, 역시 소말리아는 포기할 수 없었다. 그게 미션이라면 더욱더.

"됐다. 가자. 그 탄자니아인지 뭣인지에."

5.

이른 아침, 호텔 체크아웃을 한 오미자가 향한 곳은 국밥집이었다.

"어째 호텔 식당에서 파는 김치찌개는 영 칼칼한 맛이 부족하더라."
"누가 할머니 아니랄까 봐. 호텔 밥, 맛만 좋더라."

핀잔을 던진 한심한은 국밥이 나오기를 기다리는 동안 손에 쥔 휴대폰을 계속 힐끔거렸다. 야는 국밥집 벽에 걸린 텔레비전에 시선을 고정했다. 〈모닝 와이드 쇼〉가 방송되고 있었다.

[기적이 일어났습니다. 어제 오후 들려온 '지하철 아이스크림' 소녀의 소식에 대한 이야기입니다. 현재 인터넷 검색어 1위를 기록하고 있군요.]

[김지혜 양 사연 말이죠? 6개월 전, 지하철 역사에서 어머니가 아이스크림을 사는 짧은 순간 아이가 행방불명이 된 사건이었습니다. 유괴범이 돈을 요구해 오지 않은 데다, CCTV가 근처에 설치되어 있었음에도 김지혜 양이나 범인의 모습이 전혀 잡히지 않은 점이 미스터리였죠. 김지혜 양의 어머니가 실명을 공개하며 도움을 요청하고 나서, 네티즌들 사이에서는 김지혜 유괴 사건 해결에 힘을 모아 달라는 청원 운동이 일기도 했습니다.]

[그 김지혜 양이, 어제 무사히 집에 돌아왔다니. 참 다행이면서도 신기하군요.]

[그렇습니다. 김지혜 양은 유괴 당시의 일을 상세히 기억하지는 못했습니다. 6개월간 무슨 일을 겪었는지도 역시 기억하지 못하는 상태였고요. 단지 김지혜 양은 캡틴이 나타났다고만 했습니다. 캡틴이 소원을 말하라고 해서, 괴로운 건 다 잊어버리고 집으로 돌아가게 해 달라고 말했다는군요.]

[캡틴요?]

[경찰은 '캡틴'이 유괴 집단의 대장 격이 아닐까 생각하고 있는 모양입니다. 김지혜 양을 납치했으나 심경에 변화가 생겨 돌려보냈고, 그 과정에서 아이의 기억에 혼돈을 준 것이 아닐까 하고 말입니다. 수사 당국은 김지혜 양의 혈액을 채취해 약물 반응 검사도 진행할 예정이라고 합니다.]

[하지만 '캡틴'에 대한 다른 소문도 있죠?]

캡틴 그랜마(Captain Grandma), 오미자

[예. 인터넷에서는 '캡틴 그랜마'를 주인공으로 하는 소문이 퍼지고 있습니다. 요 일주일 사이에 서울의 몇몇 초등학교를 중심으로 퍼지고 있는 소문인데요. 자신이 캡틴이라고 밝힌 할머니가, 어린아이들의 소원을 들어준다는 일종의 도시 괴담입니다. 왕따를 당하지 않게 해 주었다는 그럴싸한 이야기부터, 인어를 만나게 해 주었다는 황당한 이야기까지 있는데요.]

[아무리 어린아이라도 처음 만난 할머니에게 자기 소원을 쉽게 말하진 않을 것 같네요.]

[소문을 들여다보면, 캡틴 그랜마는 일고여덟 살쯤 되어 보이는 아이와 함께 다닌다고 합니다. 자기 또래 아이가 같이 있으니까, 아이들이 경계를 잘 풀게 된다는 거지요.]

[충분히 그럴 가능성이 있네요.]

[김지혜 양은 유괴를 당해 불안정한 상태에 있을 때 캡틴 그랜마에 대한 소문을 들은 게 아닐까요. 캡틴 그랜마가 자신을 구해 줄 거라고 믿었는지도 모르죠. 육체적, 정신적 혼돈 상황에 간절한 믿음이 더해져 그런 증언을 한 것이 아닐까 하는 게 전문가들 의견입니다.]

[아이들은 원래 히어로가 존재하기를 바라게 마련이니까요.]

[그러고 보면 저도 어릴 적에 슈퍼맨의 팬이었습니다.]

[슈퍼맨과 캡틴 그랜마 사이의 간격이 너무 크네요. 캡틴 그랜마는 뭐, 이름만 거창하지…. 할머니가 영웅이 되어 봤자 뭘 할 수 있겠습니까. 슈퍼맨처럼 지구를 구할 수도 없을 테고. 안 그래요?]

[하하. 어린아이들의 상상력을 누가 따라가겠습니까.]

[하지만 도시 괴담이 너무 퍼지는 건 해롭기도 합니다. 아이들이 캡틴 그랜마인 줄 알고, 낯모르는 사람을 따라간다거나 하는 일이 발생할 수 있으니까요.]

[그럼요. 어느 정도의 상상력이야 발휘해도 좋지만, 현실과 환상을 쉽게 구분하지 못하는 아이들도 있으니까요. 그러니 어른들이 잘 통제해야 하지 않겠습니까.]

야는 팍 이마를 찌푸렸고, 그사이 국밥이 나왔다. 오미자는 국밥을 호로록 한 숟가락 입안으로 흘려 넣었다.

"캡틴이라니. 요즘 애들 괴담은 우리 때랑 주인공부터 다르네."

한심한은 먹는 둥 마는 둥, 국밥을 휘저으며 중얼거렸다. 그 말에 오미자도 텔레비전에 눈길을 줬다. 텔레비전에는 김지혜가 행방불명되었을 때 뿌려진 전단지 속 사진이 떠 있었다.

"서울은 텔레비전에서 별걸 다 보여 줘서 좋네. 걱정했는데."

오미자의 말에 야는 고개를 갸웃거렸다.

"텔레비전에서 나오는 건 어디든 다 똑같잖아요?"
"안 그래. 우리 마을 텔레비전 채널은 서울만큼 안 많아. 서울 소식보다는 지역 뉴스 위주로 나오고 그래."
"그런 것도 모르냐, 너는? 바보네. 바보."

한심한의 이죽거림에, 야는 두 뺨을 크게 부풀렸다.

'누가 누구보고 바보래.'

바보는 아저씨지. 텔레비전에 나오는 저 아저씨들도 마

찬가지다. 아이들의 소원까지 통제할 수 있다고 생각하는 바보들. 하지만 야는 굳이 그 생각을 입 밖으로 꺼내어 말하진 않았다.

국밥을 다 먹고, 세 사람은 공항버스를 탔다. 공항에 도착해서 표를 발권하고, 짐을 부쳤다.

"그 가방은 안 부쳐요?"
"이건 들고 탈 거야."

공항 검색대를 통과해 탑승구를 찾아갈 때였다. 두 명의 남자가 후다닥, 오미자를 향해 달려왔다. 남자 둘은 전속력으로 오미자에게 부딪쳤고, 그대로 튕겨 나가 엉덩방아를 찧었다. 오미자의 몸은 약간 흔들렸을 뿐이었다. 그러나 그 순간 가방을 쥐고 있던 오미자의 손이 느슨해졌고, 오미자의 옆에 서 있던 한심한이 가방을 낚아챘다. 그러곤 달렸다.

"야, 같이 가!"
"무슨 할망구 몸이 돌덩어리야. 아우, 아파."

바닥에 널브러졌던 남자 둘도 한심한의 뒤를 따라 뛰었다. 세 사람은 한 무리가 되어 공항 밖으로 달려 나갔다. 오미자와 야는 그런 한심한의 뒷모습을 우두커니 바라보았다.

"안 쫓아가도 돼요?"
"놔둬라. 저 가방이 엄청 가지고 싶었나 본데. 고생했으니 주지, 뭐."
"저 안에 뭐 들었어요?"
"없어. 아무것도."
"근데 왜 들고 다녔어요?"

"저 가방이, 언니가 내게 남겨 준 유일한 물건이야. 저걸 가지고 있으면 어떻게든 되겠지, 하는 용기가 막 생겨. 시집가서 만날 울며 지낼 때에는 아예 껴안고 잤지. 사람들이 다 나한테 미쳤다고 그랬어."

"역시 저 아저씨한테 주면 안 되는 거 아니에요?"

"괜찮아. 이제는."

오미자와 야는 탑승구로 향했다. 아이스크림을 사서 먹었고, 비행기가 도착했고, 둘은 비행기에 탔다. 비행기가 뜰 때까지 오미자와 야는 서로 손을 꽉 잡고 숨을 몰아쉬었다.

비행기가 떴다.

야는 신이 나서 창밖으로 하늘을 내려다보며 재잘재잘 떠들다 음료수를 마셨고, 좌석에 붙은 모니터를 꾹꾹 눌렀다. 오미자는 두 손으로 꼭 귀를 감쌌다.

'하늘 위에 있다니 신기하네. 귀가 먹먹한 것이…'

꼭 폭발하는 곳 한가운데에 있는 것 같아. 오미자는 눈을 감았다.

*

오미자는 짧고도 긴 꿈을 꿨다.

열여섯 살 오미자는 짜장면을 먹었다. 허겁지겁 먹으며, 앞에 앉은 언니에게 물었다.

"나는 언니 돈 훔치려고 했는데. 왜 이렇게 잘해 줘?"

"나 어릴 때에, 글 가르쳐 준 선생님이 그랬어. 어린아

이는 소원을 이루어 가면서 자신의 세계를 정복해 간
대. 그러니깐, 아이가 소원을 이루게 도와주는 건 세
계 정복에 참여하는 멋진 일이라고 했어. 아이의 세계
한구석에 살게 되는 거라고."

"뭔 말인지 하나도 모르겠네."

"네가 아직 어린애라는 이야기야."

시간이 흐르면서 오미자는 언니가 했던 말이 무슨 뜻
인지 알게 되었다. 공장장에게 혼이 나거나 아주 속상한
일이 있거나 할 때, 예전보다 잘 버틸 수 있게 된 것이
다. 영화를 봤던 기억이, 소원이 이루어졌던 그 순간이
사라지지 않고 작은 몸 속 어딘가에 단단한 성을 지은
것만 같았다. 속상할 때면 오미자는 그 성안에 들어가
숨는 상상을 했다.

그때에 오미자는 영영 언니와 함께 있기만을 바랐다.

언니는 방 한쪽에 커다란 여행 가방을 놓아두었다. 오
미자가 몸을 있는 대로 웅크리면 들어가 누울 수도 있을
만큼 큰 가방이었다. 언니는 때가 되면 공장을 떠나 서
울에 가, 배우가 될 거라고 했다. 오드리 헵번 같은 배우
가 되는 것이 언니의 꿈이었다. 오미자는 때때로 그 가
방 안에 들어가는 시늉을 하곤 했다.

"언니. 서울 갈 때 나도 데리고 가. 여기 넣어서."

"거기 안 들어가도 데리고 갈 테니 걱정 마."

공장의 다른 사람들은 언니를 별로 좋아하지 않았다.
오드리 헵번 운운하는 게 건방지다는 거였다. 그런 말을
들을 때마다 언니는 코웃음을 치며, 오미자에게 말했다.

"사람들이 뭘 모른다니까. 원하는 게 있으면 말해야

하는 거야. 모든 사람이 알 수 있게. 그래야 이루어져."

"나는 말하는 거는 부끄러워서 못할 것 같아."

"그럼 글로 써. 나한테 글 가르쳐 준 선생님이 그랬어. 글에는 엄청난 힘이 있다고. 나도 하루에 한 문장씩 꼭 써. 종이에 '나는 배우가 된다.'라고 적잖아? 그럼 진짜 될 수 있을 거란 희망이 생겨."

"나는 글자 몰라서 못 써."

"서울 가면 배우자. 내가 배우 되면 너 하나쯤 학교 못 보내겠니."

누가 알았을까. 언니가 그 가방을 한 번 들어 보지도 못한 채 세상을 떠날 줄을.

오미자에게 그날의 화재는 시도 때도 없이 펑펑 터지는 화약 같은 기억이었다. 자다가도 그 기억이 터지면, 오미자는 벌떡 일어나 숨 쉬기 힘든 듯 한참이나 입을 뻐끔거리고 가슴을 치고서야 잠들 수 있었다.

그날의 화재.

신발 공장에는 탈 것이 많았다. 환기도 잘되지 않는 작은 공장 안에 먼지와 화약 성분이 가라앉은 공기가 가득 차 있었으니, 성냥 한 개비가 폭발을 일으킨 것도 이상한 일은 아니었다. 쓰레기통에 버려진, 불씨가 남아 있던 성냥개비는 금세 공장을 태웠고 공장에 붙어 있던 기숙사까지도 날름 삼켜 버렸다. 일을 하던 사람들 대부분이 2층과 3층 작업실에 있었고, 도망칠 통로는 좁았으며, 쫓아오는 불길은 빨랐다. 오미자와 언니는 손을 꽉 잡고 사람들과 뒤섞여 계단을 내려갔다. 천장에서 나무와 타일이 쏟아져 내렸고, 언니는 오리가 알을 품듯 오미자를 자기 몸 안에 숨기고 걸었다. 1층에 도착한 언니가 오미자를 품 안에서 꺼내어 입구로 떠민 순간, 바닥이 꺼졌다. 오미자는 언니의 몸이 아래로 쑥 사라지는 것을 보고 비명을 질렀다.

"얼른 나가. 얼른!"

누군가 오미자의 몸을 낚아채 건물 밖으로 끌고 나갔다. 우지끈. 밖에서도 들릴 만큼 요란한 굉음과 함께 비명 소리가 건물 안에서 터져 나왔다.

곧 폭발음이 오미자를 덮쳤다.

마구 흔든 탄산음료 캔 뚜껑을 열었을 때처럼, 공장은 터졌다. 오미자는 재빨리 땅을 굴러 폭발을 정면으로 맞을 위험에서 간신히 벗어났다. 바깥에 쌓여 있던 쓰레기더미 사이에 파묻힌 오미자의 머리 위로 폭발의 잔해물이 마구 튀었다.

부상자 및 사망자는 60여 명이었다.

언니는 온몸에 화상을 입었다. 병원에서는 오래 입원해 봤자 나을 수 없고 돈만 축나니, 집에 가 마음의 준비를 하라고 했다. 그래도 오미자는 언니가 병원에서 치료를 받았으면 했다. 하지만 돈이 없었다. 오미자가 모아 두었던 몇 푼 안 되는 돈이, 기숙사와 함께 불타 버린 탓이었다. 공장주는 책임을 회피했다. 살아남은 사람들은 당장 갈 곳이 없어 마을 회관을 임시로 빌려 그곳에서 지내야 했다. 오미자는 언니를 데리고 와 회관 한편에 눕히고 간호를 시작했다. 3월, 초봄의 밤은 추웠다. 그러나 언니는 그저 뜨겁다고만 했다.

"눈이 왔으면 좋겠다."

마을 회관에 온 지 3일째 되던 날, 언니는 가물가물 눈을 뜨고 오미자에게 속삭였다.

"춥지는 않게 따뜻한 눈이. 미자야. 우리 같이 영화 봤을 때 기억나니. 그때도 눈이 왔는데. 보슬보슬 참 예쁘게 내렸는데."

오미자는 언니의 말을 듣고, 내복 하나만 입은 채 회관 밖으로 달려 나갔다. 회관 밖에서 크게 팔을 벌리고 한참을 서 있다가, 바람을 잔뜩 안고 들어와 언니를 껴안았다. 그러나 오미자가 안고 온 바람만으로 식히기엔 언니의 몸은 너무 뜨거웠다.

눈이 왔으면.

오미자는 바랐다. 신이 언니의 소원을 들어주기를. 그러나 3월에 눈이 올 리 없다는 것쯤 잘 알고 있었다. 오미자는 신이 되고 싶었다. 신처럼, 힘이 센 무언가가 되고 싶었다. 그러면 시간을 돌려서 불이 안 나게 공장의 모든 물건을 다 치워 버리고, 언니가 화상을 입지 않게 하고, 온 세상에 눈을 내리게 할 텐데. 오미자는 그렇게 생각하며 언니를 안고 또 안았다.

"언니가 죽으면 나도 죽을래."
"안 돼."
"언니가 뭔데 된다, 안 된다 그래."

언니는 가느단 숨과 숨을 이어 붙여 오미자의 귓가에 속삭였다.

"내가 네 소원 들어줬잖아. 영화."

"그게 뭐."

"그러니까 미자야. 네 세계에는 내가 있는 거야. 내가 있을 세계니까, 행복하게 가꿔 줘. 알았지?"

"엉터리야."

"엉터리 아니야."

언니는 그 말을 끝으로, 다시는 말하지 못하게 되었다. 언니를 안은 채 잠이 들었던 오미자는, 다음 날 옆에 누운 언니가 더는 숨 쉬지 않음을 알았다. 공장 사람들이 돈을 모아 사망자들의 합동 장례를 치렀고, 언니도 그 대상자 중 한 명이 되었다.

장례식이 끝나고, 공장주가 얼마 안 되는 보상금을 주겠다고 했다. 오미자는 돈을 받고 오는 길에 불탄 공장을 보러 갔다. 건물의 잔해 속에서, 언니의 여행 가방을 발견했다. 가방은 신기하게도 겉이 좀 탔을 뿐 멀쩡했다. 멀쩡하게 잠기고, 닫혔다. 오미자는 언니의 가방을 꽉 끌어안았다.

그 후로 세 곳의 공장을 전전하고 남편을 만나 숙향리로 오게 될 때까지 내내, 오미자는 가방과 함께였다. 오미자는 가끔 가방을 가만히 들여다보다 그 안에 들어가 앉았다. 사는 게 너무나 힘들 때마다 그 안에 앉아 언니와 함께 봤던 영화를 떠올렸다. 그러면 자신만의 성안에 앉아 있는 듯 평온해졌다. 소원이 이루어지던 그 반짝이던 순간. 그 기억이 높고 견고한 성벽이 되어 세상의 모든 악의를 막아 내 주었다.

'살자. 악착같이 살자.'

오미자는 그렇게 세월을 버텼다. 버티는 중에 가끔씩,

그날의 소원을 떠올렸다.

눈이 내렸으면. 흰 눈이.

모든 것을 낮게 해 줄 흰 눈. 이 세상에 없을 듯한 따뜻한 눈.

텔레비전 속 아이가 말했다. 소말리아의 아이다. 오드리 헵번이 노년에 봉사 활동을 했던 곳. 오미자는 그 광고 속, 나이 든 오드리 헵번의 모습이 너무나 좋았다. 언니가 살아 나이를 먹었으면 저렇게 되었겠지, 하고 상상할 수 있어서였다.

[소원이 뭐야?]

자원봉사자가 물었고, 소말리아의 아이는 답했다.

[눈을 보고 싶어요.]
[눈을? 왜? 맛있는 거나 깨끗한 물이 아니라?]
[눈을 한 번도 본 적이 없는걸요.]

눈이 내리면 좋겠다던 언니의 목소리가 오미자의 귓가에서 너울거렸다. 오미자는 방 한쪽에 놓인 가방을 봤다. 오미자는 바로 나가서 복권을 샀다. 당첨을 확인한 날, 오미자는 마당 한가운데에 가방을 펼쳐 놓고 그 안에 들어가 앉았다.

아이의 소원을 들어주는 건 아이의 세계 정복을 도와주는 거라며 웃던 언니의 얼굴이 오랜만에 선명하게 떠올랐다. 세월에 마모되었던 기억이 이상하리만치 뚜렷하게 재생되는 순간, 오미자는 자신의 능력을 어디에 쓰고 싶은지 깨달았다. 가방 안에서 달칵이던 것이 오미자의 몸 안으로 쏙 들어온 것만 같았다.

캡틴 그랜마(Captain Grandma), 오미자

오미자는 정했다. 소말리아 아이에게 눈을 보여 주기로. 아이들의 세계 정복을 도와주기로. 캡틴 오미자 탄생의 순간이었다.

'봐라. 언니. 눈이다. 눈. 언니 소원 들어줬으니까, 이젠 언니 세계에도 내가 있는 거지. 우리 서로의 세계에 있는 거지. 캡틴 그랜마는 나이자, 언니인 거야.'

오미자의 꿈속에서 흰 눈이 폴폴 날렸다.

서프 비트 (Surf Beat)

- 천선란 -

환경 파괴, 동물 멸종, 바이러스를 중심 소재로 잡고 있다.
언제나 지구의 마지막을 생각했고 우주 어딘가에서 일어나는 일들을
꿈꿨다. 어느 날 문득 그런 일들을 소설로 옮겨 놔야겠다고 생각했다.
2019년 장편소설《무너진 다리》로 데뷔, 제4회 과학문학상 장편 대상을
수상했다. 최근 소설집《어떤 물질의 사랑》을 출간했다.

1.

엄마, 나 물속에서 숨 쉴 수 있어.

그러자 엄마는 바쁘니까 나중에 다시 말해, 라고 했다. 나중이 되어도 내 말을 들어 줄 거 같지 않았지만, 나는 뚝심 있게 엄마가 말한 '나중'이 오기를 기다렸다. 점심 장사가 한 차례 끝나면 때가 올 줄 알았다. 하지만 점심 식사를 마친 마지막 손님이 빠져나가자 엄마는 곧장 저녁 장사를 준비했다. 아 엄마아, 하고 불러도 눈길 한 번 주지 않고 말이다. 참고 참았던 나는 더 기다리지 못하고 가게 밖으로 나가 우럭이 들어 있는 수조에 머리를 박았다. 꽤 파격적인 행동이라는 건 안다. 지나가던 사람들이 놀란 나머지 멈춰 서서 나를 지켜봤을 정도니까. 그렇지만 그렇게 해서라도 엄마에게 내 비밀을 알려야 했다. 그래서 엄마가 믿었느냐? 천만에. 엄마에게 뒤지게 혼났다. 엄마는 끝까지 내 말을 믿지 않았다.

부모님은 내가 태어나기 전부터 횟집을 운영했다. 아파트 단지 근처에 있던 가게로, 주말이면 외식 가족들이 몰려 꽤 바쁜 곳이었다. 내가 보기에는 그랬다. 그렇지만 부모님은 언제나 장사가 잘되지 않는다는 말을 입버릇처럼 내뱉으며 살았고, 언제부터인가 회 한 접시와 매운탕을 제공하는 점심 세트까지 만들어 점심 손님도 잡으려고 노력했다. 부모님에게는 집에 있을 틈이 없었다. 그래서 가게가 내 방이자 놀이터였다. 계산대나 주방 바로 옆 테이블. 한 평도 되지 않는 그곳이 유치원에 들어가기 전까지 내 공간의 전부였다. 나를 다른 집에 맡길 수도 있었겠지만 나는 어렸을 때부터 이상하리만치 몸이 허약해 감기를 달고 살았으므로 오래 맡아 주는 곳이 없었다. 툭하면 열이 나거나 작은 부딪침에도 팔다리가 골절되는 탓에 엄마는 늘 앞치마 차림으로 달려와야만 했다.

내가 누우면 꽉 차는 그 좁은 공간에서 나는 책을 읽고, 한글을 쓰고, 때때로 그림을 그리고 휴대폰으로 만화를 봤다. 날씨가 좋을 때면 밖에서 놀고 싶기도 했지만 가게 주변은 온통 상가였고 바로 앞은 6차선 도로여서 놀 만한 장소가 마땅하지 않았다. 건너편 아파트 단지에 놀이터가 있었지만 고작 다섯 살이었던 나에게 신호등을 건너 그곳까지 갈 능력은 없었으므로, 나는 아빠가 잘 닦아 놓은 가게 유리에 이마를 대고 밖을 구경하는 것으로 답답함을 달랬다.

엄마는 수챗구멍을 청소하고 있다가도 혼자 잘 놀고 있는 나를 보고 한숨을 푹푹 내쉬었는데 내가 횟집에서 술 마시는 손님들과 섞여 있을 때에는 한숨 소리가 더 커졌다. 내 이름까지 아는 단골손님들은 이따금씩 주영아, 주영아, 이리 와 봐라, 하고는 5천 원씩 용돈을 주기도 했다. 그럴 때마다 엄마는 밑반찬이 든 쟁반으로 나와 손님 사이를 가로지르며 돈 주실 필요 없다고 무뚝뚝하게 잘라 냈다. 그러니까 엄마는 가게 앞 수조에 물고기를 둘 수밖에 없듯이 나를 어쩔 수 없이 가게에 두고 있으면서도 내켜 하지 않았던 것이다. 내가 진짜 곧 회로 뜨여 손님들 앞에 차려질 것을 염려하는 듯이.

그러다 내가 여섯 살이 되자, 엄마는 기다렸다는 듯이 가게와 멀지 않은 유치원에 나를 등록시켰다. 솔직히 말하자면 낯선 아이들이 가득 있는 유치원보다 가게 한구석에서 그림이나 그리고 노는 게 더 좋았지만 엄마에게 이런 이유는 통하지 않았다. 유치원에 가지 않을 거라고 떼쓰는 나에게 그럼 종일 혼자 집에 있으라고 단호하게 말하고는, 정말로 나를 두고 출근해 버리고 만 것이다. 유치원보다는 가게가 좋았지만, 그래도 혼자 있는 집보다는 유치원이 나은 것 같아 결국 원복을 입고 내 생의 첫 사회에 발을 들였다.

또래 아이들과 섞여 있는 상황은 내가 남들과 다르다는 걸 확인하는 데 편리한 여건을 마련해 주었다. 나는 그전에도 엄마와 목욕탕에 갈 때마다 물에 잠겨 숨을 쉬었지만 엄마는 발바닥 굳은살을 떼어 내느라 내가 얼마나 오랫동안 물속에 들어가 있었는지 알지 못했고, 종종 코까지 물에 담근 채 눈을 감고 있는 할머니들 덕분에 나는 모두가 나처럼 물속에서 숨을 쉴 수 있는 줄 알았다. 하지만 아니었다. 사람은, 아니 육지에 사는 포유류는 물속에서 숨을 쉴 수 없다.

서프 비트(Surf Beat)

나는 이 사실을 바다 생물에 대해 가르쳐 주던 선생님의 말을 듣고 나서야 알았다. 선생님은 물고기 사진을 들고, 우리는 물속에서 숨을 쉴 수 없지만 이 친구들은 물속에서 숨을 쉴 수 있다고 말했다. 그럴 리가 없는데. 나도 물속에서 숨을 쉬는데. 나는 손을 번쩍 들고 나도 물속에서 숨 쉴 수 있다고 말했다. 친구들이 까르륵 웃었다. 아이들의 놀림 속에서 나는 얼굴을 붉힌 채 씩씩거렸다. 아이들이 나를 놀린다는 사실보다 내 말을 믿지 않는다는 것에 더 화가 났다. 한순간에 거짓말쟁이가 됐다. 이날이 그날이다. 나는 그날 억울한 마음에 가게에 오자마자 엄마에게 물속에서 숨을 쉴 수 있다고 말했다. 엄마는 당연히 믿어 줄 거라 생각했다. 그래서 믿었느냐? 앞서 말했듯이 엄마는 나를 귀찮아했고 그렇게 나는 수조에 머리를 박았다. 엄마에게 뒤지게 혼나 우울해하는 내게 아빠는 아이스크림을 사 주며 자기도 어렸을 때는 하늘을 날아다녔다고 말했다. 나는 너무도 순진하게 아빠의 말이 진짜라고 생각했지만 아빠는 너무 순순히 "거짓말이지!" 했다. 그게 나를 더 서럽게 만들었다. 나는 억울해서 밤잠을 설쳤다.

나는 이들에게 본때를 보여 줄 기회만 기다렸다. 그리고 기회는 오래지 않아 다가왔다.

횟집 손님이 슬슬 줄어드는 여름이 오자, 유치원 선생님들은 아파트 단지 내에 있는 야외 수영장으로 우리를 데리고 갔다. 거기에는 수심 80cm의 비교적 얕은 수영장과 3m의 깊은 수영장이 있었다. 선생님은 우리에게 구명조끼를 입히며 얕은 수영장에서만 놀 것을 단단히 일렀다. 아이들이 깊은 수영장 쪽으로 다가가기만 해도 돌아가라고 손을 저을 정도로 철저히 경비를 섰지만 그 태세는 오래가지 못했다. 선생님들이 따가운 햇볕을 피해 그늘 아래에 앉아 이야기를 나누고 있을 때, 나는 입고 있던 구명조끼를 벗고 인공 잔디를 밟으며 3m 수심의 수영장으로 향했다. 웅덩이에 동전이 떨어진 듯한 잔잔한 파장을 일으키며 나는 넓고 시원한 물속으로 뛰어들었다.

나를 지켜보던 친구가 소리를 질렀고, 그 소리를 들은 선생님이 놀라 수영장으로 달려왔다. 그런 소란은 아랑곳하지 않은 채로 나는, 수영장 타일을 어설프게 밟으며 선생님에게 손을 흔들었다. 나를 바라보던 선생님과 아이들의 모습을 똑똑히 기억한다. 물이 출렁거릴 때마다 구겨진 종이에 그려진 사람처럼 일그러지던 모습들. 그러다가 차츰 물살이 잠잠해지자 또렷해지던 표정들. 아주 편안하게 물속에서 숨을 쉬는 나. 물 밖은 다른 세상인 것 같다는 생각이 들었다. 여기가 내 세계이고 거기가 외부 세계인 것 같다는.

내가 '하우스'에 들어간 것은 그해 장마가 끝날 무렵이었다. 아빠는 내비게이션이 안내하는 대로 차를 몰았지만 길 같지 않은 길이 이어지자 몇 번씩 차를 멈춰 세워 내비게이션에 찍힌 주소를 계속 확인했다. 조수석에 탄 엄마는 아무 말도 없었다. 차에 타기 전까지 내가 잘못한 건 하나도 없다고 말해 주었지만 엄마의 태도는 자꾸 내게 죄책감을 불러일으켰다. 엄마의 뒷모습이 무서워 나는 차 안에서 한마디도 하지 않았다. 그곳에 도착하니 남은 장맛비를 쥐어 짜내기라도 하듯 비가 내렸다. 억세고 굵은 빗줄기였다. '하나용접소'라는 간판이 붙은 커다란 창고 앞에서 두 사람이 우산을 들고 우리를 기다리고 있었다.

한 명은 이전에 봤던 사람이었다. 병원에 가서 폐 검사를 받고 있던 나에게 다가와 명함을 내밀었던 여자였다. 박은정. 자신을 실장이라고 소개한 그 여자가 우리를 이곳으로 불렀다. "댁의 따님은, 평범한 인간이 아닙니다."라는 대사를 치면서 말이다.

월미도에 자리 잡은 이곳은 겉만 보면 오래된 건물에 위치한 작은 용접소였지만 그 안으로 들어가면 거짓말처럼 커다랗고 깊은 지하가 나왔다. 따지자면 1층이 옥상이자 출입구인 셈이었다. 지하층은 8층까지 있었다. 소음 없이 빠른 승강기를 타고 실장님은 우리를 지하 8층으로 안내했다.

실장님은 부모님에게 내가 관리를 받지 못하면 언젠가 스스로의 힘을 감당하지 못해 죽을 수도 있다는, 협박에 가까운 설득을 했다. 언제부터 이런 존재가 태어났는지는 모르겠으나 국가에서는 2000년도부터 조사를 통해 존재를 확인하고 명징했으며, 그때부터 지금까지 집계한 통계에 따르면 매해 많게는 세 명의 능력자 아이들이 태어나고 그중 대부분이 5세 이전에 자신의 힘을 인지하지 못한 탓에 생긴 사고로 사망하거나 특이할 정도로 약한 면역 체계로 인해 사망한다고 했다.

"어쩌면 홍길동도 이런 부류의 인간이었을지도 모르죠."

실장이 농담을 건넸으나 웃는 사람은 아무도 없었다.

"미다스요?"

아빠는 내내 듣는 둥 마는 둥 하는 표정을 짓고 있더

니 말을 듣고 있기는 했는지 실장에게 되물어 봤다. 실장의 말에 따르면, 작명이 조금 촌스러운 감이 없지 않아 있었지만 나처럼 정체불명의 능력을 가지고 태어난 사람들을 '미다스'라 칭한다고 했다. 손에 닿는 모든 것을 금으로 바꾸는 그리스신화 속 인물의 이름을 따온 것이다. '하우스'는 미다스를 관리하는 에이전시인데, 정부 산하의 비밀 기관이었다.

"이곳에 있는 아이들이 이곳을 집이라고 불러서 명칭이 '하우스'가 됐어요. 그만큼 이곳이 편하다는 증거죠."

"그럼 우리 애는 여기서 뭘 하나요."

엄마가 단호하게 물었다. 나더러 바쁘니까 나중에 다시 말하라던 때와 비슷한 표정과 말투였다. 엄마는 의자 등받이에 등도 붙이지 않은 상태로, 언제든 내 손을 붙잡고 이곳을 나갈 준비가 되어 있는 사람처럼 앉아 있다. 실장님은 그 말을 기다렸다는 듯이 흰 벽에 프로젝터 빔을 쏴 하우스 안내 영상을 띄웠다.

"이 시설에는 현재 총 열한 명의 미다스가 있으며 자제분이 들어올 경우 이들 중에서 막내가 됩니다. 이곳의 주목적은 개인의 능력을 분석하고 그 힘의 크기를 파악한 후, 능력을 조절해 타인을 해하지 않을 수 있도록 도와주고 동시에 본인의 능력으로부터 스스로를 보호할 수 있도록 교육하는 것입니다. 입소 후 1년 동안은 이곳에서 집중된 검사와 훈련을 받지만 그 이후에는 개인의 능력치에 따라 사회에 도로 편입될 수 있습니다. 자택에서 통근하는 것도 가능하지만 그럴 경우 에이전트의 감시망을 허락 없이 이탈해서는 안 되고요. 하우스는 국가의 지원을 받아 운영되기 때문에 미다스 가족 측에서 별도로 지불해야 할 금액은 없으나 서비스를 무료로 제공받는 만큼 미다스는 자신의 능력을 적당히 이용해 매년 100시간의 봉사 활동을 수행해야 합니다. 하우스는 국가 산하의 비밀 기관으로, 에이전트의 대표직은 고위직 공무원이 담당하고 있으며 그 밑으로 전무와 상무, 그리고 실무를 담당하는 실장과 미다스를 관리하는 매니저가 있습니다. 매니저가 미다스와 상시 연락합니다. 연구진은 총 스무 명으로 구성되어 있습니다."

아빠와 내가 실장님의 말을 대충 흘려들은 데 반해 엄마는 실장님의 말이 끝나자마자 입을 열었다. 술에 취한 진상 손님을 대할 때 같은 단단한 목소리였다.

"그러니까 우리 애를 마치 범죄를 저지른 아이처럼 이곳에 가두고 교육시킨 후 사회에 내보낸다는 말인가요, 지금."

엄마의 말은 어절마다 뚝뚝 끊어졌다. 실장님은 엄마를 뚫어지게 쳐다봤다. 그 눈빛만으로도 엄마의 말이 맞음을 '인정'하고 있다는 걸 파악할 수 있었다.

"거절할 수는 있나요?"

엄마가 물었다. 실장님이 엄마에게 다가왔다. 그러고는 엄마 앞에 무릎을 꿇고 앉아, 주먹 쥔 엄마의 손을 붙잡았다.

"어머니, 주영이 같은 아이는 관리를 받지 않으면 스스로를 위험에 빠트릴 수 있어요. 혼란스러우시겠지만 인정해야 해요. 내 아이가 남들과 다르다는 걸요."

지금 생각해 보면 실장님의 말은 좀 비겁했다. 저렇게 구구절절 애써 돌려 말하지 말고 그냥 어머니 말이 다 사실이라고 말했으면 됐을걸.

집으로 돌아가던 엄마가 이주영, 하고 부르기에 내가 왜, 하고 대답하자, 엄마는 저기 다녀도 괜찮겠냐고 물었다. 딱히 아무 생각 없었던 나는 그저 엄마가 나를 그곳에 보내도 되는지 내게 허락받는 것 같아 괜찮다고 대답했다. 나는 좋아, 재미있을 거 같아. 엄마가 울어서 그렇게 말한 거다. 엄마는 내가 못 봤다고 생각했겠지만. 그래서 나는 그때부터 유치원이 아니라 하우스에 다녔다. 부모님은 내가 태어나기 전부터 운영했던 횟집을 접고 하우스와 가까운 인천 끝자락으로 집과 가게를 모두 이전했다.

이곳에는 실장님이 말했던 것처럼 열한 명의 언니 오빠들이 있었다. 이냥저냥 재미있고 심심한 생활이었다. 손으로 불을 만들어 내는 언니가 멋있기도 했고 몸이 고무처럼 늘어나는 오빠가 재미있기도 했지만 그런 것들은 일주일이 지나니 더는 새롭지 않았다. 빨리 훈련받아 집으로 돌아가야겠다고 생각했다. 그런데 그 훈련이라는 게 생각보다 호락호락하지는 않았다. 여기 사람들은 많은 기계를 내 몸에 붙였다가 뗐고, 가끔은 종일 무언가를 다다다닥 붙이기도 했다. 어떤 때는 원치 않게 열두 시간 동안 물속에 있었다. 힘들었지만 울 일은 아니라고 생각했다. 가끔은 울고 싶었지만 괜히 얕잡힐 것 같아서 마음을 다잡았다. 밤마다 나를 데리러 오는 아빠가 오늘 수업은 괜찮았냐고 물을 때에도 울지 않기 위해 이를 악물고 참았다. 사실 수업은 정말 괜찮았다. 수업이라 일컬어지는 훈련은 힘들어도 참으면 그만이었으니 상관없었다. 그렇지만 친구가 없다는 건 이를 악물고 눈물을 참게 할 만큼 서럽고 심심한 일이었다. 나랑 나이 차가 가장 적은 언니도 나보다 다섯 살은 많았으므로 실질적으로 친구라 부를 만한 사람이 없었다. 다들 다정하게 챙겨 주기는 했으나 그건 어린 사람을 대하는 친절일 뿐이었다. 나쁘지 않았지만 즐겁지도 않았다. 나는 어디에도 속하지 못했다. 그렇게 미다스 무리의 끄트머리에 간신히 붙어 있는 생활이 길어졌다.

그 지하가 참을 수 없도록 답답해진 것은 하우스에 들어간 지 1년이 지난 후였다. 가게 한편에서 그림을 그리고 책을 읽던 시간이 그리워졌다. 만일 '그 애'가 오지 않았다면 나는 그로부터 일주일 후 그곳을 무단으로 탈출했을 것이다.

흰 피부에 주먹만 한 얼굴, 족집게로 집어 놓은 것처럼 쪽 찢어진 눈, 내 친구라고는 영 보기 힘들 정도로 작고 마른 체구. 실장님 바지춤을 잡고 숨어 있다가 인사하라고 앞으로 끌어내자 왕왕 울음을 터트려 버린, 내 인생의 첫 친구라고 할 수 있는 이도영이 하우스에 왔다. 어느 날 갑자기, 뒷골목에 버려진 개새끼가 누군가의 집에서 살게 된 것처럼.

2.

이도영은 하우스에서 유일하게 그곳에서 사는 애였다. 그 애에게는 집이 없었다. 정말로 하우스 사람들이 그 애를 뒷골목에서 주워 왔다.

이름도 비슷하고 나이도 같아서 하우스 사람들은 우리가 쌍둥이 같다고 했다. 그래서 그랬나. 저녁이 돼서 각자 집으로 돌아갈 때 그곳에 홀로 남아 우리를 배웅하는 이도영이 유독 마음에 걸렸다. 집에 가다가 몇 번씩이나 뒤돌아볼 만큼. 우리가 가고 나면 혼자 저기서 뭘 하는 걸까, 그런 생각을 종종 했다. 밥을 먹다가도, 목욕을 하다가도, 침대에 누워 눈을 감았을 때에도 문득문득. 결국 이도영을 자주 생각했다는 말이다. 이도영이 너무 작고 마르고 햇빛을 받아 본 적 없는 것처럼 희어서 그랬을 거다. 어쩐지 친구인 내가 지켜 줘야 할 것 같다는 느낌이 강하게 들었으니까. 이도영은 집단에서 살아남는 법을 일찍 배운 아이처럼 누구의 말이든 잘 따랐다. 좋게 말하면 그랬다는 것이지 내 눈에는 제 몫을 챙기지 못해 죄다 양보하고 뺏기는 것만 같았다. 그걸 지켜보고 있는 게 못내 답답해졌을 때쯤 결국 나는 굳이 저기에 껴서 놀 필요 없다고 말하며 이도영의 손을 잡고 뛰쳐나왔다. 어차피 언니 오빠들은 우리를 진짜 친구로 생각하지 않으니까 그냥 우리끼리 놀자. 이도영은 히죽 웃었다. 앞으로 얘한테 뭘 어떻게 가르쳐 줘야 얘가 사람들한테 속지 않고 살아갈 수 있을까…. 이도영은 일곱 살의 내가 그런 생각을 하게 만들었다.

이도영에게는 가족이 없다. 그래서 하우스에서 살았다. 전에는 어디서 살았냐고 묻자, 이도영은 소원의 집에 있다가 왔다고 말했다. 정확하게 말하자면 소원의 집 뒷골목에서 혼자 놀고 있을 때 실장님이 찾아와 함께 가자고 말했다고. 보육원이라는 곳의 존재를 몰랐던 때였으므로 나는 그 단어를 까먹지 않도록 종일 중얼거린 후 엄마에게 뜻을 물었다. 엄마는 그때 이도영이 하우스에서 산다는 것을 처음 알았고, 나는 이도영에게 가족이 없다는 걸 처음 알았다.

언니 오빠들이 이도영에게 무슨 능력을 가지고 있냐고 물어볼 때마다 이도영은 쪽 찢어진 눈을 휘어 접으며 "잘 봐요!"라는 적당한 대답을 내놓았다. 그래서 언니 오빠들은 이도영에게 굉장히 좋은 시력이나 투시 능력이 있을 거라고 생각했다. 겉으로 확인할 수 있는 능력이 아니었고 힘겨루기를 할 수 있는 능력도 아니었으므로 미다스 사이에 존재하는 서열에서는 자연스럽게 배제되었다. 하지만 그건 그들의 오만이었다. 내가 본 미다스들의 모든 능력 중에서 이도영의 능력이 가장 강하고 근사했다. 이도영의 능력을 알게 된 건 정전 덕분이었다. 대규모 정전이 일어났다. 도시 전체가 30분 동안 아웃되었다.

정전이 시작된 시각은 오후 2시였고, 대부분의 사람들은 보고 있던 TV가 꺼지거나 물을 끓이고 있던 커피포트가 멈춘 걸로 정전을 알아차렸다. 하지만 우리는 사정이 조금 달랐다. 정전이 되자마자 땅속에 박혀 있는 건물 내부는 칠흑같이 어두워졌다. 다른 층에 있던 사람들이 암흑의 30분을 어떻게 견뎠는지 모르겠지만, 이도영과 단둘이 지하 6층에 있던 나는 일생 동안 한 번도 겪어 보지 못한 완벽한 어둠이 닥치자마자 공포에 휩싸였다. 한 치 앞도 보이지 않았다. 한 발자국도 움직일 수 없었다. 내가 서 있던 곳이 어디였는지조차 까먹을 정도의 어둠이었다. 그 두려움에 휩싸여 숨 쉬는 것도 잊었을 때, 어둠을 뚫고 어디선가 이도영이 태연하게 물었다.

"왜 그래?"

이도영은 겁에 질려 굳어 있는 내가 걱정되었는지 다가와 내 손을 잡았다. 그 손길에 내가 더 놀라 소리를 지르자 미안하다며 헐레벌떡 손을 놓았다가, 뒷걸음질 치는 나의 손을 또다시 덥석 잡으며 "책상!" 하고 소리쳤다. 여기서 중요한 것은 이도영이 '뒤에 있는 책상'을 봤다는 것이다. 그것이 그 아이의 능력이었다. 이도영의 세상에는 어둠이 없었다.

이도영에게 세상은 언제나 낮이었다. 이도영은 어둠이 무엇인지, 밤이 무엇인지 볼 수 없는 눈을 가지고 태어났다. "눈을 감아도 어둡지 않아?"라고 물었을 때 이도영은 내 말이 무슨 뜻인지를 이해하지 못했다. 그 능력은 이도영의 눈과 잘 어울렸다. 정확하게 어떤 부분이 어떤 의미로 잘 어울렸느냐고 묻는다면 뭐라 설명할 길이 없지만 말이다. 나는 어쩌면 그때부터 이도영에 관해서는 뭐든 좋은 방향으로 생각할 수밖에 없게 되었는지도 모른다. 이 역시도 이유는 없다.

나를 초등학교에 보내기 위해 실장님과 대판 싸우고 승리를 거뒀던 날, 엄마는 나에게 이도영에 대해 물었다.

"도영이는 학교 안 간다니?"
"모르겠는데."

엄마는 집에 가는 동안 무언가를 골똘히 생각하는가 싶더니 다음 날 다시 실장님을 찾았다. 이도영은 그렇게 우리 집에서 살게 됐고, 나와 함께 학교를 다녔다.

서프 비트(Surf Beat)

엄마는 이도영에게 집과 가족이 없다는 걸 줄곧 잊지 않고 있었던 것이다. 실장님을 찾아간 엄마는, 능력을 제대로 사용하려면 정서적인 안정감이 있어야 하는데 하우스에서는 그런 안정감을 얻지 못할 것 같다고 말했다. 실장님 입장에서도 나쁘지 않은 제안이었다. 실장님은 도리어 양육비를 지원해 주겠다는 제안까지 했다. 아무튼 중요한 점은 이도영이 우리 집에서 살게 됐다는 것이다. 나와 함께 잠을 자고, 함께 학교를 가고, 학교가 끝나면 함께 하우스에 가고, 그곳에서 헤어지지 않고 함께 또 다른 하우스로 갔다.

엄마는 친구라도 좋고 남매라도 좋으니 사이좋게만 지내라고 했다. 그런 부탁쯤은 거뜬했다. 나는 이도영이 정말 친구로서 좋았으니까. 학교에서 우리는 쌍둥이로 소개됐다. 그래서 어디를 가든 사람들은 나를 보면 이도영을 떠올렸고 이도영을 보면 나를 떠올렸다. 우리는 학교 안에선 특출한 힘을 가진 미다스가 아닌 평범한 10대였다. 중학생 시절에는 잠시 다른 학교에 다녔지만 언제나 함께 생활한다는 점은 변하지 않았다. 나는 이도영과 함께했던 모든 순간을 사랑했다. 그 애가 있어서 내 하루는 평범해질 수 있었고 가끔 특별해질 수도 있었으니까. 이도영은 내가 미다스로 태어난 걸 싫어하지 않게 해 준 유일한 사람이었다.

그런 이도영이 죽었다. 이 말을, 어떻게 풀어서 해야 할지 모르겠다.

3.
중학교에 다니면서 친구들과 농구를 시작한 이도영은

하루가 다르게 쑥쑥 크더니 고등학교에 입학할 즈음에는 입학생들 사이에서 손에 꼽힐 정도로 커졌다. 시원시원한 이목구비에 큰 키, 희고 밝은 피부, 어렸을 때부터 다져 온 사회성이 만들어 낸 웃음. 이런 것들이 버무려져 이도영은 학교에서 인기가 많았다. 입학식 때부터 사람들의 이목을 끌더니 첫 한 달이 지날 무렵에는 너도나도 이도영의 이름을 알 정도가 되었고 중간고사가 끝났을 즈음에는 내게 이도영에 대해 노골적으로 물어 오는 친구들이 생겼다. 쌍둥이 누나에게 접근하면 이도영에 대해 더 잘 알 수 있는 기회가 생길 거라고 여긴 모양이었다. 그럴 때마다 나는 멋대로 대답했다. 이도영은 체한 경험 때문에 해산물을 딱히 좋아하지 않았지만 나는 이도영이 오징어를 좋아한다고 대답했다. 이도영은 공포 영화를 좋아하지 않는데 나는 그 반대로 얘기했다. 한마디로 그때그때 되는 대로 지껄였다는 뜻이다. 덕분에 이도영에 대한 소문은 중구난방이었다. 떠도는 말 어디에도 진실은 없었고 제대로 된 사실은 오직 나만 알고 있었다.

나는 왜 그렇게 대답했을까. 나 역시도 궁금했지만 답을 찾을 수 없었다. 그때쯤부터 나와 이도영이 당연하게 해 왔던 것들이 당연해지지 않게 되었다. 손을 잡는 것도, 한 침대에서 자는 것도, 아주 사소하게는 음료수를 함께 나눠 마시는 것도 말이다. 우리는 언제나 그랬듯 많은 말을 나눴지만 언젠가부터 서로의 언어가 달라지기라도 한 듯 나는 이도영의 마음을 전부 읽을 수 없게 되었다. 이도영과 나 사이에 어떤 틈이 생겼다. 그 틈이 이도영의 눈을 오래 마주치지 못하게 했고, 나를 조금 작아지게 했다. 이도영이 곁에 있으면 그 틈으로 이상한 기운이 흘러

나오는 것 같았다. 이 느낌들이 무엇을 뜻하는지 정확하게는 알 수 없었다. 다만 나는 이 모든 변화를 느낀 뒤로 이도영의 날카로운 눈매가 더 좋아졌고, 이도영의 흰 피부를 자주 만지고 싶다고 생각했고, 이도영의 따뜻하고 말랑말랑한 몸을 안고 싶다는 생각을 했다.

박세정은 고등학교에 올라와서 친해진 친구다. 집으로 가는 방향이 같아 우리는 자주 함께 하교했다. 오늘처럼 이도영에게 일이 있는 날에는 박세정과 나 둘이서 집에 갔지만, 나에게 일이 있을 때에 둘은 함께 다니지 않았다. 이유는 간단했다. 박세정도 이도영을 좋아했다. 이건 박세정이 내게 알려 줬기 때문에 알게 된 사실이었다. 그렇지만 박세정은 다른 친구들처럼 내게서 이도영의 정보를 캐내려고 하거나 나를 이용해 이도영과 더 가까워지려는 짓을 하지 않았다. 그래서 친구가 됐다. 박세정이 말하길 이도영은 이도영이고, 이주영은 이주영이라고 했다. 박세정은 이도영이 좋은 만큼 친구 이주영도 좋다고 말해 준 유일한 애였다.

박세정이 더운지 교복 셔츠를 앞으로 쭉 당겼다.

"어떻게 중간고사가 끝난 게 엊그제 같은데 벌써 기말고사니. 이게 말이 되니?"
"기말고사를 빨리 쳐야 방학이 오지."

내 말을 듣자마자 박세정이 몇 걸음 앞서 걷더니 휙 뒤돌았다. 나는 걸음을 멈췄다. 앞길을 막아선 박세정의 눈이 작아지더니 집요하게 나를 노려봤다.

"너 방학 때 어디 가? 저번부터 방학, 방학, 거리고 있는데…. 뭔데, 빨리 말해."

"뭘 말해. 방학이니까 그냥 좋은 거지."

박세정은 아무래도 수상하다는 표정이었다. 나는 박세정을 지나쳐 걸었다. 방학 때 짧게라도 놀러 갔다 오자던 박세정의 요청을 거절한 이력이 있으므로 들킬까 봐 괜히 초조해졌기 때문이었다. 이번 방학에는 이도영과 제주도에 가기로 했다. 엄밀히 따지자면 둘이 가는 것도 아니었고 보호자로 매니저도 따라붙을 예정이었으며 놀러 간다기보다 일하러 가는 것에 더 가까웠다. 제주도행의 목적은 바다 청소였다.

나는 평소 한강에 가라앉은 쓰레기를 주웠고 이도영은 어두운 지하에서 고양이 또는 설치류를 구출하거나 때때로 캄캄한 사고 현장에서 갇혀 있는 사람들의 위치를 알려 주었다. 그게 우리가 나라를 위해 하는 봉사였다. 덕분에 우리는 야간 자율 학습을 하지 않았고 친구들과의 주말 약속에 끼지도 못했다. 우리의 사회적 공헌을 알 리 없는 친구들은 괜히 바쁜 척한다며 핀잔을 보내왔고 못내 아쉬워하는 티를 냈다. 특히 이도영이 크고 작은 행사에 함께하지 못한다는 점을 말이다. 하지만 이도영은 눈치가 없어서 그런 관심에 대해 잘 몰랐다. 눈칫밥을 하도 먹고 자라서 포화 상태가 된 건지 이상한 방면으로 둔했다.

박세정이 내 옆에 따라붙었다.

"근데 너 그거 들었어? 이상훈 이번 쪽지 시험 70점 맞아서 난리 났던데."

박세정은 단순해서 한 가지 일에 골몰하지 않고 언제나 금방 다른 주제를 꺼냈다.

"그게 왜 난리 날 일이야?"

"왜냐니. 걔 중간고사에서 만점 맞았잖아. 그런 애가 쪽지 시험에서 한 번도 아니고 줄줄이 60, 70점 맞았으니까 난리지. 안 그래도 걔 수학 시간에 나와서 문제 풀라고 하면 못 푼다며."

"시험 기간 때 족집게 과외 받나 보지. 걔네 잘산다며."

"하, 세상에 그런 선생이 있다고? 70짜리 애를 시험 때 100으로 만드는? 참 나. 부럽다."

그 후에도 박세정은 성적이 돈으로 매겨지는 세상이라며 계속 투덜투덜하다가 갈림길에서 나와 헤어졌다. 가다가 몇 번씩 뒤돌아서는 방학 때 본인 빼고 어디 놀러 갈 생각하지 말라고 소리쳤다. 나는 대답하는 대신 잘 가라며 손만 흔들었다. 그 말에 고개를 끄덕이면 거짓말을 하게 되는 거니까.

이도영은 그날 평소보다 더 늦게 들어왔다. 고양이를 구해 주고 왔다는 이도영은 평소와 달리 얼굴에 웃음을 띠고 있었다. 내가 무슨 일 있었느냐고 묻기도 전에 방으로 홀랑 들어간 버린 이도영은 그날부터 생각에 자주 잠겼고 무슨 말을 하려고 입을 벙긋거리다가 다물곤 했다. 밤마다 종종 집 앞에 5분, 10분씩 나갔다 들어왔고 노트북으로 혼자서 무언가를 열심히 찾았다. 무슨 일이냐고 보채 볼까, 매니저한테 물어볼까 하다가 나는 기다림을 택했다. 이도영은 자신만의 고뇌가 끝나면 분명 무슨 생각을 했는지 나에게 이야기해 줄 거라고 믿고 있었기 때문이었다. 이도영은 비밀을 오래 간직하지 못한다. 애초에 내게 말하지 않고는 못 버틸 애라는 걸 알고 있었다.

이도영은 기말고사가 시작될 때까지 내게 아무 말도 하지 않았다. 예전처럼 평일 밤이나 주말에 봉사를 하고 올 뿐이었다. 그 시간을 괴롭게 버틴 건 나였다. 몇 번이나 뭔가 숨기고 있냐고 물어보고 싶었다. 그럴 때마다 허벅지를 꼬집으며 참았다. 문 앞을 서성이다가 이도영이 나오는 기척에 헐레벌떡 도망간 날도 많았다.

하지만 그러지 말았어야 했다. 궁금증이 생긴 그때 바로 문을 열고 뭘 숨기고 있냐고 물어봤어야 했다. 왜 나한테는 미래를 내다볼 수 있는 능력이 없었던 걸까.

그날은 내가 한강으로 봉사를 하러 가야 하는 날이었다. 동시에 기말고사 마지막 날이기도 했다. 박세정은 시험이 끝났으니 노래방 갔다가 빙수 먹으러 가자고 나를 꼬드겼지만 바쁜 일이 있다고 거절했다. 박세정은 입술을 비죽 내밀며 서운함을 감추지 못했다. 나는 그런 박세정의 엉덩이를 두드려 주며 방학 시작하기 전에 꼭 같이 놀자고 얼러 집으로 보냈다. 정말 어쩔 수 없었다. 시험 기간 내내 봉사 활동을 한 번도 하지 않았으니 지금부터 부랴부랴 해치워야 방학이 시작되자마자 제주도로 떠날 수 있었다.

내가 집에서 옷을 갈아입고 나갈 준비를 마쳤을 무렵 이도영이 집에 도착했다. 지금 나가? 응. 늦어? 많이 안 늦어. 그런 일상적인 대화를 주고받았다. 내가 현관에서 신발을 신고 있을 때, 방으로 향하던 이도영이 문득 뒤돌더니 말을 걸었다.

"주영아."
"왜?"

"네 머리 또 자를 때 됐다."

물속에서는 머리 길이가 짧을수록 편하다. 아주 예전, 버려진 그물망에 얽히는 바람에 물속에서 머리카락을 자른 이후로 나는 절대 묶일 정도로는 머리카락을 기르지 않았다. 엄마는 둘이 나란히 앉아 있는 걸 보면 뒷모습으로는 영 구분할 수 없다고 했다. 머리카락 자라는 속도는 내 쪽이 이상하리만치 빨라서 이도영이 미용실에 한 번 갈 때 나는 적어도 두 번은 다녀야 했다.

나는 뒷덜미에 한 움큼 잡히는 머리카락을 쓸며 고개를 끄덕였다. 그런데 갑자기 머리 얘기는 왜 해?

"그냥. 기르려는 건가 싶어서."

"기를 생각 없는데. 왜? 내가 길렀으면 좋겠어?"

"아니, 그런 말은 아니고."

"네가 길러 볼래?"

내 말에 이도영이 웃으며 손가락으로 자신을 가리켰다. '나?' 하고 묻는 얼굴이었다. 내가 고개를 끄덕였다.

"너 머리 기르면 예쁠 거 같은데."

"그래? 길러 볼까?"

"응, 이번 여름에 길러 봐."

알겠다며 고개를 끄덕이던 이도영은 더 할 말이 있는지 자리를 지키고 서 있었다. 이도영은 머뭇거리다가 "그럼 오늘 일찍 와?" 하고 물었다. 이렇게 꼬치꼬치 캐물으며 말을 빙빙 돌리는 걸 보니 그간의 비밀을 이제 이야기해 주려고 하는 모양이다. 그것도 오늘 밤에.

"응, 일찍 와."

이도영은 이따 보자며 웃었다.

그날, 이도영은 여느 때처럼 고양이를 찾아 주기 위해 나갔다. 그럼 여느 때처럼 밤 10시가 넘기 전에 돌아왔어야지. 그날따라 유독 귀가하는 시간이 늦어지는가 싶더니 이도영은 기어코 자정이 넘을 때까지 돌아오지 않았다. 나는 바보처럼 찾으러 나갈 생각도 하지 않고 이도영이 해 줄 비밀 얘기가 무엇일지에 대해 곰곰이 생각하며, 침대에 누워 벽지가 누렇게 변한 천장만 바라보고 있었다. 이도영이 대낮 같은 밤하늘을 쳐다보고 있었을 때….

거센 강풍이 창문을 두드리는 소리에 정신을 차리며 자리에서 일어났다. 곧바로 커다란 굉음이 들렸다. 창이 흔들릴 정도로 바람이 불었다. 시계를 쳐다봤다. 새벽 1시가 넘었다. 나는 그때야 이도영을 찾았다. 이도영은 전화를 받지 않았고 아파트 단지에도 없었다. 학교를 비롯해 우리가 자주 다니던 모든 곳을 찾았지만 이도영은 그 모든 곳에 없었다.

아침이 온 후에야 이도영을 찾을 수 있었다. 인천 남항 컨테이너 부두. 그곳에 있었다. 타워크레인 아래에.

여기에 있었으니 내가 찾을 수 있을 리가 없지. 도대체 너는 왜 여기에 왔을까. 그렇게 묻고 싶었지만 물어도 대답을 들을 수가 없었다. 하우스 소속 수사대의 말에 따르면, 어떤 이유로 너는 저 높은 곳에 올라갔고 그때 불어닥친 강풍에 중심을 잡지 못해 떨어진 것 같다고 했다. 아무튼 종합해 보면 네가 저기 올라간 이유도, 죽게 된 원인도 무엇 하나 확실하지 않다는 말이다.

정오에 뜬 태양을 바라보고 있는 이도영의 눈꺼풀을 덮어 준 것은 나였다. 머리 근처에는 검게 변해 얼룩으로 남은 피가 가득했다. 문득 이런 생각이 들었다. 너는 이제야 어둠이 무엇인지 알았을까? 네가 이렇게 됐는데 왜 내 눈에서는 눈물이 나지 않을까? 슬프지도 않았다. 뭐랄까, 이도영이 잠깐 내게 장난치고 있는 것 같았다. 네가 거기에 올라간 이유조차 알지 못해서였을까.

어쨌든 확실한 건 나의 현실 부정과는 상관없이 이도영이 죽었다는 것이었다. 저 높은 곳에서 떨어져 눈도 감지 못한 채로.

4.

학교에는 교통사고로 인한 사망이라 알렸다. 장례는 가족끼리 치르겠다고 말했지만 실제 이도영은 장례를 거치기는커녕 하우스의 가장 깊은 곳, 지하 8층에 누워 있었다. 차가운 스테인리스 침대 위에 나체로 말이다. 너는 죽어서도 이곳을 떠날 수 없게 됐다. 네 죽음의 원인이 밝혀지기 전까지는.

나는 하우스에 누워 있는 이도영을 생각할 때마다 이런 생각을 했다. 아무리 죽었다고 해도 춥지 않을까? 이불을 덮어 주거나 꽉 안아 줘야 할 텐데…. 흰 피부가 냉동실에 얼린 것처럼 딱딱하게 굳어 있다고 생각하면 심장이 아렸다. 나는 차가운 이도영 대신 따뜻하고 말랑말랑한 이도영의 피부를 생각하려고 애썼지만 마음처럼 되지 않았고 그래서 속상했다. 학교에 가지 않은 채 종일 하는 일이라고는 죽은 이도영을 떠올리는 것이었다. 가끔은 그날 이도영이 나한테 하려고 했던 말이 무엇일까 고민하기도 했고, 고민하기 지칠 때쯤 나도 모르게 잠들었다.

아무도 나를 건드리지 않았다. 내가 게으름 피우는 걸 싫어하는 엄마도, 심심하면 찾아와 놀자고 하는 아빠도 나를 내버려 두었다. 박세정은 몇 번 전화하더니 통화가 되지 않자 언제든 연락하라는 문자를 남겼다. 평소에 박세정은 메시지 확인이나 답장이 조금만 늦어지면 난리를 쳤는데 이번에는 문자를 확인하고도 답장하지 않는 나를 채근하지 않았다. 나는 모처럼 찾아온 기회를 잡아 이도영을 더 많이 생각했다. 여전히 눈물은 나지 않았지만. 그리고 나는 그제야 미뤄 두고 있던 감정 하나를 툭 꺼냈다. 나는 이도영을 좋아했던 걸까?

엄마가 방으로 들어와 창문을 연 날은 이도영이 죽은 지 일주일째 되는 날이었다. 슬픔을 핑계 삼을 수 있는 기간이 끝났다. 내가 느끼고 있는 슬픔이 더는 사람들에게 통하지 않아, 또다시 세상으로 걸어 들어가야 하는 시간이 다가온 것이다. 하지만 나는 마지막 저항을 하고 싶어 현실의 무게에 아랑곳하지 않고 몸을 웅크렸다. 아직 세상에 나갈 준비가 되어 있지 않다는 발악이었다. 평소의 엄마라면 그만 궁상떨고 일어나라고 할 것이다. 그러면 못 이기는 척, 슬픔을 애써 억누르는 척 자리에서 일어나야지.

하지만 엄마는 그러지 않았다. 침대 끄트머리에 가만 앉아, 이불 무덤의 등선을 손으로 쓸었다. 손은 곡선을 타다가 비죽 나온 내 머리카락에 닿았다. 주영아. 엄마가 다정하게 나를 불렀다. 웅크린 내 몸을 끌어안았다. 이상하다. 이러면 안 되는데. 엄마가 이러면 안 되는데. 그러면 못 이기는 척 자리에서 일어날 수가 없는데.

엄마는 오래도록 나를 안고 있었다. 엄마도 슬프구나. 장난처럼 아들이라고 부르는 사이 이도영은 정말 엄마의 아들이 되었던 거구나. 슬픔이 중첩되어 우리는 한동안 자리에서 일어나지 못했다. 바람이 불지 않았다면, 어쩌면 그렇게 평생을 있었을지도 모른다.

함께한 시간이 길다고 생각했는데 정리하고 보니 이도영의 물건은 한 박스를 겨우 채울 정도에 불과했다. 버릴 생각은 없었지만 그대로 두었다가는 빛과 바람에 빨리 풍화될 것 같았다. 주인 없는 물건은 쉽게 죽는다. 그러지 않기를 바라. 너희라도 오래 살아남으라는 쓸데없는 기도를 했다.

이도영의 교실 책상에는 포스트 잇에 쓴 편지와 국화꽃이 가득 놓여 있었다. 보고 싶다는 말이 큼직하게 쓰인 포스트잇을 멍하니 바라보다가 한 장씩 떼어 냈다. 이도영에게 전해 줄까, 생각했다가 그냥 가는 길에 버리기로 마음먹었다. 이도영네 반 아이들 중 그 누구도 나를 대놓고 쳐다보지 않았지만 모두가 나를 의식하고 있었다. 적막한 교실에는 내가 움직이며 내는 소음만 크게 퍼졌다. 그냥 떠들어도 되는데. 나를 의식하지 않는 듯 행동해도 괜찮은데. "얘들아, 떠들어도 돼! 나 신경 쓰지 마!"라고 말하고 싶었지만 오지랖인 것 같아 입을 다물었다. 최대한 빨리 교실을 빠져나가는 게 내가 반 아이들에게 해 줄 수 있는 가장 적절한 일인 것 같았다. 이도영의 물건들을 하나씩 서둘러 상자에 담다 보니 문득 궁금증이 일었다. 이 반 아이들은 이도영에게 사실 특별한 능력이 있고 그 능력으로 밤마다 고양이를 구조했다는 걸 알까? 아마도 모르겠지. 내가 입을 열지 않는 한 아마 평생 아무도 모를 거야. 너무도 당연한 사실이고 그래야만 하는 건데 이상하게 답답해졌다. 문득 소리치고 싶었다. 친구들이 모르는 도영이의 비밀에 대해.

복도에서 창문 너머로 한 아이가 나를 보고 있었다. 아니, 나를 보고 있었는지 이도영의 책상을 보고 있었는지 모르겠지만 어쨌든 그 아이는 내가 자신을 쳐다보자 깜짝 놀라며 고개를 돌렸다. 그리고 황급히 자리를 피했다. 그때까지는 그 아이에 대해 대수롭지 않게 여겼다. 쟤도 이도영을 좋아하던 아이였겠지, 하는 생각뿐이었다.

박세정은 이도영이 아니라 내게 편지를 준 유일한 사람이었다. 나를 만나자마자 10분 동안 말없이 안고 있다가 편지를 건넸다. 박세정의 눈에는 눈물이 그렁그렁 차 있었지만 내 앞에서는 흘리지 않겠다고 다짐하고 온 사람처럼 끝내 눈물을 떨어트리지 않았다. 편지는 학교에서 읽지 말고 집에서 읽으라는데, 나는 어쩐지 그 편지 봉투를 영원히 열어 볼 수 없을 것 같았다. 한참을 머뭇거리다가 주머니에 편지를 넣으며 고맙다고 대답했다. 박세정은 한참 뒤에 "오늘은 학교 끝나고 나랑 가?" 하고 조심스럽게 물어 왔다. 그렇지, 이제 이도영이 없으니까 매일 박세정이랑 가야 되겠구나. 나는 고개를 끄덕였다. 박세정은 좋아하지도, 슬퍼하지도 않았다.

이도영이 없는 세상에 적응해 나가야 한다. 그게 제일 힘들다.

그때 또다시 시선이 느껴졌다. 고개를 돌려 건물 모퉁

서프 비트(Surf Beat)

이를 바라봤다. 그림자 하나가 빠르게 사라지는 것이
보였다.

'그 애'는 며칠이고 내 주위를 서성이며 나를 쳐다봤
다. 훔쳐본 것도 아니다. 대놓고 쳐다봤고 눈이 마주치
면 뒤늦게 고개를 돌렸다. 거슬렸지만 일부러 아는 척하
지 않았다. 뭔가에 깊게 신경 쓸 여유가 없었다. 하지만
그 애를 더는 지나칠 수 없는 상황이 며칠 후에 찾아왔
다. 그 애가 우리 집 앞에 서 있었던 것이다. 그것도 캄
캄한 밤에. 엄마 심부름을 다녀오는 길에 그 애와 마주
쳤다. 나는 빌라 입구 계단에 서서 신발코를 바닥에 툭
툭 치며 어둠 속에 우두커니 서 있는 그 애를 쳐다봤다.

"너 말이야. 이주영 맞지? 이도영 누나."

날카로운 목소리로 말을 건 그 애는 뒤이어 내가 알
아듣지 못할 말만 늘어놓았다.

"아니지, 누나 아니잖아. 그렇지? 너희 쌍둥이 아니라며."
"그게 무슨⋯."
"너도 내가 보여?"
"뭐?"
"너도 걔처럼 이 어둠에서 내가 잘 보여?"

한 발자국 더 다가와 나에게 묻고 있는 그 애 얼굴을
보다가 명찰을 확인했다. 유태이.

너 지금 나한테 무슨 소리를 하고 있는 거야?

5.

우리는 히어로 영화를 좋아하지 않았다. 이도영의 말

을 빌리자면 영화 속 영웅들은 지나치게 이상적인 모습으로 묘사된달까. 서로 힘을 합쳐 지구를 위협하는 외계 생명체를 물리치고, 자신의 정체를 밝히지 않아도 사람들에게 신임을 얻고 응원을 받는다는 점이. 그들을 둘러싼 상황 전부가. 우리는 그렇게 하지 못했다. 보편적인 인간에게는 나타나지 않는 비범한 능력을 가지고 있지만 우리는 그들처럼 세상 밖으로 나가 싸울 수 없다. 그래서는 안 된다. 우리의 존재는 보편적인 인간들의 평범한 일상을 망가트릴 것이다.

역시 우리의 능력이 별 볼 일 없어서 그런 건가? 우리가 위협이 될 거라는 말들은 다 핑계고.

우리는 상영관을 온통 차지한 히어로 영화 대신 하루에 두 번 정도밖에 상영하지 않는, 그날 처음 본 제목의 영화표를 쥐고 그런 시시콜콜한 이야기를 나누었다. 대화의 결론은 외계 생명체의 침략으로 인해 지구 전체가 위기에 빠질 일이 없어서 우리가 활약할 일도 없다는 것이었다. 그렇다고 외계 생명체의 침략을 바랄 수는 없으니까.

그러니까 우리가 참자. 외계 생명체가 없어서 우리도 정체를 숨기고 있어야 하는 걸로 해 두자. 어쩌면 사람들은 우리가 세상 밖으로 나갔을 때 더 불안해할지도 몰라. 영웅이 나타났으니까 곧 악당도 나타날 거라고 하면서….

6.

나는 다음 날 유태이를 찾아내기 위해 학교를 쏘다녔다. 유태이는 어젯밤 내 대답이 굼떠지자 그대로 도망쳤다. 이 근방의 지리라면 유태이보다 내가 더 잘 아는데도 놓쳤다. 골목으로 들어가는 걸 보고 뒤따라갔지만 유태이는 흔적도 없이 사라져 버렸다. 골목 끝은 막다른 길이었고 거기를 빠져나가려면 돌담을 넘어야 했다. 그렇게 높지는 않았지만 그렇다고 단번에 넘을 수 있는 높이도 아니었다. 도망치는 와중에 이 돌담을 마주친다면 잠시 방황하다 두 손으로 벽을 잡고 힘겹게 넘어야 할 수준이었다. 담을 다 넘기 전에 내가 따라잡을 수 있을 거라 생각했다. 그렇지만 유태이는 없었다.

학교에서 유태이를 찾아내는 건 어렵지 않았다. 5반에서 유태이를 발견했다. 교실로 들어가 책상 앞에 서자, 가방에서 책을 빼던 유태이가 움직임을 멈추고 나를 쳐다봤다.

"너 나랑 얘기 좀 하자."

또 도망갈 줄 알았는데 유태이는 고개를 한 번 끄덕이고는 자기가 먼저 몸을 틀어 교실을 빠져나갔다. 나는 유태이를 따라 옥상으로 향했다. 높게 묶은 유태이의 머리카락이 말총처럼 흔들리는 것을 보면서.

옥상 한구석에는 책걸상이 쌓여 있었다. 애도의 시간이 끝나면 머지않아 이도영의 책상도 이곳으로 오게 될 터였다. 죽은 아이의 책상에 앉아 공부하고 싶은 학생은 없을 테니까. 나는 그 책상 무덤을 등지고 섰다. 지금은 이도영을 생각할 때가 아니다.

유태이가 입을 꾹 다물고 나를 노려봤다. 저 눈빛에는 노려봤다는 표현이 딱 어울렸다. 유태이의 태도는 일수꾼 같았다. 정작 대답을 받아 내야 할 사람은 난데.

어제 유태이가 제멋대로 지껄이고 간 후 얼마나 많은 생각으로 잠을 날렸는지 모른다. 유태이는 이도영의 능력을 알고 있었다. 그 애는 이도영이 내게 말하지 않은 친구였을까. 그래서 이도영의 비밀을 전부 알고 있는 걸까.

짤막한 신경전을 끝내고 어제 이야기를 꺼내려고 했을 때, 유태이가 먼저 입을 열었다.

"이도영 진짜 죽은 거 아니지."

그 말을 듣는 순간 이도영의 눈을 감겨 줬을 때부터 지금까지 이상하리만치 잠잠했던 심장 어느 한 부분이 뒤틀리는 걸 느꼈다. 가슴께가 아프고 쓰라렸다. 뜨겁고 답답했다. 누군가 아주 세게 내 가슴을 친 듯한 느낌이었다. 나는 유태이의 멱살을 쥐고 까치발을 들었다. 옥상 문으로 강하게 밀어붙였지만 유태이는 눈 하나 깜짝하지 않았다.

"걔 안 죽잖아."
"너 지금 뭐라고 지껄이는 거야?"
"죽을 수 없잖아."

유태이는 지금 나를 놀리는 게 아니다. 웃음기 하나 없이 진지했고 그래서 더 절박해 보였다. 내 기분을 나쁘게 하려는 사람이 저토록 절박한 표정을 지을 수는 없다. 손이 떨린다. 이도영이 안 죽었나. 그 죽음을 직접 목도했으면서도 처음 본 애의 말을 믿고 싶었다. 냉정함을 유지하고 싶었지만 목소리가 하염없이 떨렸다.

"너 어제부터 자꾸 무슨 말을 하는 거야. 아는 게 있으면 돌려서 하지 말고 똑바로 말해."
"안 죽었지."

서프 비트(Surf Beat)

"죽었어. 죽었으니까 개소리 지껄이지 말고 똑바로 말해."

"높은 곳에서 떨어졌다고 죽었을 리 없잖아."

"똑바로 말하라니까!"

유태이를 강하게 밀쳤다. 유태이는 버티지 못하고 뒷걸음질을 쳤고, 그렇게 단단한 철제문 뒤로 사라졌다. 그러니까 그 애의 몸이 닫힌 문을 통과했고 유태이의 멱살을 쥐고 있던 내 손도 문을 통과한 상태였다. 내가 상황을 파악하기도 전에 유태이의 손이 철제문을 다시 통과해 불쑥 튀어나오더니 내 가슴팍을 밀쳤다. 몸이 뒤로 밀리면서 내 손이 다시 문 안쪽으로 넘어왔다. 내 손끝이 문을 다 통과할 때까지 유태이는 내 손을 잡고 있었다.

그리고 유태이는 문 너머로 사라졌다. 닫힌 문을 통과해 도망쳤다. 나는 그제야 유태이가 어젯밤 돌담을 넘은 것이 아니라 통과해 사라졌다는 것을 알았다. 유태이에게는 능력이 있었다.

등록되지 않은 미다스다. 그리고 유태이는 이도영이 어떻게 죽었는지 알고 있다.

7.

세상에 미다스가 더 있을까? 우리가 알지 못하는.

이도영이 물었다.

없지 않을까? 하우스에서는 모든 미다스를 데리고 와서 관리하잖아. 이렇게 이상한 능력을 가지고 있는 사람이 또 있다면 발견하지 못했을 리가 없어. 여기 사람들은 감지기 달린 촉수라도 있는 것처럼 미다스를 쏙쏙 찾아내잖아.

나는 시시한 답을 했다.

그럼 만약에 정말 하우스가 발견하지 못한 미다스가 있다면, 걔는 평범한 사람들과 다른 자신을 뭐라고 생각할까?

이도영은 그 질문을 유태이의 존재를 알게 된 후에 했던 것일까. 아니다, 그럴 리가 없다. 1년 전 겨울에 했던 말이었다. 이도영이 그토록 오랫동안 유태이의 존재를 내게 숨겼을 리 없고, 유태이가 내 앞에 나타나기를 그렇게 오래 주저했을 리 없다.

나는 옥상 문 바깥으로 사라진 유태이를 쫓았다. 유태이는 계속해서 건물 벽을 통과해 달렸다. 그렇지만 그 애도 보는 눈이 신경 쓰이기는 했는지 사람이 많은 도로에서는 차마 벽을 통과하지 못했다. 나는 유태이가 보이면 그 애를 쫓았다가 어느 순간 보이지 않으면 길이 나 있는 쪽으로 달렸다. 힘껏 뛰고는 있었지만 실은 유태이가 왜 도망가는지조차 알지 못했다. 이도영의 죽음에 유태이가 연관되어 있는 것일까. 이도영이 죽을 수밖에 없었던 이유 중 하나가 유태이인 것일까. 그래서 저 애는 저렇게 도망가고 있는 것일까. 혹시 정말 그렇다면, 이도영이 유태이 때문에 죽은 거라면 나는 유태이를 어떻게 해야 할까….

유태이는 남항 컨테이너 부두 쪽으로 향하고 있었다. 학교는 이미 벗어난 지 오래였다. 숨은 차지 않았다. 능

력을 감당하기 위해서는 강한 체력이 필요했다. 이 정
도 달리기는 이제 아무것도 아니었다. 훈련 중에 뛴 거
리를 모두 더하면 지구 한 바퀴를 돌고도 남을 정도니
까. 하지만 유태이는 점점 지쳐 갔다. 뒤로 돈 얼굴을 보
니 땀과 뒤엉킨 머리카락이 이마에 가닥가닥 붙어 있었
다. 곧 체력이 바닥난 유태이가 먼저 항복을 선언하리
라. 계속 쫓아 뛰기만 한다면 쉽게 잡힐 터였다. 하지만
내 예상은 틀렸다. 유태이는 줄지어 늘어선 컨테이너
속으로 들어갔고 나는 이 많은 컨테이너들 중 어느 것
안에 유태이가 있는지 알 수 없게 되었다.

나는 블록처럼 놓인 컨테이너 사이를 지나다니며 별
소득 없이 주변을 살폈다. 유태이라면 나를 따돌리기
위해 잠긴 컨테이너 안에 숨어 있을 것이다. 나는 들어
가지 못하는 곳에.

"나와. 나와서 나랑 얘기를 해!"

크게 소리쳤다.

"나오라니까!"

목소리가 컨테이너 사이로 메아리쳤다. 괴성과 울음
이 뒤섞인 울림이었다. 가슴이 아파 왔고, 숨이 쉬어지
지 않았다. 주먹으로 가슴을 내리쳤다. 그렇게 하지 않
으면 꽉 막힌 숨을 토해 낼 수 없을 것 같았으니까. 하지
만 나오라는 숨은 나오지 않고 애꿎은 눈물만 땅으로
후두둑 떨어졌다. 내가 또 한 번 유태이를 부르려고 한
순간, 갑자기 튀어나온 유태이가 내 입을 틀어막으며
컨테이너로 밀쳤다. 유태이는 부릅뜬 눈으로 이렇게 말
하고 있었다.

'조용히 해!'

자동차가 멈춰 서는 소리가 들렸다. 그 자동차의 전조등 불빛이 우리가 있는 컨테이너까지 뻗었다. 여전히 내 입을 틀어막으며 유태이는 전조등 불빛을 바라보고 있었다. 겁에 질린 표정이었다. 유태이의 손바닥에서 땀이 났다. 자동차 시동이 꺼지면서 문이 열리고 서너 명이 내리는 소리가 들렸다. 한 남자가 걸걸한 목소리로 말했다.

"학교에 없는 거 보니까 진작 알고 토낀 거 아니야?"
"걔한테 갈 데가 어디 있다고."

다른 남자가 비웃으며 대답했다.

"아, 그 새끼 사람 귀찮게 어디로 간 거야."

그들이 찾는 사람은 유태이다. 유태이의 표정만 봐도 알 수 있었다. 그들이 하는 이야기를 더 가까이에서 듣고 싶었다. 유태이의 손을 치우고 그들에게 다가가려고 하자 유태이가 내 손을 붙잡았다. 그러지 말라는 듯 고개를 젓는 유태이를 바라보다가 손을 떼어 내고 말했다.

"안 들켜."

거리가 좀 멀긴 하지만 커다란 화물선이 정박된 곳이 보였다. 저 거리라면 나 하나쯤 바다에 들어간다고 해도 그들이 알아차리진 못할 터였다. 나는 가지런히 정렬된 컨테이너 사이로 돌아가 화물선이 있는 곳으로 달렸다. 그리고 그들이 머리를 맞대고 있는 틈을 타 그대로 바다에 뛰어들었다.

이도영은 물속에서 숨을 쉬면 어떤 기분이냐고 자주 물었다. "조금 더 시원해?"라고 물었던 것 같다. 그리고 비린 냄새가 나냐고 했던 것 같기도 했고, 또 어떤 소리가 들리냐고 물었던 것 같기도 하고. 그때 내가 뭐라고 했더라. 그냥 그렇지 뭐. 이런 시시한 대답을 했을 것이다. 이렇게 될 줄 알았다면 조금 더 자세하게 알려 줄걸 그랬다. 함께 손을 잡고 수영을 했던 때, 물속에서 숨을 쉴 수 없는 이도영이 참지 못하고 수면 위로 고개를 내밀었을 때. 그때 이도영의 손을 붙잡고 더 자세히 설명해 줄걸.

어떤 기분이냐면 도영아, 물 밖에 있을 때랑 똑같아. 물은 나한테는 그저 축축한 육지야.

방파제에 바짝 붙었다. 수면 위로 물결을 따라 흔들리는 남자들의 형상이 보였다. 그들은 손에 담배를 하나씩 쥔 채 먼 수평선을 이따금씩 쳐다볼 뿐 자신들의 발밑으로는 눈길조차 주지 않았다. 나는 오른쪽 귀를 수면 위로 올렸다. 파도가 거세 방파제를 세게 붙잡지 않으면 몸이 떠밀릴 것 같았다. 남자들의 목소리와 파도 소리가 뒤섞여 들린다.

"… 그냥 자기 혼자 생각 많아서 어디 간 거 아니겠어요? 어쩌면 이 근처에 있을 수도 있고요."
"걔가 사이코냐? 지 때문에 사람 죽은 곳 다시 오게."
"근데 그 죽은 애 뭐 하는 애인지 아직도 못 찾았담서요?"
"학교는 찾았어. 근데 경찰도 조사를 안 하고 교통사고로 처리를 했다는데. 교통사고는 무슨."

남자가 바람이 빠지는 듯한 웃음소리를 냈다.

"그랬다니까 더 찜찜하네요. 죽은 애가 뭐 하는 애였

는지 알아야 걔랑 뭔 작당을 했는지 알아내기라도 할
텐데. 유지선 터니까 걔랑 도망갈 궁리 하고 있었다면
서요. 그때 일로 유지선도 병원에서 저러고 있는데 이
러다가 걔가 복수라도 하려고 덤벼들면 어떡해요."

"쫄지 마, 인마. 기껏해야 벽 통과하는 것밖에 못 하는
애가 뭘 할 수 있겠냐? 도망이나 잘 가겠지. 그리고 눈
을 가려. 그러면 돼."

"눈을요?"

"눈을 가리면 능력이 좀 오락가락해. 저번에 눈 가리니
까 능력 못 쓰는 거 봤어. 이 근방 더 찾아보다가 유지
선한테 가야겠어. 좀 있으면 거기로 오겠지."

킬킬 웃던 남자들은 짧아진 담배꽁초를 바다로 던지
고 자리를 떴다. 나는 둥둥 떠 있는 담배꽁초를 쥐고 물
속에서 빠져나왔다.

손이 떨렸다. 그냥 떨린다고 해야 할지 힘을 너무 줘
서 주체하지 못하겠다고 해야 할지 잘 알 수 없었다. 손
이 너무 떨려 손톱이 손바닥 살을 파고들 정도로 세게
주먹을 쥐었다. 축축하게 젖은 신발이 걸을 때마다 물
자국을 냈다.

유태이와 헤어졌던 컨테이너 앞에 섰다. 컨테이너 문을
붙잡았다가 자물쇠가 채워져 있는 것을 보고 도로 놓았
다. 또다시 숨이 차서 가슴이 아파 왔다. 뛰지도 않았는데,
쥐어 짜인 수건이라도 된 것처럼 가슴이 조였다. 입을 열
면 내 안에 있던 해수가 터져 나올 것 같았다. 입술을 꽉
깨물고 몇 번이나 침을 삼켰다. 숨을 천천히 내뱉은 후에
야 가까스로 입을 열었다. 목소리가 심하게 떨렸다.

서프 비트(Surf Beat)

"갔어. 나와."

그 애가 죽었던 날, 네가 그 자리에 있었다. 그 자리에서 너는 뭘 하고 있었는지 들어야겠다.

8.

사람은 쉽게 죽지 않는다. 사람의 목숨은 가죽처럼 질기다. 끊길 듯 하면서도 집요하게 이어진다. 유태이는 죽어 가는 사람의 숨결이 징그러울 정도로 끈질기다는 것을 안다. 그 숨이 완전히 끊길 때까지 한 공간에 있어야 했으니까.

빛 하나 들어오지 않는 컨테이너는 인간의 살코기를 담은 채 바다 건너로 수출되는 통조림 같았다. 눅눅하고 퀴퀴한 먼지 냄새와 피 냄새가 뒤엉켰다. 그래서 유태이는 컨테이너에 있는 동안 구석에 앉아 코를 막고 입으로 숨을 쉬었다. 캄캄해 아무것도 보이지 않았지만 꼭 눈을 감았다. 손이 두 개여서 힘들었다. 하나만 더 있었어도 코와 귀를 동시에 다 막았을 텐데. 유태이는 귀를 막는 대신 숙인 머리를 두 팔로 감쌌다. 대부분의 인간이 죽은 채로 이곳에 들어왔지만 가끔 숨이 붙어 있는 인간이 있었고, 죽었다가 다시 살아나는 인간도 있었다. 그런 인간들 때문에 유태이는 컨테이너에 들어가야 했다. 그들의 숨이 끊어진 뒤에도 몇 시간을 더 같은 공간에 있다가 나와야 했다. 그래야 밀실 컨테이너 속 자살로 위장한 완벽한 살인이 되니까. 유태이가 원해서 하는 일이 아니다. 유태이는 죽은 사람과 혹은 죽어 가는 사람과 한 공간에 있는 것이 너무 무섭고 두려웠다.

하지만 빠져나갈 구멍이 보이지 않았다. 밖에는 유태이를 기다리는 삼촌들이 있었다. 유태이가 예정된 시간보다 일찍 나오면 삼촌들은 유태이의 멱살을 붙잡고 도로 컨테이너에 집어넣었다. 유태이가 같이 있던 사람의 완전한 죽음을 확인하지 않고 나온 탓에 만에 하나 그 사람이 끝내 살아남아 밖으로 빠져나오는 일이 생긴다면 의뢰인에게 몇 배의 돈을 배상해야 하는 것은 물론이고 범죄의 덜미가 잡힐지도 모르기 때문이었다. 잠깐 밖에 있다가 다시 들어가면 안 되냐고 사정했지만 통하지 않았다. 삼촌들은 이유 없이 고약했다.

버텨야만 했다. 저 사람이 왜 죽어야 하는지, 뭘 하던 사람이었는지 아무것도 모른 채, 저 사람의 숨이 끊기기를 바라면서 어둠을 견뎌야만 했다. 이따금씩 살려 달라고 중얼거리는 사람도 있었다. 유태이가 한 공간에 있다는 걸 알고 있는 것인지는 확실하지 않았지만 살려 줘, 살려 줘, 하다가 아이처럼 울음을 터트리는 사람도 있었고 누군가의 이름을 중얼거리는 사람도 있었다. 하지만 결국엔 모두 죽었다. 유태이와 함께 컨테이너에 들어간 뒤 살아서 나간 사람은 없다. 잠긴 컨테이너의 벽을 유태이가 통과하면 그곳은 완벽한 밀실이 됐고, 타살은 자살이 됐다.

유태이는 영원히 그 어둠에서 벗어날 수 없을 것만 같았다. 언젠가 자신도 그곳에서 죽을 것을 믿어 의심치 않았다. 아무도 들어오지 못하는 어둠 속에서.

하지만 그날, 고양이를 품에 안고 있던 이도영이 유태이의 어둠을 거두고 들어왔다. 이도영은 어둠 속에서 유일하게 유태이를 발견한 애였다.

서프 비트(Surf Beat)

자신의 원래 이름이 유태이가 아니라는 걸 유태이도 알고 있었다. 유태이는 자신을 돌봐 주는 사람들의 이름에서 한 글자씩 따온 이름이었다. 아무도 알려 주지 않았지만 머리가 커지니 자연스럽게 알게 되었다. 부모가 자신을 버리지 않았다는 사실도 그렇게 알게 되었다. 하지만 이미 너무 자라 버렸다. 자신을 찾는 실종 전단지를 발견했지만 연락할 수 없었다. 부모님도 알았을까? 자식이 괴물이라는 걸. 아마 모르니까 이렇게 찾는 것이 아닐까 싶었다. 유태이의 본래 이름은 김혜진이었다. 전단지를 보고 알았다. 혜진이. 평범한 이름이네. 유태이라는 이름이 더 예쁘다. 유태이는 그렇게 생각하고 말았다. 이제 다 컸는데 뒤늦게 연락해 인생을 책임져 달라고 말하려니 미안했다.

　지금의 유태이에게는 언니와 오빠, 그리고 삼촌 세 명이 있었다. '유'라는 성은 언니의 성에서 따온 거였다. 가족 중에서 제일 좋아하는 사람인 언니의 성을 따와서 다행이라고 늘 생각했다. '태'는 오빠의 이름 가운데 글자에서 따왔고, '이'는 삼촌 중 한 명의 이름에서 가져왔다. 유태이는 원룸에서 언니 오빠와 함께 살았고 삼촌들은 바로 그 윗집에 살았다. 원룸이 위치한 인천 끄트머리는 재개발이 멈춘 지 오래된 곳이어서 그 건물에는 유태이 가족 외 다른 사람이 살지 않았다.

　언니는 유태이에게 글을 가르쳐 주고 숫자도 가르쳐 주고 거짓말도 가르쳐 주었다. 그리고 도어 록과 금고를 여는 법도 가르쳐 주었다. 빈집인 줄 알고 들어간 곳에서 사람을 마주쳤을 때 귀신인 척 벽을 통과하는 방법도 가르쳐 줬다. 오빠는 맛있는 밥을 해 줬고, 과자를 사 줬고, 놀이터에 함께 가 줬고, 그림을 그려 줬으며, 유태이와 비밀 이야기를 가장 많이 했다.

오빠는 유태이에게 괴물이 아니라고 말해 준 첫 번째 사람이었다. 유태이가 오빠와 조금 더 오래 함께했다면 언니보다 오빠를 더 좋아했을 것이고 자신을 영웅이라 생각했을지도 모른다. 하지만 오빠는 유태이와 오래 있어 주지 못했다. 비가 오는 날 가게를 털고 도망가는 길에 사고를 당했다. 빗길에 미끄러지던 트럭에 부딪혔다고 했다. 오빠는 돈이 생기면 가게를 차리고 싶다고 했는데, 그 꿈 근처에 가지도 못하고 그 자리에서 죽었다.

오빠가 죽은 뒤로 언니는 힘들어했다. 유태이는 그동안 새벽에 언니와 오빠가 단둘이 밖으로 나가는 걸 종종 목격했다. 처음에는 자신만 빼고 둘이 나가서 놀고 온다는 생각에 서운해했지만 나중에는 셋이 사는 좁은 원룸은 사랑을 나누기에 적합한 장소가 아니라는 걸 깨달았다. 둘이 사랑했구나. 유태이는 바보같이 오빠가 떠난 후에야 알았다. 그래서 오빠가 떠났으니 언니도 떠날 거라고 생각했다. 언니가 나갈 때마다 영원히 돌아오지 않을까 봐 가슴을 졸였다. 하지만 다행히 언니는 떠나지 않았다. 대신 유태이와 약속했다. 언니가 돈을 모을게. 딱 500만 원 모으면 우리 그걸로 도망치자.

그때쯤 삼촌들은 새로운 사업을 시작했다. 심부름센터를 차렸다고 했는데 쉽게 말하자면 돈을 받고 사람을 대신 죽여 주는 일을 했다. 삼촌들은 '100% 밀실 자살처럼 만들어 드립니다'라는 슬로건을 내걸었다. 슬로건은 잘 먹혔다. '자살'이 이루어지는 밀실은 집이나 사무실일 때도 있었지만 대체로 인천 남항 부두의 컨테이너였다. 그 안에 있는 사람은 찾기가 어려워서 타살의 흔적이 거의 사라진 후에야 발견되기 일쑤였다. 삼촌들은 사람을 죽인 후 컨테이너에 넣었다. 그리고 그 안에 유태이를 들여보내 완전히 숨이 끊길 때까지 기다리게 했다. 일이 끝나면 유태이는 잠겨 있는 컨테이너 밖으로 유유히 빠져나오는 것이었다.

이 사업은 벌이가 쏠쏠했다. 잡힐까 봐 도망 다닐 필요도 없었다. 안정적인 범죄 수단을 찾은 셈이었다. 그렇게 되자, 언니는 제일 먼저 삼촌들에게 유태이가 학교에 다닐 수 있게 해 달라고 부탁했다. 자주 이사하며 도망쳐야 했던 생활을 청산하기도 했고, 무엇보다 고등 교육 내용은 언니가 가르칠 수 있는 범위를 넘어선다는 것이 이유였다. 언니는 가족과 잘 살고 있던 애를 납치해 왔으면 그 부모가 해 줬을 노력의 0.001%라도 해야 하지 않겠느냐며 목소리를 높였다. 유태이는 언니의 지속적인 요구 덕분에 학교에 들어갔다. 언니와 함께 나가서 교복을 맞추고 가방을 샀다.

입학 전날에는 잠이 안 와 계속 몸을 뒤척였다. 언니도 잠이 안 오기는 마찬가지였던지 새벽이 한창일 때 조용히 태이야, 하고 불렀다. 언니가 몸을 일으켰다. 학교에서는 절대 벽을 통과하면 안 돼. 사물함에 손을 그냥 넣어도 안 되고. 알겠지? 잘할 수 있지? 친구도 많이 사귀고. 유태이는 못 하겠다고 대답하면 언니가 입학을 취소시킬까 봐 무조건 고개를 끄덕였다.

유태이가 학교에 들어간 후 시험지로 돈을 벌자고 제안한 건 둘째 삼촌이었다. 한 문제당 5만 원씩 받는 수법이었다. 시험지를 훔치는 일은 유태이의 몫이었다. 삼촌은 유태이에게 중간고사 일주일 전 교무실에 몰래 들어가 잠긴 사물함에서 시험지를 꺼내 사진을 찍어 오라고 시켰다. 언니는 격렬하게 반대했다. 술상을 두고 마주앉아 이야기를 나누던 둘째 삼촌과 언니의 언성이 점점 높아졌다. 언니가 급기야 상을 뒤집었다. 둘째 삼촌이 언니를 때렸다. 그 모습에 놀란 유태이가 발작을 일으켰다. 나자빠진 채 몸을 부르르 떨었다. 집 안에 있는 물건들이 유태이를 따라 흔들렸다. 곧 그곳에 있던 모든 물건뿐 아니라 건물까지 제대로 서 있을 수 없을 만큼 진동했다. 삼촌들은 처음으로 유태이에 대한 공포를 느꼈다. 그날은 삼촌들이 언젠가는 유태이를 죽여야 한다는 걸 깨달은 날이기도 했다. 내버려 두면 언젠가 자신들을 죽일 괴물이었으니까.

언니는 유태이에게 이번까지만 삼촌들을 도와주자고 했다. 그다음에는 적게나마 모아 둔 돈을 가지고 도망가기로 약속했다. 언니는 한반도 남쪽 끝에 집을 알아보았다. 언니가 가진 300만 원으로 다행히 방을 구할 수 있었다. 언니는 조금씩, 조금씩 집에서 도망칠 준비를 했다. 그동안 유태이는 중간고사 시험지를 1학년부터 3학년 것까지 전부 빼냈다. 어차피 도망치기는 어렵지 않았기 때문에 구태여 몸을 숨기지도 않았다. 중간고사 시험지는 몇백만 원에 팔렸다. 유태이는 누가 사 갔는지 궁금해하지 않았지만 같은 학년에 만점 맞은 아이가 있다는 이야기를 듣고 그 애의 부모겠거니, 생각했다. 그 후 한동안은 교무실에 들어가지 않았다. 유태이가 다시 교무실을 찾은 날은 기말고사를 앞둔 어느 날이었다. 그때 들켰다. 품에 고양이를 안고 있던 이도영이 복도에 서서 창문을 통해 유태이를 보고 있었다.

집으로 돌아온 유태이는 주변이 어두웠으니 그 애가 자신을 제대로 보지 못했을 거라 생각하며 스스로를 달랬다. 동시에 그 애가 누군지 모른다는 점 때문에 불안해했다. 얼굴을 언뜻 보기는 했지만 분명하게 떠오르지는 않았다. 키가 좀 큰 편이었고 머리가 짧았는데 누구지? 우리 학교에 그런 애가 있던가? 왜 그 시간에 거기 있었지? 만약 그 애가 신고라도 한다면? 하지만 그 점은 별로 걱정되지 않았다. 방범 카메라를 돌려 본다고 할지라도 자물쇠를 따고 들어가는 학생을 발견할 순 없을 테니까. 하필이면 그날 언니는 삼촌들에게 하루 동안 자리 좀 비우겠다고 말하고 방을 계약하러 내려갔다. 오늘만큼은 언니가 간절한데. 유태이는 뜬눈으로 밤을 지새우고 학교로 갔다.

자신을 지나치는 모든 아이들이 어제의 그 애 같았다. 모두가 자신을 이상하게 쳐다보는 것 같다는 느낌이 들었다. 그 애가 밤사이 학교에 있는 모든 사람에게 자신의 범행을 까발린 것은 아닐까? 다들 유태이를 아무렇지 않게 지나치지만 한 발자국만 멀어져도 바로 뒤돌아 비웃고 흉보는 것은 아닐까. 어쩐지 등이 시리고 따가워 몸을 움츠렸다. 차라리 벽을 통과해 학교를 빠져나가고 싶었다. 그렇게 끝없이 달려 언니와 가기로 했던 땅끝까지 가고 싶었다.

어느덧 그 애는 조용히 다가와 유태이, 하고 불렀다. 큰 키에 희멀건 피부, 쭉 찢어진 큰 눈을 가진 이도영이 자신을 내려다보고 있었다. 이도영은 무릎을 굽혀 눈높이를 맞추더니 조심스럽게 물었다.

"너 학교 끝나고 시간 돼? 그럼 나랑 얘기 조금만 하자."

유태이는 엉겁결에 고개를 끄덕였다. 그래 놓고 학교 수업이 끝나면 잽싸게 도망칠 생각이었지만, 이도영이 교실 뒷문에서 기다리고 있어 그러지 못했다.

두 번째 계획은 시치미를 떼는 거였다. 만일 이도영이 어제 일을 꺼낸다고 할지라도, 그 어둠 속에서 본 사람이 자신이라고 어떻게 특정 지을 수 있느냐고 말이다.

하지만 그 계획마저도 실패했다.

"나한테는 어둠이 없어. 이게 무슨 말인지 나도 잘 모르겠는데, 남들 말을 빌려서 하자면 나는 밤에도 낮처럼 봐."

이도영이 차분한 목소리로 건넨 말에는 많은 의미가 함축되어 있었다. 첫 번째는 교무실에 있던 사람이 너라는 사실을 알고 있다는 것이며, 두 번째는 자신에게도 독특한 능력이 있다는 것이고, 마지막으로 그러니까 만나서 반갑다는 것이었다.

"… 그, 그게 무슨 말이야?"

"너 어제 사물을 그냥 통과했지?"

말문이 막힌 유태이를 보고 이도영은 히죽 웃었다. 자신이 이겼다는 걸 알고 있다는 승리의 웃음이었다. 그 얼굴을 마주 보는데 왜 갑자기 얼굴이 홧홧해졌을까. 유태이는 발뺌하기엔 이미 늦었다고 판단했고 이렇게 된 이상 도망이나 가자는 심산으로 급하게 몸을 돌렸다.

"악!"

그리고 그대로 담벼락에 이마를 부딪혔다. 유태이가

이마를 붙잡았다. 이게 뭐야? 왜 갑자기 벽에 이마를 박고 난리야?

이도영이 "괜찮아?" 하고 물었다. 태이는 눈을 꽉 감고 벽으로 돌진했다. 이번에는 다행히 수월하게 통과했다. 학교 담벼락을 지나쳐 집을 향해 미친 듯이 뛰었다. 심장이 어제 교무실에서 도망칠 때보다 더 세차게 뛰었다.

그때부터 이도영을 피해 다녔지만 이도영은 귀신같이 유태이를 찾아냈다. 끈질겨서 귀찮았다고 해야 할지, 아니면 그래서 다행이었다고 해야 할지.

지난번에 홀로 내려갔다 온 언니는 가방 속에 꽁꽁 감춰 둔 임대차 계약서를 유태이에게 보여 줬다. 언니는 그것이 집 계약서라고 말했다. 이 계약서에 적힌 곳으로 가면 같이 살 수 있다고 자랑하듯 말했다. 유태이는 그런 언니를 보며 이도영에 대해 이야기하고 싶다고 생각했다. 그냥 무작정 이도영의 이름을 입에 올리고 싶었는데 도통 자신이 무슨 이야기를 하려는 건지 알수 없어 차마 꺼내지는 못했다.

기말고사 첫날의 일정이 끝난 뒤 이도영은 언제나 그랬던 것처럼 유태이를 기다렸다.

"너랑 비슷한 사람 많아."

이도영이 말했다. 유태이가 처음 듣는 말이었다.

"아니, 엄청 많지는 않은데 있기는 있어. 나 말고도."

"…."

"너한테 소개해 주고 싶은데, 내 친구들."

"…."

"너 혼자 아니야."

유태이는 이도영의 말을 듣다가 그대로 그를 지나쳐 걸었다. 그렇지만 몇 발자국 가지 못하고 뒤돌았다.

"시험 다 끝나고 나면 다시 말해 줘."

그러고는 도망치듯이 그 자리를 피했다. 더 있다고? 쟤뿐만 아니라 나 같은 인간이 더 있다고? 머릿속에 생각이 꽉 차 멈춰야 한다는 생각도 하지 않고 뛰었다. 숨이 찼지만 힘들지 않았다. 마음 같아서는 이 기분으로 정말 땅끝, 언니가 사 두었다는 집까지 뛰어갈 수 있을 것 같았다. 유태이는 항구에 있는 집까지 쉬지 않고 뛰었다. 언니한테 가서 빨리 말해 줘야지. 이도영 이야기를 꼭 해야지.

언니는 병원에 입원해 있었다. 책상 모서리에 뒤통수를 찍혔다고 했다. 너무 세게 찍혀서 정신을 잃었고 경미한 뇌출혈이 일어났다고. 언니는 중환자실에 몇 시간 있다가 생명에는 이상이 없다는 것이 확인되어 일반 병실로 옮겨졌다.

시험은 보는 둥 마는 둥 쳤다. 생각할 게 너무 많아서 문제를 제대로 읽지 못했다. 언니의 입원 이후 변한 게 있다면 셋째 삼촌이 유태이와 등하교를 함께하게 됐다는 것이다. 삼촌은 시험 기간이니 데려다주겠다는 핑계를 댔지만 유태이는 그것이 일종의 '감시'라는 걸 눈치챘다. 삼촌들은 왜 갑자기 자신을 감시하는 걸까? 그 이유는 쉽게 밝혀졌다. 삼촌들의 방에서 찢겨 있는 집 계약서를 발견한 것이다. 목격하지 않은 순간을 상상하지 않으려고 노력했지만 삼촌들이 언니의 계획을 알고 언니와

몸싸움을 벌이다 언니를 밀쳤다는 결론밖에 나오지 않
았다. 아니, 이건 상상이 아니고 진짜다. 찢어진 계약서
가 현장에 남은 시체처럼 그 당시의 상황을 말해 주고
있으니까. 문밖에서 삼촌들의 목소리가 들렸다. 유태이
는 들고 있던 계약서를 허겁지겁 놓고 방을 빠져나갔다.

그날 아침. 그러니까 시험 마지막 날이자 이도영에게
이야기를 마저 듣기로 한 날 아침. 셋째 삼촌은 어딘가
석연치 않은 표정으로 유태이를 힐끔힐끔 쳐다봤다. 평
소에도 입이 가벼워 두 삼촌들에게 자주 혼나는 걸 봐
왔는데, 아니나 다를까 셋째 삼촌은 그날도 궁금함을
참지 못하고 유태이에게 물었다.

"너 어제 삼촌들 방 들어왔었냐?"

들켰구나. 유태이는 바로 알았다. 하지만 뻔뻔하게
"아뇨?" 하고 고개를 저었다. 셋째 삼촌이 자신의 거짓
말을 믿지 않을 거라는 것도 알았다.

시험이 다 끝나자 이도영은 약속한 대로 교실 앞으로
왔다. 유태이는 정문에서 기다리고 있는 셋째 삼촌을
창문 너머로 한 번 쳐다보고는 이도영에게 말했다.

"지금은 안 돼. 누가 기다리고 있어서. 이따가 밤에 뭐
해? 밤에 나랑 컨테이너 부두에서 만나."

컨테이너 부두에는 되도록 가고 싶지 않았지만 그곳
이 삼촌들을 피해 숨기 좋은 적합한 장소 같았다. 그날
밤 초강풍이 불 것이라는 일기예보 방송을 봤더라면 컨
테이너가 많은 부두에서 만나자는 말은 하지 않았을 것
이다. 그렇지만 몰랐다. 유태이는 정말이지 아무것도 몰
랐다. 삼촌들이 자신의 뒤를 밟는 줄도 몰랐고 삼촌들

을 피해 타워크레인 위로 이도영과 도망친 것이 잘못된 선택이었다는 것도 몰랐다. 그런 바보였으니 당연히 자신의 힘이 언제 제대로 나오는지도 몰랐다. 분명 잡으려고 했는데. 떨어지려는 이도영을 붙잡으려고 손을 뻗었을 때 왜 자신의 손이 이도영의 손을 스쳐 허공을 붙잡았는지. 유태이는 정말 이유를 알지 못했다.

유태이는 컨테이너 안에 앉아 주체할 수 없이 떨리는 몸을 꽉 끌어안고 주저앉았다. 이주영의 얼굴이 생생하게 떠올랐다. 이도영이 죽지 않기를 간절히 바랐는데 죽었구나. 가끔 능력이 통하지 않아 사물이 몸에 닿을 때가 아니라면 유태이는 그 무엇에도 부딪히지 않았다. 높은 곳에서 떨어지거나 무거운 것에 깔려도 그 충격까지 유태이의 몸을 지나쳐 통과했기 때문이었다. 그래서 이도영이 안 죽었다고 생각했다. 유태이의 세상은 너무 작아서 자신 외의 능력자는 한 사람밖에 몰랐으므로. 각자가 모두 다른 능력을 가지고 있다는, 결국 전혀 다른 존재라는 걸 몰랐으니까. 아무튼 죽었다는 거구나. 그 애가 죽었구나. 유태이에게 혼자가 아니라고 말해 줬던 그 애가 죽었구나.

컨테이너 밖에서 이주영의 목소리가 들렸다.

"갔어. 나와."

유태이는 차마 문을 열 수 없었다.

"… 제발 나와. 네가 나한테 설명해 줘야 해."

마음이 무거웠지만 이주영의 목소리가 너무 서글퍼서 더 외면할 수 없었다. 유태이는 하는 수 없이 문을 열었다. 이주영은 축축하게 젖어 있었다. 발아래에 웅덩이가 있었다. 이주영은 한 발자국씩 다가오더니 천천히 유태이의 멱살을 움켜잡았다. 그 속도가 너무 느려 충분히 피할 수 있었는데도 유태이는 도망가지 않았다. 이주영이 고개를 숙였다. 이주영은 살짝만 밀어도 밀려날 것 같았다. 젖은 머리카락에서 떨어진 물이 유태이의 어깨와 가슴에 젖어 들었다.

"야."

이주영이 입술을 떨며 물었다. 고개를 들어 눈을 마주쳐 왔다. 이주영의 눈은 발갛게 충혈되어 있었다.

"나 이도영 눈빛만 봐도 걔가 무슨 생각하고 있는지 다 아는 사이거든. 너 만나러 나갔던 그날 걔 표정이 좋았어. 신나 있었고."

"…."

"그래서 말이야, 네가 나한테 제대로 말해 줘야 해. 이도영 네가 죽였어? 네가 거기서 떨어트렸어? 네가 그 사람들이랑 짜고 이도영을 죽였어?"

"…."

"그런 거냐고!"

이주영이 소리쳤다. 유태이는 아무 말도 할 수 없었다. 결국 이도영이 죽은 건 자신 때문이니까 죽였다고 표현해도 무방하지 않을까. 유태이는 아무런 대답도 하지 못하고 이주영만 쳐다봤다. 이주영의 뺨으로 물이 흘렀다. 저건 눈물이다. 젖은 머리카락에서 흘러내린 것이 아니라 대답을 기다리며 이주영이 흘린 눈물이다. 여기서 진실을 말한다고 뭐가 달라질까. 결국 이도영이 유태이 때문에 죽었다는 건 변하지 않을 텐데. 이주영에게 그건 아무런 위로도 되지 않을 텐데.

이주영은 숨을 한 번 삼켜 내고 다시 입을 열었다. 이번에는 아까보다 훨씬 더 차분해진 목소리였다. 아니, 이건 차분한 목소리가 아니다. 절박하고 애처로운 느낌에 더 가까웠다.

"그게 아니면…"

"…"

"이도영이 너를 도와주려고 했어?"

그 순간 이주영의 모습에서 이도영이 보였다. 분명 표정도, 목소리의 온도도 다른데 둘은 닮아 보였다. 유태이는 결국 울음을 터트리듯 입을 열었다.

9.

나는 유태이의 이야기를 듣는다. 유태이의 말은 뒤죽박죽이다. 그렇지만 알아듣는다. 알아들어야만 하기 때문이다. 그날 이도영은 이곳에서 유태이를 만났다. 우리의 존재를 알려 주려고. 그러다 유태이의 뒤를 밟은 삼촌들에게 들켰고 유태이와 같이 도망가다가 타워크레인 위로 향했다. 나는 이도영이 왜 타워크레인 위로 갔는지 안다. 이도영은 유태이처럼 컨테이너 안으로 들어갈 수 없었고 또 이도영에게는 모든 곳이 낮처럼 환했기 때문에 어디로 가야 어둠 속에서 몸을 감출 수 있는지 몰랐을 것이다. 이도영은 원래 그랬다. 숨바꼭질을 할 때도 장롱 속이나 책상 밑에 숨는 대신 무조건 위로, 높이 올라가자고 했다. 그러니 높이 올라가는 것만이 답이라고 생각했겠지. 초강풍이 불어 타워크레인이 흔들려도 이

거대한 구조물이 버텨 주리라 생각했겠지. 아니면 당장 눈앞에 들이닥친 위험 때문에 상황을 제대로 파악할 겨를이 없었거나. 스스로의 능력으로는 저 사람들로부터 유태이를 지킬 수 없으니까, 자신의 눈을 길잡이 삼아 유태이를 안전한 곳으로 인도해야 한다고 생각했을 것이다. 그때 강풍이 불었고 하필 이도영이 발을 헛디뎠다. 유태이는 그 순간 손을 뻗었지만 잡을 수 없었다. 다급해지자 자신도 모르게 능력이 발휘돼서, 유태이의 손은 이도영의 손을 그냥 통과했다.

너무 허무해서 웃음이 났다. 다른 사람과 달리 특별한 능력을 가지고 있던 이도영은 너무 허무하고 시시하게 죽었다. 유태이가 자신의 능력을 컨트롤할 수 있었다면 이도영은 죽지 않았을까? 애초에 유태이가 그 조직에 납치되지 않고 우리와 함께였다면 이도영은 죽지 않았을까? 그러니까 하우스 사람들이 우리를 숨기지 않아서, 유태이가 자신이 어떤 존재인지 진작 깨달았더라면 이도영은 죽지 않았을까? 어떤 질문에도 그렇다고 대답할 수 없었다. 어느 지점을 고쳐야 이도영이 죽지 않을 수 있었는지도 알 도리가 없었다. 하지만 한 가지만큼은 확실했다.

유태이는 이도영을 살리려고 했다.

10.

도영아, 사람들이 우리의 존재를 알면 어떻게 반응할까? 영웅처럼 우리를 반길까, 아니면 괴물이라고 할까?

우리를 어떻게 보느냐에 따라 다르지 않을까? 제각

각이겠지. 그렇지만 나는 우리가 영웅이 될 거라고 믿어. 우리가 그렇게 살아갈 거니까. 지금도 노력하고 있고.

이도영의 말이 맞다. 우리는 영웅이 되어야 했다. 그렇지만 나는 고작 물속에서 숨을 쉴 수 있을 뿐인걸. 그걸로 내가 무슨 영웅이 될 수 있겠어?

나는 예전부터 도영이가 하고자 하는 걸 반대하지 못했다. 지금도 다르지 않았다. 원망도, 서러움도 아직은 유태이에 대한 판단을 내릴 때가 아니라고 만류했다.

"가자."

"어디를…."

"이도영이 너를 데리고 가려고 한 곳."

우리들의 또 다른 집. 하우스로 유태이를 데리고 가야 한다. 그곳에서 정말 이도영이 유태이를 구하려다가 죽었는지 따질 것이고, 모든 것이 밝혀지면 그때 원망할 것이다.

문득 발밑으로 그림자가 보였다. 방심하고 있었다는 걸 깨달았지만 너무 늦었다. 누군가 내 목에 팔을 두르고 잡아 올렸다.

"윽…!"

순식간에 발이 공중에 떴고 숨이 막혔다. 발버둥 쳤지만 소용없었다. 유태이가 놀라 뒷걸음질 쳤다. 그러자 나를 붙잡은 남자가 유태이를 비웃었다.

"너 그 능력으로 그 오빠도 네 언니도, 그리고 네 친구도 다치고 죽게 만들었으면서 애도 그렇게 만들려고?"

"그냥 가!"

안간힘을 다해 외쳤지만 유태이는 기어코 걸음을 멈췄다. 그사이 다른 남자가 다가가 유태이의 팔을 거세게 붙잡았다. 유태이가 발버둥 치자 반대편에 있던 남자가 다가와 똑같이 팔을 잡고는 검은 비닐봉지를 꺼냈다. 유태이는 눈을 가리면 능력을 못 쓴다고 했던가. 나는 있는 힘껏 발을 휘둘렀지만 역시나 부질없는 몸짓이었다. 숨이 막혔다. 내 목을 억누르는 남자의 팔을 붙잡고 있는 힘껏 목소리를 쥐어짜 냈다.

"유태이, 그냥 도망가! 그냥 뿌리치고 가라고!"

남자가 내 입을 틀어막았다. 유태이는 잔뜩 겁먹은 얼굴로 나를 쳐다보다가 남자들의 손을 뿌리치려고 했다. 그렇지만 하필 이 순간 능력이 발휘되지 않았고 남자가 유태이의 머리에 비닐봉지를 씌웠다. 억울하고 화가 난다. 도영아, 역시 내가 영웅이 되는 건 무리인가 보다. 나는 영웅이 될 수 없다. 내 능력이 조금만 더 강했으면 이런 남자들은 간단하게 무찔렀을 텐데. 나도 다른 언니나 오빠들처럼 불을 사용할 줄 알고 힘이 셌다면 이들을 꼼짝 못 하게 할 수 있었을 텐데. 하필이면 물속에서 숨 쉴 수 있는 게 다라서, 고작 물속을 떠다니는 쓰레기를 주워 왔을 뿐이라서 내 능력으로 이 상황을 해결하는 건 무리다.

몸이 떨릴 만큼 화가 났다. 뱃속에서부터 뜨거운 기운이 느껴졌다. 이도영을 죽음으로 몰고 간 사람들이 눈앞에 있는데, 유태이를 끌고 가는 사람들이 여기 있는데 아무것도 하지 못하는 내가 너무 한심해서 눈물이 나려고 했다. 숨이 쉬어지지 않았다. 남자가 목을 조르고 있어서 그런 것이 아니다. 목구멍에 막이 생긴 듯해 숨을 쉴 수가 없다. 나를 조르고 있는 남자의 팔을 꽉 움켜쥐었다. 켁켁, 숨을 억지로 토해 냈다. 속은 점점 타들어 갈 듯이 아파 왔고 목덜미가 간지러웠다. 나는 다시금 손을 놓으라고 발버둥 쳤다.

"뭐, 뭐야!"

남자가 나를 내팽개치듯 놓았다. 남자가 뒷걸음질 치는 게 보였지만 시야가 흐려 남자를 붙잡을 수 없었다. 남자는 겁에 질린 표정으로 내게서 멀어지고 있었다. 땅을 박박 긁으며 숨을 쉬려고 노력했지만 소용없었다. 간지러운 목덜미를 긁자 끈적끈적하고 투명한 액체가 묻어 나왔다. 나는 본능적으로 알아챘다. 물이 필요하다. 물속으로 가야 한다. 그곳에서는 숨을 쉴 수 있을 것 같다. 하지만 물이 너무 멀리에 있다. 이 상태로는 바다까지 갈 수가 없다. 남자에게 끌려가는 유태이가 보였다. 팔에 힘을 주려고 했지만 아무리 애를 써도 몸을 일으킬 수가 없다. 몸은 뜨거운 젤리처럼 자꾸만 늘어졌다. 나는 왜 저 모습을 지켜만 보고 있어야 할까. 다른 미다스처럼 사람을 공격할 수 없다면 적어도 다른 사람들처럼 달려가 남자의 다리라도 붙잡아야 할 텐데, 왜 나는 그마저도 하지 못하고 있는 걸까. 단 한 사람조차 구하지 못하는 내게 무슨 힘이 있다고 그렇게 훈련을 받았을까. 아무짝에도 쓸모없는 이것도 능력이라고….

몸에 힘이 돌아오기를 기다렸다가 하우스에 연락해 저 남자들을 잡는 게 최선의 방법일 거라는 생각이 들었다. 유태이가 그때까지만 버텨 준다면 말이다. 이 방법을 쓰는 것 외에 내가 할 수 있는 일은 없어 보였다. 하지만 이 계획의 성공 가능성은 이내 급격히 떨어졌다. 나를 붙잡고 있던 남자가 내게 돌아오는 것이 보였다. 남자의 손에 칼이 들려 있었다. 이도영의 정체를 알아내려다 실패했으니 이번에는 내 죽음을 이용해 풀지 못한 실마리를 풀려는 모양이었다.

나는 무력한 존재라고, 컨테이너 바닥에 누워 꾸역꾸역 인정하고 있는데 추잡스럽게 눈물이 났다. 내 시야에 이도영이 올라갔던 타워크레인이 들어왔다. 너는 저 높은 곳에 올라가는 것도 불사해 가면서 유태이를 지키려고 했는데, 그러니까 너는 단지 우리와 같은 능력을 가진 아이라는 이유로 그 애를 그렇게 지키려고 했는데 나는 이렇게 쉽게 그 애를 포기하려 하고 있다. 그 사실이 너무 한심스러워서 눈물이 났다. 또다시 팔에 힘을 줬지만 바닥에 그대로 엎어졌다. 역시 물이 필요하다. 물이…. 나는 잔잔하게 움직이는 바다를 바라보며 생각했다. 나는 네가 필요해. 네가 나를 도와줘야 해.

땅이 울린다. 눈앞에 있는 돌덩이가 파르르 떨리더니 곧 제멋대로 통통 튀어 올랐다. 그 진동을 나만 느낀 건 아니었는지 차에 유태이를 태우던 남자들과 내게 다가오던 남자가 움직임을 멈추고 주위를 황급하게 돌아보고 있었다.

그리고 파도가 보였다. 이도영이 올라갔던 타워크레인을 다 덮을 정도로 높은 파도가 벽처럼 서 있었다. 파도는 그곳에 가만히 있었다. 누군가의 부름을 기다리는 것처럼. 나는 눈꺼풀을 힘겹게 들어 올리고 파도에게 중얼거렸다.

"… 이리 와."

파도는 엄청난 진동을 일으키며 육지로 밀려왔다. 타워크레인을 덮고, 컨테이너를 밀어내며 무서운 기세로 들이닥쳤다. 차가운 바닷물이 비처럼 닿기 시작하더니 곧 내 몸 전체가 거대한 물살에 휩쓸렸다. 나는 그제야 숨을 토해 냈다. 분명 무언가가 이전과 달라졌다는 걸 느꼈지만 지금은 그걸 신경 쓸 때가 아니었다. 나는 남항 부두를 덮친 거대한 바다 속에서 유태이를 찾아 헤엄쳤다. 내가 또 물속에서 무언가를 찾아내는 건 잘하니까. 물속에서 소용돌이치는 컨테이너를 가까스로 피하고, 저 혼자 나뒹구는 쓰레기를 치웠다. 고개를 바쁘게 움직였다. 유태이가 물속에서 버틸 수 있는 시간은 얼마 되지 않을 것이다. 어디 있을까. 너무 멀리 휩쓸려 가지만 않으면 되는데….

캄캄하고 깊은 물속을 헤엄친다. 떠다니는 자동차와 컨테이너와 쓰레기가 있고 그 틈에 이도영도 있고 이도영의 손을 잡고 헤엄치는 나도 있다. 이도영이 필요하다. 이 어둠 속에서 유태이를 발견해 줄 이도영의 눈이. 하지만 없다. 이제는 나 혼자 해결해야 한다. 커다란 컨테이너가 헤엄치고 있는 나와 이도영을 뭉개고 지나간다. 비리고 습한 육지를 두 팔로 가로지른다. 바다가 울음이 되지 않도록, 유태이를 반드시 찾으리라.

항구를 훨씬 벗어난 곳에 사람의 형체가 보였다. 기절한 건지 유태이는 물속에 힘없이 늘어져 있었다. 유태이에게 손을 뻗었다. 내 손이 허공을 헤매다가 어느 순간 유태이의 손을 잡았다.

아주 꽉 잡았다. 절대 놓치지 않도록.

그 남자들이 죽었는지 살았는지는 내 알 바 아니었다. 나는 그저 기절한 유태이를 업고 뛰었다. 이 애를 살려 줄 수 있는 사람들을 찾으러 가야 했다. 때마침 멀리서부터 헬리콥터 소리가 들려왔다. 헬리콥터의 불빛이 땅을 배회하며 무언가를 찾고 있었다. 헬리콥터에 쓰인 '하우스'라는 글자를 보고 나는 그제야 겨우 안심했다. 갑자기 들이닥친 해일을 보고 능력자의 짓이라고 추측한 걸까. 나는 유태이를 업은 채로 헬리콥터를 향해 손을 흔들며 크게 울부짖었다. 우리를 발견한 헬리콥터가 지상으로 착륙을 시도했다. 나는 아직까지 거칠게 움직이고 있는 파도에게 말했다.

고마워, 이제 그만해도 돼.

거짓말처럼 바다가 잠잠해졌다.

11.

그날 인천에 예측되지 않았던 거대한 해일이 들이닥치자, 사람들은 해일에 대해 당국자들에게 묻기 시작했다. 원인을 알 수 없는 해일로 인해 불안은 증폭됐고 사회는 혼란으로 잠시 마비되었다. 하우스는 대통령까지 참석한 기나긴 대책 회의에 들어갔다.

자신의 죽음을 둘러싼 수수께끼가 풀리자, 이도영은 그제야 차가운 스테인리스 침대에서 벗어났다. 나보다 키도 크고 체격도 컸던 이도영은 내 두 손으로 충분히 잡을 수 있는 조그만 함에 담겼다. 나는 그 함을 끌어안고 집에 돌아가던 길에, 온전히 이도영의 죽음만을 생각하며 울었다. 차 뒷좌석에 앉아 참았던 눈물을 토해 냈다. 함 위로 눈물이 후두둑 떨어졌다. 엄마와 아빠는 나를 한 번씩 쳐다봤다가 차 속도를 서서히 늦췄다.

도영아. 네가 어이없게 죽었다는 사실을 오랫동안 생각할 것 같다. 생각할 때마다 울 것 같다. 그러니까 지금 실컷 네 생각을 하고 앞으로는 네 생각을 하지 않으려고 해. 해야 할 일이 많으니까. 이제부터 유태이와의 새로운 관계를 풀어 가야 하고, 우리의 존재를 알게 될 세상 사람들을 상대해야 하니까.

유태이는 미다스로 등록되었어. 실장님이 유태이를 보자마자 끌어안았는데 유태이는 한참을 어색해하더니 나중에는 자기가 더 실장님을 세게 끌어안더라. 유태이를 보살펴 줬던 언니는 다행히 아무 문제 없이 깨어났어. 하우스 측이 지원해 줘서 땅끝이 아닌 서울에 유태이와 살 집을 마련했어. 잘됐지. 유태이를 이용해 범죄를 저질렀던 남자들을 찾으려고 했지만 아주 먼바다까지 갔는지 찾을 수 없었어. 죽었다고 생각해. 죽어도 싸.

유태이는 우리보다 봉사 활동을 더 독하게 해야 될 거야. 어쨌든 자신의 능력을 써서 범죄에 가담한 건 사실이니까. 유태이는 억울해하지 않았어. 그렇게라도 죗값을 치를 수 있어서 다행이래. 우리가 했던 것보다 조금 더 위험한 일을 하게 될 것 같아. 불법으로 무기를 제조하는 테러 집단을 잡으러 떠날 건가 봐. 훈련을 받은 후에.

유태이는 가족을 만났어. 원래 가족을. 자신을 반기지 않을지도 모른다는 유태이의 염려와 달리 유태이와 똑같이 생긴 아줌마 아저씨는 유태이를 보자마자 끌어안고 울었어. 미안하다고 사과하고 보고 싶었다고 몇 번이

나 말했어. 실장님이 안았을 때처럼 어색해하던 유태이는 곧 엉엉 울더라. 진짜 크게. 아주 오랫동안. 실장님은 아줌마 아저씨에게 능력자에 대해 설명해 줬어. 그분들은 우리 부모님이랑 똑같이 그 이야기를 믿지 못하다가 곧 수긍했지. 그리고 나한테 고맙다고도 하셨어. 나는 그 말을 듣는 게 머쓱해서 제대로 대답도 못 했어. 고맙다는 인사를 받아야 할 사람은 내가 아니라 너였으니까.

도영아, 나는 내일 대통령을 만나. 하우스와 정부는 우리의 존재를 세상에 밝히기로 결정 내렸어. 대통령을 먼저 만난 다음에 전 국민이 보는 방송에서 공로상을 받아. 그리고… 그리고 나는 그 방송에서 이렇게 말해야 돼. 나에게는 능력이 있어요. 물속에서 숨을 쉴 수 있고 물을 조종할 수 있어요. 해일을 일으킬 수도 있지만 반대로 해일을 막을 수도 있어요. 나는 앞으로 해일을 막을 거예요. 바다의 쓰레기를 주우면서… 라고. 그 전에 박세정한테 모든 걸 밝힐 거야. 어제서야 비로소 박세정이 나한테 준 편지를 읽었는데 이런 말이 쓰여 있더라. 주영아, 너만은 끝까지 내 곁에 있어 줘.

내 목덜미에 아가미가 생겼어. 만질 때마다 이상해. 네가 봤다면 신기해했을 텐데, 아쉽다. 나는 이제 지구 곳곳에서 일어나는 해일을 막으러 가야 해. 훈련도 다시 받을 거야. 내 능력의 한계가 어디인지 다시 측정해야 하거든. 실장님은 물속에서 숨을 쉬는 것은 내 본래 능력의 아주 기초 단계라고 말씀하셨어. 진짜 능력을 쓰기 위한 필수적인 요소 정도. 실장님은 내 능력의 본모습을 밝혀내는 프로젝트의 이름을 '서프 비트(surf beat)'라고 지었어. 미다스처럼 촌스럽지. 그래도 마음에 들어. 뭔가 대단한 사람이 된 것 같은 기분이 들거든. 다음 주에는 해군들이랑 함께 일을 하기로 했어. 바다에 대해서도 더 잘 알아야 하니까. 도영아, 그러니까 한동안 나는 바쁠 거야. 너를 오래도록 생각하지 않을 거야.

그리고 나는, 반드시 영웅이 될게.

사랑의 질량 병기

- 대험수 -

이것저것 해 보고 싶은 것들을 해 봤다가 다양한 분야의 실패를 휩쓸었다.
글쓰기도 마찬가지였다. 심지어 고양이도 없다. 그렇다 보니
작가 이력이라며 내세울 것이 없는 처지지만, 그래도 항상 가장 좋아하는
작가는 자기 자신, 가장 좋아하는 작품은 자기 자신의 작품들이다.
독립 출판한 책으로 《성우 덕이 목소리를 듣는 방법에 관하여》가 있다.

사랑의 질량 병기 : 발사까지 10초 남았습니다. 서둘러 사일로를 열어야 합니다. 그러지 않으면 이대로 폭발해 버려요!

1.

급똥이 마려울 때 가장 유용한 초능력은 무엇인가?

당신은 "텔레포트." 혹은 "텔레포트?"라고 말하겠지. 사실 텔레포트는 급똥 상황이 아니라도 유용하게 쓰일 데가 워낙 많다. "가장 갖고 싶은 초능력은?" 하고 물어보면 텔레포트가 항상 부동의 1위다. 어딜 가다 중간쯤에서 두고 온 물건이 생각날 때도 텔레포트 능력이 절실해진다. 텔레포트 능력이 있으면 출근이나 등교를 앞두고 아침잠을 좀 더 잘 수 있다. 갑자기 똥이 마려워도 텔레포트 능력만 있다면 가장 마음 편한 화장실을 골라 들어갈 수 있다.

하지만 영화나 뮤지컬 공연에서 중요한 대목을 보고 있는 중이라면? 중요한 회의나 발표 도중이라면? 또는, 지금 나처럼 좋아하는 여자애와 마주 앉아 커피를 마시는 중이라면? 그때 똥이 마렵다면?

이럴 때에는 텔레포트 따위를 사용해 봤자 그냥 걸어서 화장실에 가는 것과 다를 바가 없다. 소용이 없는 것이다. 왜? 어차피 사람들 앞에서 다음과 같이 말해야만 하니까. "아 잠깐, 제가 똥이 좀 마려워서요…."

몸 자체의 위치를 순간적으로 이동시키는 방식이 아니라 닥터 스트레인지처럼 포털을 여는 방식의 텔레포트를 사용한다면, 다음과 같은 응용은 가능할 것 같다. 우선 엉덩이… 정확히는 항문과 바지 사이의 공간에 포털을 연다. 목적지는 물론 가장 마음이 편한 곳, 예를 들자면 우리 집 변기 위 같은 곳이다. 즉 나의 신체 대부분은 이쪽에, 엉덩이와 항문만은 우리 집 변기 위에 있는 것이다. 그리고 힘을 준다. 문제는, 냄새나 소리가 포털을 타고 건너올 수도 있다는 점이다. 더군다나 아차 하는 사이 포털을 닫는 실수라도 해 버리면? 〈어벤저스: 인피니티 워〉에 나왔던 장면에서처럼 포털 너머로 내밀고 있던 내 신체의 일부분이, 엉덩이 탐정의 얼굴 같은 모양으로 툭 잘려 나갈지도 모른다.

그보다 더 중요한 건, 지금 난 좋아하는 애와 마주 보고 있다는 사실이다. 포털 여는 초능력도 없지만, 포털을 열 수 있다 하더라도 지윤이 앞에서 '똥 싸는 사람의 표정'을 지으며 포털 너머로 똥을 떨어뜨릴 생각은 없다. 비록 지윤이가 나한테는 눈길도 주지 않은 채 폰만 만지작거리는 중이더라도 말이다. 그러므로 포털도 지금은 소용이 없다.

내가 이런 고민을 왜 하느냐? 지윤이와 있을 때면 늘 그랬듯 배가 아팠고, 지금도 역시나 그러하기 때문이다. 원래 나의 내장은 어려서부터 나의 적이었다. 나의 내장은 나를 불행하게 하려고 늘 최선을 다했다. 나는 내가 좋아하는 지윤이 앞에서 아무렇지 않은 척 급똥을 참고 있다.

나는 초등학교 때부터 항상 똥이 마려운 녀석이었다. 보통 3교시쯤 되면 나는 내 배 속에서 '어둠의 존재'를 느끼곤 했다. 내 안에 봉인된 그 녀석은, 계속해서 나를 유혹했다. "자아, 봉인을 열어라. 그러면 더 이상 고통받지 않아도 된다…." 나는 매번 거절했고, 봉인을 유지하기 위해 아무도 모르는 고독한 통증을 참아 내야 했다. 놈의 힘이 강해지는 것이 두려워 급식도 조금만 먹었다. 무심결에 까닥 봉인이 풀리기라도 할까 봐 나는 늘 노심초사하며 조심조심 움직였다.

물론 화장실에 가면 해결될 일이었으나, 그 방법은 생각도 할 수 없었다. 내가 다닌 초등학교에는 고약하게도, 학교 화장실에서 똥을 싸면 놀림거리가 되는 이상한 문화가 있었다. 다른 학교도 그랬을까? 물론 그런 유치한 애들 장난에 초연한 애들은 화장실을 잘만 썼다. 다른 애들이 시끄럽게 놀려 대긴 했지만 내장이 편안한 쪽이 훨씬 낫다고 생각한 게 아닐까? 당시의 나는 놀림거리가 되지 않는 쪽을 택했는데, 지금 생각해 보면 화장실에 갔다 온 애들이 더 똑똑하고 실리적이었다. 난 아니었다. 실속 있지도 성숙하지도 못했던 나는 꾹꾹 참다가, 학교 수업이 끝나자마자 어둠의 존재를 해방시키기 위해 집으로 서둘러 가곤 했다. 다른 아이들처럼 방과 후에 친구들과 어울리지 못했던 데 대해, 나는 쉴 틈 없이 똥을 만들어 낸 나의 내장을 원망한다. 다른 아이들이 즐겁게 노는 걸 먼발치에서 바라만 보는 일이 한두 번 그리고 세 번 네 번 이어지면, 결국 그냥 바라보는 데에 더 익숙해져 버린다.

나 참. 상황은 얼마 전 바뀌었다.

예전 같으면 지금처럼 응가가 급해진 상황에선 "앗, 미안, 먼저 가 볼게." 하고 아무렇지 않은 척 자리를 떴을 것이다. 그러면 지윤이는 "응 안녕." 하고 스마트폰에 시선을 둔 채 미소만 지어 줬겠지. 그 미소가 내게 지어 준 미소인지 폰에서 본 것 때문에 지은 미소인지 궁금해할 틈도 없이 가장 가까운 화장실을 향해 헐레벌떡 뛰어야 했을 것이다. 그러나 이젠 달라졌다. 이럴 때 텔레포트보다 더 유용하게 사용할 수 있는 능력이 내게 주어졌다. 마침 운이 좋았달까? 나이도 어린 카페 알바에게 고함을 질러 대는 진상 손님이 나타났으니.

"서비스가 뭐 이따위야! 야, 너 교육 제대로 받긴 한 거냐?"

알바는 울음을 겨우 참고 있는 것 같았다. 조금 더 노련해 보이는 다른 알바는 야단맞는 알바를 감싸 주며 손님에게 뭐라뭐라 차분히 설명을 해 주는데 상황은 해소되지 않는다.

"리필 안 해 주는 카페는 보도 듣도 못했다!"
"네네. 원래는 리필 규정이 없지만 그냥 해 드릴게요."

노련해 보이는 쪽 알바는 차분하게 행동하려고 애쓰는 것 같았지만 짜증과 불쾌감을 완전히 감추지는 못했고, 그 점을 새로운 트집거리로 삼아 손님은 진상질의 대상을 옮겼다. 주변 손님들이 쳐다보고 있는데도 아랑곳하지 않는다. 요즘은 저러다 영상 찍히는데. 지윤이도 이 왁자지껄한 소음이 신경 쓰이는지 그쪽으로 고개를 돌리고 있었다. 이 상황을 종결시키는 데에는 내 초능력이 직방일 것이다.

　　"어딜 눈을 치켜뜨고! 이거 갑질이야 갑질! 손님한테 어떻게 이런 갑질을 할 수가 있어! 어…"

　　한창 클라이맥스를 즐기는 것 같던 손님의 삿대질이 느릿해진다. 손님은 충격을 받은 얼굴로 어쩔 줄을 모르는 것 같더니, 헉! 하고 다리를 움츠렸다가 도망치듯 카페를 떠났다. 가게 안에 있던 모두가 당황하는 눈치였다. 당연하지. 무슨 일이 일어났는지도 모를 테니.

　　나의 초능력은… 똥 마려움을 남에게 전가하는 능력이다.

　　지윤이는 여덟 팔 자 모양 눈썹을 하고 고개를 갸웃했다가(내가 제일 좋아하는 표정이다. 정말 너무 귀엽다.) 다시 폰을 쳐다보는 데 열중한다. 나는 흡족한 기분으로 아이스 아메리카노를 마신다. 소박하게 정의 구현도 했거니와, "앗 미안!" 하며 자리를 뜨는 대신 지윤이와 조금 더 같이 앉아 있을 수 있게 되었으니까.

　　참고로 말하자면 똥 마려움뿐만 아니라 오줌 마려움

도 전가 가능하다. 이번 이야기에서 그다지 중요한 부분은 아니지만.

2.

내가 이 세상의 유일한 초능력자일 리는 없다. 나는 어느 날 갑자기 사라져도 세상 돌아가는 데에는 아무 지장도 주지 않을 정도로 무가치하고 시시한 인간이다. 특별하게 못나지도 않았고 더더군다나 특별하게 잘나지도 않은 똥싸개 대학생에 불과한 나는, 평범하다. 평범한 내가 세계 유일의 초능력자일 리 없다.

반드시 어느 날 밤길에서 또 다른 초능력자를 만날 테고, 그는 음산한 표정으로 내게 말할 것이다. 초능력자들끼리의 전쟁에 대해. 그리고 나같이 별 볼 일 없는 초능력자는 가장 먼저 먹잇감이 된다는 사실에 대해. 그러고는 다짜고짜 나를 공격해 올 것이다.

거기까지는 충분히 예상 가능하다만, 그런 상황에서 똥 마려움을 전가하는 내 초능력이 과연 유용할까? 초능력자 전쟁에 휘말린 나는 살아남을 수 있을까? 번개나 불을 쏘고 염력으로 쇠를 구부리고 소환수를 불러내는 녀석들을 상대로 내가 제대로 싸울 수 있을까? 나는 시시때때로 불안했다.

어쨌든 싸움을 피할 수 없다면 대비는 해야 했다. 지피지기면 백전백승은 아니어도 백전불태라 했으므로 나는 스스로의 초능력을 분석하고, 내가 상상할 수 있는 초능력 유형별로 대응 매뉴얼을 구비해 두었다.

우선 지기(知己)다.

*전투 능력: 카테고리 D

나의 능력은 전투에서 직접 대미지를 가하는 무기로서는 전혀 작동하지 않는다. 따라서 일반인의 수준을 상회하는 신체 능력과 전투 스킬을 습득하는 것이 좋다. 그러나 이능력 배틀러는 일반인을 아득히 능가하는 전투력을 지닌 게 보통. 맞서려면 맨손보다는 무기가 낫다. 그래서 얼마 전 3단 봉을 하나 구했다.

또한 도저히 이기기 힘든 상대에 대비하는 차원에서 도주 준비도 해야 한다. 그런데 빠른 속도의 이동 수단은 다 비싸기 때문에, 조금 난처한 부분이 있다. 3단 봉만 해도… 출혈이 적지 않았다. 그래서 도주 수단 확보는 아직 보류해 둔 상태.

*능력의 제약

첫째, 사정거리. 나는 몇 가지 실험에 의거해 내 능력의 사정거리는 약 5m임을 알게 됐고, 존재감을 명확히 인지하는 대상을 타깃으로 삼을 수 있다는 것을 확인했다.(즉 내가 보고 있는 대상을 향해 능력을 쓰는 것이 가장 간단하고, 내 귀에 들린 목소리의 주인에게도 능력을 쓸 수 있다.) 사정거리 밖의 대상에게는 능력 사용이 잘되지 않는데, 내가 대상을 인지하기가 쉽지 않아서 그런지, 아니면 정말 사정거리가 5m에 불과해서 그런지는 불명이다. 5m 안에서라면 확실하게 전가할 수 있다.

둘째, 무기의 저장. 아무리 노력해도 사람이 하루에

쌀 수 있는 똥의 양에는 어차피 한계가 있다. 물론 내 경우 보통 사람들보다는 횟수와 양이, 이게 정말 인간으로서 가능한 수준인지 나 스스로가 놀랄 정도로 많기는 하지만, 그래 봤자 능력의 사용 횟수 제한이 분명하다. 다행히 소변은 충분한 수분 섭취 등으로 쉽게 충전이 가능하므로 유연하게 활용할 수 있지만, 아무래도 오줌 마려움은 똥 마려움에 비하면 적 견제에 있어 위력이 한참 떨어진다. 약삭빠른 적이라면 내가 능력을 사용한 직후나, 아니면 화장실을 갔다 온 직후를 노려 습격할지도 모른다. 이를 역이용해 화장실을 이용한 척만 하고 "페이크다 이 병신아!"를 외쳐 볼 수 있다면 좋겠지만, 나는 그렇게까지 머리가 비상한 야바위꾼도 아니고 적을 감시하면서 정보를 얻을 수 있는 능력자도 아니니 소용없는 아이디어다.

또 한 가지 중대한 제약이 있다. 내 능력은 똥이 급할수록 위력이 강해지며, 특히 폭풍 설사가 급한 상황일 때 그 강력함이 정점에 이른다. 반대로 말하자면, 위력적인 똥 마려움을 전가하기 위해서는 나 자신이 먼저 그만큼 급한 상태에 처해야 한다. 즉 똥 마려움을 적에게 전가하기 전까지는 내 쪽이 핸디캡을 져야만 한다. 나의 능력은 염두에 두어야 할 페널티가 분명한 능력인 것이다.

*보조 장비

이능력 배틀러들은 전투 무기뿐만 아니라 자신의 능력을 극대화하는 데 도움이 되는 보조 장비를 가지고 다니는 것이 일반적이다. 예를 들어 〈엑스맨〉 영화 시리즈의 '파이로'는 불을 조종할 뿐 불을 만들지는 못하기에, 그가 필요로 할 때 불꽃을 만들어 주는 전투용 라이터를 장갑에 부착해 두었다. 나는 어떻게 해야 할까?

똥 마려움 전가에는 횟수 제한이 있지만 오줌 마려움 전가는 견제용 잽 역할로 자주 쓸 수 있다. 그러니 충분한 생수를, 아니, 생수보다는 이뇨 작용을 촉진하는 커피나 녹차를 넉넉히 가지고 다니자. 요즘 나는 아메리카노나 현미녹차를 입에 달고 산다.

그리고 똥이 마려운 정도를 강화하는 수단도 필요하다. 사실 똥 마려움은 어지간히 급하지 않으면 충분히 참을 수 있다. 즉 지금 당장 바지를 내리고 똥을 싸고 싶은 충동이 일 정도로 급하지 않으면 전가하더라도 아무 소용이 없다. 요컨대 초능력자를 상대하고 있다면, 적에게 전가할 똥 마려움은 일촉즉발의 다급한 수준이어야만 한다. 따라서 설사약은 아주 중요한 필살 병기다. 아무리 직장 속 똥의 저장이 부실하더라도 설사만 마려우면, 괄약근은 인간의 자긍심을 포기할 것이냐 말 것이냐의 중대 기로에 서게 된다. 그래서 요즈음 나는 설사약을 수류탄처럼 챙겨 놓고 다닌다.

단 설사약을 먹는다고 해도 그 즉시 효과가 나타나지는 않으므로, 딜레이에 유념하자.

그리고 지피(知彼)….

과연 똥 마려움을 전가한다고 해서 내가 이길 수 있을까? 확실히 이 부분은 애매하다. 내가 똥 마려움을 전가해 봤자 적이 큰맘 먹고 바지에 싸 버리면 그 즉시 나는 모든 카드를 잃는다. 적이 잠시 바지를 내리고 길바닥에 해결한다면 어떨까? 그래서야 무방비한 모습을 노출함으로써, 내게 좋은 공격 찬스를 제공하게 될 뿐이다. 내 능력을 상대하는 가장 간단하고도 절대적인 공략법은 그냥 바지에 싸는 것이라 하겠다.

허나 이능력 배틀러들이 저버릴 수 없는 가치는, 허세와 간지의 추구가 아닐까? 내가 볼 때 그들은 바지에 싸지 않는다. 그들은 반드시 참는 쪽을 선택한다. 내 전략은 그들의 어리석은 선택을 전제로 한다.

누구나 겪어 봤겠지만 똥 마려움이 유발하는 아찔한 육체의 고통, 그리고 인간의 존엄성을 포기하고 싶어지는 심리적 갈등과 고뇌는 전투에 있어 엄청난 디스어드밴티지로 작용한다.

그럼 본격적으로 이능력자별 맞춤 공략을 마련해 보자.

*텔레포터(난이도: 하)

가장 간단히 물리칠 수 있다. 텔레포터에게 똥 마려움을 전가할 경우 텔레포터가 고를 수 있는 선택지는 자기집 화장실이나 근처 공공 화장실로 퇴각하는 것뿐이다. 그사이에 나는 적절히 도망가면 그만.

내가 머리 비상한 야바위꾼이라면, 이런 상황에 미리 대비하여 근처 공공 화장실의 휴지를 전부 제거하거나, 아니면 텔레포터가 들어갈 화장실을 예측하고 폭탄을 설치, 적이 그리로 텔레포트하는 순간 콰콰쾅 콰오… 터뜨려 버릴 수도 있겠지만 나는 머리 비상한 야바위꾼이 아니다. 게다가 후자를 택할 경우 무고한 일반인 피해가 발생할 가능성이 크니까 아마 그런 짓까지는 안 할 것 같다.

*근접전 능력자(중하/상)

맞서 볼 만한 상대. 도검류를 쓴다든가, 손끝에 닿는 대상을 폭파시켜 버린다든가, 근접전 능력자의 타입에는 여러 가지가 있을 수 있다. 이들을 상대할 때 내가 갖는 이점은, 그들이 내 사정거리 안으로 접근할 수밖에 없다는 점이다.

똥 마려움을 참느라 괄약근에 온 신경이 집중된 근접전 능력자는 상대하기 크게 어렵지 않을 것이다. 근접전 능력자에게는 두 다리를 파바박 놀려 적에게 빨리 접근하는 것이 중요하기 때문이다. 급똥 신호가 온 상태에서 격렬히 움직이는 것은 바지와 인간성을 포기하는 짓이다.

물론 방심은 금물. 특히 상대가 강적이라면. 만화책을 보면, 강력한 근접전 능력자가 휘잉- 하고 허공을 가르면 상대방은 자신이 깔끔하게 두 동강 난 줄도 모른 채로 바닥에 떨어진다. 한 대라도 맞으면 세상 하직하는 것이다. 긴장을 풀지 말고 상대가 똥 마려움에 의한 극심한 진통에 시달리는 타이밍을 골라 공격하자. 한편, 소위 '폭주'라면서 눈을 허옇게 뒤집어 버리고 "으헤아 헤이히이익~!" 하고 달려드는 미친놈이라면 바지를 갈색으로 물들이며 달려드는 것쯤 아무렇지도 않을 것이다. 상대가 이런 놈일 경우에는 내 능력이 무효화되면서 전투 난이도가 단숨에 '상'으로 올라간다. 이런 상대는 대단히 위험하다. 상대방이야 폭주가 풀린 뒤에 무지하게 쪽팔려 할 뿐이겠지만, 이미 나는 세상 하직한 후일 테니까. 살길은 평소의 꾸준한 단련뿐임을 명심, 또 명심. 덕분에 팔자에도 없던 운동을 열심히 하고 있다.

*원거리 공격 능력자(상)

전격·화염·빙결 등 원거리 공격 초능력, 수리검이나 배트랑 같은 투척 무기·활이나 총기 같은 고도화된 원거리 무기 이용자가 모두 여기 포함된다. 이들은 각자 다른 능력과 특성을 갖고 있지만 나는 이들과의 전투에서 겪게 될 문제가 다 동일할 것으로 파악하고 있다.

내 능력의 사정거리가 5m라면, 원거리 공격 능력자를 상대하기에는 턱없이 짧은 거리라고 할 수 있다. 투수는 뛰어난 신체 능력을 가졌다고는 해도 어디까지나 인간일 뿐 초능력자는 아니지만, 약 18m에 달하는 거리를 날아가는 강속구를 쏘아 낸다. 초능력자라면 더 대단한 짓도 가능할 것이다.

관건은 은폐·엄폐 이동으로 안전을 확보하면서 접근하는 것이다. 원거리 공격을 할 때는 정확성이 중요하므로, 상대에게 똥 마려움을 전가해 집중력을 흐트러뜨리기만 하면 내게 크게 유리해진다. 내가 전가한 똥 마려움의 강도에 따라 활쏘기 같은 복잡한 동작은 아예 불가능해질 수도 있다. 전격, 화염 공격을 하는 원거리 능력자가 나의 공격을 받을 경우 초능력 발현을 위해 써야 할 힘을 괄약근 조이는 데 쓰게 되므로, 똥 마려움을 전가하기만 하면 비교적 내게 유리한 상황이 된다. 만화책을 보면, 뭔가를 발사하는 초능력자들은 왜인지 몰라도 똥 싸는 사람과 비슷한 표정을 지으며 능력을 쓴다. 특히 더 강한 출력을 내야 할 때. 이를 근거로 추론하는 바, 그들이 초능력을 개방하는 순간 그들의 괄약근도 개방되지 않을까? 그렇다면, 나에게 당한 순간 그들은 "히익!" 하고 초능력 사용을 중지하지 않겠는가.

역시 제일 난감한 건 총기류 사용자인데, 간단한 동작으로 난사라는 위험한 공격을 할 수 있기 때문이다. 즉 똥 마려움 전가가 일으키는 전투력 저하의 영향을 가장 적게 받는 부류가 총 사용자다. 물론 상대가 반동을 제어하다 그만 괄약근을 놓칠 수도 있다. 대구경 고화력 무기를 다룰수록, 그야말로 '걸어서 함정 속으로'인 거다. 근데 그 점은 사실 별문제가 못 된다. 녀석이 응가를 지렸을 그 시점에, 나는 대구경탄을 맞고 고기 믹스가 되어 있을 가능성이 크다.

원거리 능력자와 맞서는 일이 위험한 건 사실이지만, 내 능력을 사용하면 상대의 집중력이 저하되어 명중률이 하락할 것임은 분명하다. 너무 위험하다 싶으면 상대방의 페널티를 기회 삼아 도망을 가야 할 것 같다.

*소환 능력자(극상)

가장 난감한 적. 축생이나 골렘, 정령, 로봇, 사역마 등을 이용하여 싸우고 마스터(=핸들러)인 본인은 뒤에 숨어서 전투 지휘를 하는 타입의 초능력자가 모두 여기에 포함된다.

주요 전투는 소환물이 하므로 무심코 소환물에게 똥 마려움을 전가하고 싶어질 수 있다. 그러나 골렘, 로봇, 정령 등은 똥 마려움 자체를 겪지 않으므로, 내 초능력이 무효화할 위험이 크다. 소환물이 축생이라면, 내가 똥 마려움을 전가해 봤자 즉각적인 노상 방분쯤 아무렇지도 않게 여길 것이기에 전투력 저하를 크게 기대할 수 없다. 물론 인간 이상으로 고결하고 자긍심 높은 신수나 드래곤 같은 존재라면 노상 방분을 안 할지 모른다. 그러나 그들이 초월적인 존재라면 역시 똥 마려움의 개념 자체를 모를 수도 있고, 거대한 드래곤이라면, 인간의 똥 마려움 정도는 능히 참을 수 있을 정도로 존나 큰 내장을 가지고 있을 것이다. 이런 경우에는 내 초능력만 가지고는 승산이 있을 리 없다.

　노상 방분을 시도하는 축생의 경우, 똥을 싸느라 잠시 무방비 노출 상태일 때를 노려 슥삭 처치할 수도 있다. 그러나 그건 소환된 축생이 개나 고양이 정도일 때 가능한 방법이지, 사자·호랑이·곰 같은 녀석이면 쭈그려서 똥을 싸다가도 앞발을 휘둘러 나를 일격사시킬 수 있다. 더구나 소환된 축생이 한 마리가 아니라 떼거리일 경우? 역시 방법이 없다.

　결국 마스터에게 똥 마려움을 전가해야 한다. 단, 마스터가 현장을 이탈하더라도 소환물이 단독 자율 행동을 할 수 있다면 이 방법은 소용없다. 소환물이 단독 자율 행동을 할 수 없는 경우 마스터와 함께 퇴각한다면 다행이지만, 마스터가 똥을 참으면서 속전속결을 명령하면 내 입장에서는 전투 난이도만 급상승하는 사태가 발생할 수 있다.

그야말로 나와는 상성이 극도로 나쁘다. 이들이 상대일 때 내 능력은 전혀 소용이 없다고 보아야 할지도 모른다. 그러나 포기할 생각은 없다. 똥 싸는 것 말고는 별로 해낸 일도 없는 인생이지만, 그래도 아직 지윤이를 좋아하고는 있으니까… 순순히 죽어 줄 마음은 없다. 그러니 일단 일찌감치 똥 마려움을 마스터 쪽에 전가해 버리고, 그 다음에는 상황에 맞춰 임기응변으로 대처하는 수밖에. 아니면 능력 사용은 아예 포기하고 외교적인 방법을 써야 할지도 모른다.

3.

다른 초능력자와 마주칠 기회는 내 예상보다도 훨씬 빨리 찾아왔고, 게다가 그 상대도 전혀 예상 밖의 인물이었다. 강의가 끝나 강의실 밖으로 나왔더니 지윤이가 기다리고 서 있길래 아니 뭔 일이지? 하고 설렜더니만-

"너 초능력 있지?"

지윤이가 내 눈을 똑바로 바라보며 말을 걸어 준 건 처음이었다.

"어?"

숨겨야 하나? 지윤이가 초능력자들의 전쟁에 대해 말하려는 건 아닌지 나는 바싹 긴장했다. 아니, 지윤이는 긴말할 생각 없이 그저 내 대답을 기다리는지도 모른다. 거짓으로 대답했다가는 지윤이가 날 고압 전류로 지져 버리거나, 단분자 손날로 나를 두 쪽 내 버릴지도 모른다. 아, 벌써 살살 배가 아파 온다…. 지윤이는 내 표정을 관찰하는 것 같았다. 등 뒤로 식은땀이 흐른다. 초능력자의 공격에 철저히 대비해 왔건만, 상대가 지윤이인 시점에서 이미 체크메이트다. 그냥 당해야지 뭐. 그런데…

"화장실 급하지 않아?"

지윤이가 물었다. 아니 이 무슨 직설 화법인가.

"어? 응?"

"실은 나도 초능력자인데… 능력이 조금 민망해. 뭐냐면, 그러니까, 날 좋아하는 사람이 내 주변에 다가오면, 으, 뭐라고 하나, 그 사람 배에 신호가 오기 시작해."

어 잠깐. 그럼 지윤이랑 있을 때마다 배가 아팠던 건, 그저 내 내장의 배신이 아니었던 건가? 얼굴에 피가 확 몰리는 느낌이 든다. 지금 내 얼굴이 얼마나 빨개져 있을지 감도 잡히지 않았다.

"아! 아냐! 나 너한테 그런 마음 없어!"

급히 부정해 보긴 했는데 오히려 이 말 때문에 내 마음이 어떤지가 확실해졌을 것이다. 슬슬 울고 싶어졌지만 아직 그럴 때는 아니었다.

"나 화장실 전혀 안 급해."

지금 당장 뭐가 터져 나와도 자연스럽겠다 싶을 정도로 급한 상황이었으나, 나는 복도를 걸어가던 이름도 얼굴도 모르는 학우에게 나의 똥 마려움을 침착하게 전가했다. 갑자기 그의 걸음이 빨라졌다. 미안. 진짜 미안. 그러나 그의 희생이 무색하게도, 지윤이는 전혀 속은 것 같지 않았다. 오히려 전부 다 간파하고 있는 듯한 분위기였다.

"나도 한동안은, 네가 드디어 마음을 접었구나 싶었어. 하지만 네가 날 대하는 태도는 달라지지 않았고, 좋아하는 티를 감추지 못하는 것도 여전했어. 그래서 저번엔 너랑 좀 더 오랫동안 같이 있어 봤어. 두 번째로 급해졌을 때에는, 초능력을 쓰지 않고 화장실로 갔지?"

나는 초능력을 남용하지 않는다. 지윤이와 있을 때 딱 한 번만 쓸 것. 이게 내가 나에게 걸어 둔 리미트였다. 싫든 좋든, 먹은 게 있으면 화장실에 가서 앉아 있어야 한다는 건 인간을 인간으로 만드는 요소 중 하나니까. 인간이어서 딱히 좋은 게 뭔가 싶을 때도 있지만, 그렇다고 인간이기를 포기할 용기까지는 없었다. 아마 인간이 아닌 존재가 된다는 게 조금 무서웠나 보다.

좌우간, 이제 도망갈 길은 없었다. 끝났어. 모든 것이.

"미안해. 이제 네 앞에 나타나지 않을게. 내가 눈치도 없이 굴었어."

수치심과 낭패감으로 쪼그라들어 싹싹 빌었다. 그러자 지윤이는 손을 뻗어 나를 진정시켰다. 고양이 앞발 같은 그 '냥냥'한 손이 내 어깨 언저리에 닿자마자, 대뇌가 마치 배스킨라빈스 슈팅 스타의 타타탁 사탕처럼 파파팝 튀며 흩어지는 것 같아 나는 그만 정신을 잃을 뻔했다. 뭣보다, 다시 또 똥이 마려워졌다—

"그런 거 아니야. 네가 나한테 무례하게 군 적은 없어. 얘를 어째야 하나 싶어서 난감하긴 했지만."

"으아아아! 죽여 주십쇼!"

"진정해. 부탁할 게 있어."

"부, 부탁?"

"다시 내 얘길 들어 줘. 네가 나한테 관심이 없어졌나 싶었을 때, 좀 더 자세히 관찰해 봤어. 분명 난 능력을 너한테 사용했는데, 급히 자리를 뜨는 사람은 딴 사람 이더라고. 몇 번이나 그런 일이 반복됐어. 너한테 초 능력이 있어야 가능한 일이야. 내 능력은 반드시 날 좋아하는 사람에게만 발동되니까. 네 초능력은 너의 급한 상태를 다른 사람에게 전가시키는 능력인 게 틀 림없어."

"정확히 맞혔어."

이대로 내 존재 자체가 사라졌으면 좋겠다고 생각했 다. 마침 똥도 마려운데. 그런데 갑자기 웃긴 생각이 드 는 바람에 피식 웃고 말았다.

"그 능력이 있어서 꽤 편리했겠다. 관심 없는 사람이 널 좋아하면 빨리 알아채서 쫓아낼 수 있는 능력이잖 아. 다른 여자들도 부러워하겠는데."

"지금까지는 그렇긴 했는데."

아 음. 내 경우도 포함해서 그랬다는 말이겠지. 나 참. 난 무슨 생각으로 저런 자해 행위에 가까운 소릴 한 거 지. 괜히 뼈만 무지 아프게 맞았잖아.

"그런데 상황이 바뀌었어. 그래서 네 도움이 필요해. 좋아하는 사람이 생겼는데, 그 사람도 날 좋아하는 것 같아."

아. 내 머릿속은 명경지수의 상태가 된다. 영화 〈이퀄 리브리엄〉에서 크리스찬 베일이 심리검사를 받는 장면

을 보셨는지 모르겠다. 격동하는 그래프를 그리던 감정 검사기가 삐이- 하고 일직선을 토해 내는 그 장면.

"그러니까… 지윤이 넌 네 초능력을 통제 못 하는구나."

끄덕. 지윤이는 순순히 인정했다.

"응. 하지만 얼마 전에 실험을 해 본 결과, 날 좋아하는 사람이 여러 명이라면 내 능력을 적용할 타깃을 고를 수 있다는 걸 알게 되었어."

그 실험에 동원된 건 나였을까? 아니면 지윤이를 좋아하는 또 다른 누군가가 실험 대상이 되었나? 모를 일이다.

"어, 음. 그래서?"
"그 사람하고 데이트하고 싶어. 혹시 데이트 자리에 와 줄 수 있어? 그 사람 모르게."

즉 지윤이는 좋아하는 사람 대신 내가 급똥이 마렵도록 하고, 나는 내 능력으로 그걸 다른 희생자에게 전가한다는 계획이다. 지윤이가 이런 무서운 계획을 획책할 수 있다니… 살짝 소름이 돋았다.

"이상한 부탁인 건 알아. 비도덕적이기도 하고, 너한테는 가혹한 부탁일지도 모르고. 하지만 나 그 사람하고 조금이라도 더 가까워지고 싶어. 응? 제발…."

잠깐 감정을 보류해 뒀을 뿐 나는 아직 울고 싶은 상태였다. 절망적이고 끔찍했다. 이 와중에… 똥이… 너무 급했다. 생각보다는 행동이 필요한 순간이었다.

"알았어. 도와줄게."

"정말?"

확 밝아지는 지윤이의 표정이, 어느 노래 가사 그대로 활짝 핀 목련꽃 같았다. 나는 최대한 태연한 척하며 돌아섰다.

"난 이만 화장실에 가야 해."

사랑하는 사람에게 버림받은 자의 쓸쓸한 뒷모습을 연출하려 했으나, 대사 선정이 글러 먹었다는 걸 깨닫고는 절망했다.

4.

해가 긴 계절이라 느지막한 시간에도 버스 창밖 풍경에는 아직 한낮의 활기가 느껴졌다.

버스를 타고 지윤이의 데이트 약속 장소로 가면서, 나는 지윤이가 내게 너무한 부탁을 한 건 아닐까 생각해 보고 있었다. 지윤이는 나를 좋아해 주지 않는데 어째서 그 녀석은 지윤이의 마음을 얻는 데 성공했을까, 하는 궁금증도 곱씹어 보았다. 곱씹어 보았는데… 별로 맘에 드는 답은 나오지 않았다. 그다지 인생에 도움이 되는 궁금증은 아닌 것 같아서 그만 곱씹기로 한다.

헌데 나는 이 짓을 왜 하는가? 거절해 버리자니 상대가 지윤이었던 탓도 있다. 그렇다고 해서 지금 내가 사랑에 실패했다며 비탄에 잠겨 있지는 않다. 곰곰이 생각해 봤는데, 아무래도 나는 '이렇게까지 순정한 사랑을 바치는 나'에 취해 있는 것 같다. 어쩌면 나의 순애보가 나름의 보상을 받을지 모른다는 주술적인 기대감에 사로잡혀 있는 것이다.

짝사랑에 빠진 사람은 늘 지가 뭐 엄청 대단한 사랑을 바치고 있다고 생각한다. 그러나 그건 그저 자기 혼자만의 생각이다. 자기 혼자 생각한 경제 정책이나 자기 혼자 생각한 히트작 소설처럼, 아니면 침대에 누워 떠올려 본 사업 기획서처럼, 세상에 내놓은 순간 형편없어지는 그런 거. 짝사랑에 빠진 사람들은 매번 자신의 소망이 응답받기를 기대하지만 결국 아무 일 없이 끝난다. 자기 혼자만의 로맨스다. 사랑에 있어서 우리 짝사랑꾼들은 동굴 벽에 주술적인 그림을 그리던 원시시대 동굴인의 심리에서 벗어나지 못하고 있다.

자. 버스가 도착할 때까지 지윤이의 데이트 코스에 대해 생각해 보자. 데이트는 저녁 식사로 시작한다. 분위기 있는 장소에서 흥미진진한 대화를 나누며 식사를 하던 중 급똥이 터지면 정말 당황스러울 것이다. 이제 막 데이트를 하는 관계에서라면, 누구라도 똥오줌 안 싸는 천상계의 존재로 자신을 가장하고 싶을 테니까.

물론, 만약에, 내가 지윤이의 데이트 상대이고, 식사 중이건 언제건 지윤이가 화장실에 큰일을 보러 간다면 난 딱히 상관하지 않을 자신이 있다. 오히려 지윤이의 일상에 큰 보폭으로 걸어 들어가기라도 한 듯해 기쁠지도 모른다. 하지만 반대로 내가 화장실에 가서 큰일을 치르게 된다면, 나는 칸막이 안에서 절망할 것이다. 천상계의 존재가 되는 데 실패했기 때문이다. 데이트 중 똥 싸러 간 상대방에게 얼마나 너그러울 수 있는지는 사람마다 다르겠지만, 첫 데이트 자리에서 똥 싸러 간 사람은 누구나 반드시 좌절할 것이다. 난 이미 끝장났다고 말이다. 똥을 싸고 나갔더니 자리에 아무도 없는 광경을 보게 될까 봐 공포에 질릴 것이다. 어서 이 싸움을 끝내야 해. 근데 왜 끝도 없이 이어지는 거야? 아이 씨 그만 좀 나오라고… 풍덩풍덩.

지윤이는 썸남이 그런 처지에 놓일까 봐 걱정스러운 것일 터다. 내 역할이 아주 중요했다. 이번 저녁 식사에서 가장 우선적인 사안은 식사가 얼마나 맛있는지, 분위기가 얼마나 좋은지가 아니었다. 일단 화장실을 살펴야 했다.

간단한 이치다. 내가 초능력을 발휘하면 식사 도중 화장실로 향하는 사람들이 속출할 것이다. 지금까지의 경험 데이터에 근거해 말하자면 지윤이의 초능력에 의한 급똥은 괄약근 조임으로 방어 가능한 수준이 아니다. 미리 경고하는데 화장실 갈 수 있을 때 가는 게 좋을 것이다. 참을 수 있다며 만용을 부려 봤자, 근처에 화장실이 없다는 사실을 깨닫는 순간 뼈저린 후회를 하게 될 테니까. 통곡과 후회의 연옥 순례길을 걷고 싶은 게 아니면 화장실은 무조건 갈 수 있을 때 가라.

자, 그렇게 사람들이 화장실로 몰려간다. 화장실 이용이 수월하지 못하다면 식당 분위기가 어수선해지는 건 금방일 것이다. 따라서 요즘 유행하는 뉴트로 감성 가게는 싹 다 아웃시켰다. 그런 곳은 화장실도 뉴트로인 경우가 많으니까. 게다가… 순전히 지윤이의 이기심에 희생당하는 사람들이니, 그들이 좋은 환경에서 해우할 수 있게 돕는 것이 그나마 내가 해 줄 수 있는 배상이었다.

장소 선정을 위해 나는 요 며칠간 이곳저곳에서 혼밥

하며 상당한 돈을 날렸다. 지윤이에게 식당을 골라서 알려 주자 지윤이는 고맙다고 했다. 하지만 어떻게 찾은 식당이냐고 물어보지는 않았고, 나도 괜히 쪼잔하단 소리 들을까 봐 공치사를 하지 않아서, 이 식당을 찾아내느라 내가 얼마나 노력했는지 말해 줄 기회가 없었다. 내 정성을 알아줬으면 하는 마음이 아주 없진 않았으므로 좀 많이 섭섭했다.

버스에서 내린다. 지윤이는 아직 오지 않았다. 주변 인파 어딘가에 썸남이도 있지 않을까 싶었다. 지윤이한테 도착하면 카톡 달라고 말해 뒀으니, 나는 폰을 손에 쥐고 기다릴 수밖에 없었다. 그리고 곧 지윤이가 도착했다. 오버핏으로 입은 차림새가 귀여웠다. 귀여운 지윤이는 뿅뿅뿅 뛰어 썸남이에게 다가갔다.

썸남이는 나를 모르겠지만 나는 썸남이를 본 적이 있었다. 나와 썸남이가 사정거리 안에 함께 있을 경우, 지윤이가 초능력을 원하는 상대에게 사용할 수 있는지 최종적으로 점검할 때였다. 당시 지윤이는 썸남이와 함께 있었고, 나는 그 근처에서 눈에 띄지 않게 서성거리고 있었는데… 썸남이의 얼굴을 보자 '뭐야, 쟤였어?' 하는 생각이 얼핏 스쳤다. '왜 저런 녀석을?' … 하며 반발한 건 아니었고, '그래. 저 녀석이라면…' 하며 승복한 것도 아니었다. 그 중간 어디쯤에 있는 감정을 느낀 것도 아니다. 감정에 대해 깊이 생각해 볼 새도 없이, 학식에서 지윤이와 썸남이가 밥을 먹는 걸 지켜보던 나는 급똥으로 자리를 떠야 했다.

좌우간 실험 자체는 성공적이었다. 지윤이의 능력 발동 조건에 맞는 사람(즉 지윤이를 좋아하는 사람)이 같은 공간에 여러 명 있을 때, 지윤이가 대상을 고를 수 있다는 것은 확실했다. 거기에 더해 지윤이 초능력의 사정거리는 약 7m로 확인되었다. 하지만 나는 만전을 기하기 위해 3~5m 정도의 거리 안에서 지윤이와 썸남이를 따라다니기로 했다. 아차 하는 순간에 지윤이의 능력이 썸남이를 향하는 순간, 모든 것이 끝이다.

썸남이는 오늘 제법 꾸몄다. 그는 21세기를 사는 20대인 것이 틀림없었다. 나는 저 정도로 차려입는 방법을 잘 모른다. 나보다는 저 녀석이 지윤이의 사랑을 받는 것이 좀 더 상식적인 일인 것 같다.

그건 그렇고 3m 거리를 두고 미행하는 건 쉬운 일이 아니었다. 어떻게든 썸남이 신경을 거스르지 않으면서 따라가야 하니까. 다행히 나는 있든 없든 별로 티가 안 나는 인간이고, 이번만큼은 나의 그런 특성이 도움이 될 것이다, 라고 기대해 보는 수밖에 없었다. 초등학교 시절에 숨바꼭질을 한 이후로는 의도적으로 모습을 감추는 일 따위 해 본 적이 없다. 닌자나 암살자는 아무나 하는 게 아니겠지. 적어도 보잘것없는 대학생이 가질 수 있는 직업은 아닐 것이다. 그나저나 사실 내가 들키면 썸남이 손해. 그렇게 생각하고 릴렉스하자구.

다행히 식당까지 들키지 않고 무사히 도착했다. 식당은 일단 '지윤이가 예전부터 가고 싶어 했던 곳'이라 둘러대기로 되어 있었다. 새삼 지적하자면 내가 여기서 혼밥을 한 후 지윤이에게 화장실의 양호함을 보고하기 전까지, 지윤이는 이런 식당이 지구상에 있는지조차 몰랐다. 이곳은 연어회가 주재료인 퓨전 음식 전문점이다.

썸남이는 음식점 선택에 불만이 없는 것 같았다. 하기사, 저 녀석이 지윤이를 좋아한다면 무슨 식당에 간들 대수겠는가. 지윤이랑 같이 있는데. 적어도 나라면 그럴 것 같았다. 지윤이로부터 3m 이내에 있는 자리에 앉지 못하면 어쩌나 걱정했는데, 천운이 따라서 능력 사정거리 안에 자리를 잡을 수 있었다. 나는 식당 안을 둘러보며 희생자 후보를 물색하다가, 점원이 다가오기에 가벼운 메뉴와 콜라를 시켰다.

점원이 멀어진 뒤 나는 다시 탐색 작업으로 돌아갔다. 오늘의 내게는 '지윤이와 있을 때에만 딱 한 번' 능력을 사용한다는 리미트 따위가 없었다. 이야… 오늘의 나는 '리미트가 해제'되어 있었다. 제약을 벗어난 나의 능력은 과연 얼마나 무시무시할 것인가. 과연 어떤 결과를 불러일으킬 것인가.

으음, 벌써 신호가 오는군. 나는 점찍어 둔 첫 희생자를 바라본다. 머리를 길게 기르고 둥근 안경을 쓴 말라빠진 남자였다. 그는 공책에 무언가를 열심히 쓰고 있었다. 어쩌면 소설 공모전을 준비하는지도 모르고, 또 어쩌면 연재 사이트에 업로드할 소설을 쓰는지도 몰랐다. 뭐 괜찮겠지. 당선이든 인기작 등극이든 어차피 안 될 테니까. 어깨에 힘 빼고 화장실이나 갔다 오게나. 나는 그에게 능력을 사용했고, 그는 부지런히 펜을 놀리다 멈칫하더니 급히 자리에서 일어났다.

지윤이는 썸남이에게 아무런 문제도 일어나지 않은 걸 보고 안심했을 것이다. 혹시 뭐가 잘못되면 어쩌나 걱정했겠지만 이제는 그럴 필요 없을 것이다. 두 사람은 화기애애해 보인다. 내가 또 새삼 깨달은 게 있는데…

지윤이는 말수 적고 신비로운 여자애가 아니었다. 그저 나한테 딱히 할 말이 없었을 뿐이다. 썸남이와 함께 있는 지윤이는 조잘조잘 말을 얼마나 잘하는지. 지윤이 안에 이야기보따리가 저렇게 한가득이었을 줄 꿈에도 몰랐지 뭐야.

그사이 나와 지윤이 때문에 화장실에 가게 된 사람은 셋으로 늘어났다. 혼밥러보다는 커플들이 많이 오는 식당이라는 점을 미처 확인하지 못했던 게 낭패스러웠다. 결국 희생자 중 둘은 데이트 온 커플 중에서 나왔다. 공평하게 군답시고 한 번은 남자, 한 번은 여자로 골랐지만, 이런 짓은 공평과는 상관이 없고, 내 속 편하자고 하는 자기기만일 뿐이다. 데이트 상대가 화장실에 가는 바람에 혼자 앉아 핸드폰만 만지작거리게 된 남자와 여자를 보며 그들이 이번에 첫 데이트를 나온 것은 아니기를 바랐다. 슬슬 양심이 찔렸기 때문에, 지윤이와 썸남이가 제발 빨리 식사를 끝내고 여기서 나갔으면 하고 빌며 다리를 달달 떨었다.

마침내 지윤이와 썸남이가 자리에서 일어났을 때에는 한결 가뿐해진 기분이 들었다. 나는 그들보다 먼저 가게 밖에 나가 있을 생각으로 후다닥 일어났다. 계산을 하고 있는데 지윤이와 썸남이가 내 뒤에 줄을 섰다. 두런두런 그들의 목소리가 들려오자 등에 한 줄기 식은땀이 흘렀다. 초조함을 느끼며 계산을 마친 나는 가게 밖으로 나왔다.

그런데 가게 밖 건물 복도에 있는 화장실 앞에… 사람들이 난처한 얼굴로 줄을 서고 있었다. 좀 전까지만 해도 나와 같은 식당에서 식사를 하던 사람들이었다. 이

가게 화장실 정도의 규모라면 내가 능력을 써도 문제없을 것이라고 판단했으므로 당혹스러울 수밖에 없었다. 이 광경은 사랑에 눈먼 인간이 파멸시킨 세상의 모습이었다. 뒤이어 지윤이와 썸남이가 가게 밖으로 나왔다. 화장실 앞 긴 줄을 본 썸남이가 "무슨 일이지?" 하고 의아해했지만, 지윤이는 당연히 대답할 수 없었다.

5.

오늘 데이트의 본편은 야간 개장 중인 창경궁 산책이었다. 지윤이가 창경궁 이야기를 꺼냈을 때, 물론 나는 그곳의 화장실을 확인해 보았다. 창경궁은 비교적 작은 규모인 것치고는 화장실 배치가 제법 알차게 되어 있는 곳이었다. 괜찮아 보였다. 다만 창경궁에서 너무 오래 머무는 건 좋지 않을지도 모른다고 지윤이에게 주의를 주기는 했다.

두 사람은 무사히 창경궁에 도착했고 나는 지윤이를 뒤따라 명정문으로 들어갔다. 명정문에서 명정전까지 가는 길에는 청사초롱 모양의 전등이 쭉 놓여 있었는데, 멀리서 볼 땐 그럭저럭 예쁜 전등이었으나 가까이서 보니 어딘가 허술했다. 게다가 궁 이곳저곳에 경광봉을 든 안전 요원들이 돌아다니고 있었는데, 야간이니 안전에 신경은 써야겠지만 아무래도 관광객 입장에서는 그들의 눈치를 보게 되고 위축되는 부분이 있었다. 내가 소심해서 그런 것일 수도 있겠으나 문제는 지윤이도 나 정도로는 소심하다는 것이다. 다행히 썸남이는 지윤이가 움츠러든 걸 알아챘는지, "저쪽으로 가 보자." 하고 씩

씩하게 리드해 준다. 지윤이한테는 좋은 일이었다.

명정전 앞 청사초롱 전등은 약간 실망스러웠지만, 산책로를 따라 이어지는 조명들과 수목을 비춰 주는 조명들은 은은하니 제법 운치가 있었고, 특히 집복헌과 영춘헌의 내부 조명은 그 두 건물을 커다란 종이 등처럼 보이게 할 만큼 예뻤다. 과연 데이트 코스로는 나쁘지 않아 보인다. 긴장을 늦출 수 없는 처지였음에도, 아, 나도 연애를 하고 싶다, 하는 생각에 잠시 잠길 수 있었다.

물론 그 사이에도 나는 희생자를 찾아내야 했다. 애달픈 로맨스에 잠기고픈 이런 때에 희생자를 찾아 두리번거려야 한다는 건 참 괴롭고 내키지 않는 노릇이었다. 사시사철 희생자를 찾아다니며 이익을 취하려는 자들이 이 세상에는 너무나 많은데, 그들은 이토록 피곤한 삶을 어떻게 감당하며 살아가고 있는 걸까. 그렇게 사는 건 내 적성에 맞지 않는다는 걸 알았으니 나름의 소득이 있다고 해야 하나?

야간 창경궁을 찾은 사람이 그렇게 많지는 않았다. 가이드가 이끄는 단체 관광 팀이 우선 눈에 들어왔다. 아이들과 함께인 걸 보니 간만의 가족 모임을 나선 것일까. 커플도 드물게 있기는 있었다. 산책 삼아 나온 인근 주민인 것 같은 사람도 보였다. 두리번거리다 보니 내 근처에서 같이 걷고 있는 남자 둘이 눈에 띄었다. 그들은 "아, 내가 이런 델 산적 같은 남자 놈하고 같이 와야 하나." "아 어쩌라고."라며 농담조로 투덜거리고 있었다. 이 팀이라면 한 명이 화장실에 다녀오더라도 큰 문제는 없을 것 같았다. 둘 중 한 명에게 능력을 사용하자 그는 "하합!" 하고 신음을 삼키더니, 친구와 함께 부지런히 화장실을 향해 출발했다. 내 아랫배는 다시 또 편안해졌지만, 좀 전 식당 화장실 앞에서 괴로워하던 사람들의 얼굴이 떠올라 마음이 무거웠다. 그 두 친구의 사이가 돈독해 보여서 그나마 다행이었다.

무거운 마음을 오래 지니고 있을 틈이 없었다. 지윤이와 썸남이가 춘당지 방향 산책로를 걷기 시작했기 때문이다. 누군가에게 피해를 끼치고도 무거운 마음을 안고 있을 새가 없다면, 이런 상황이 계속 이어진다면 나는 남에게 내 고통을 떠넘기는 데 무감각해져 버릴 수도 있지 않을까?

누구라도 남의 똥 마려움에는 무감각한 법이다.

중학생 시절, 나는 당시에 (혼자)좋아했던 여자애를 따라 교회에 간 적이 있었다. 예배가 시작된 지 한 20분쯤 지났을 때, 나의 내장은 당연한 일과라는 양 다음과 같이 외쳤다. "장전!" 물론 나는 발사를 허가할 수 없었다. "사일로가 열리지 않았습니다. 이대로 두면 폭발해 버려요!" 배 속에 적색경보가 발령됐다.

내 옆자리에 좋아하는 여자애가 앉아 있다는 사실도 더 이상 나를 황홀하게 하지 못했다. 우연히 그 애 어깨가 내 어깨에 살짝 스칠 때의 짜릿함을 좋아하던 나였지만, 오히려 뭐가 내 몸에 닿을 때마다 "건들지 마!" 하는 비명을 겨우 참아 내야 하는 지경이 되었다. 나는 인간과 비인간의 경계에 서서 고통스러워하고 있었다. 하나님의 영광을 찬양하고 찬송가를 부르며 신의 은총에 감사하는 신자들 가운데서 그저 홀로 괴로움을 감내했다.

환희의 물결 어딘가에 고통스러워하는 자가 있음을 인식하는 사람은 아무도 없었다. 내 안의 소름 돋는 악귀와 고독하게 싸우던 도중, 나는 어렴풋하게나마 깨달았던 것 같다. 어째서 사람들은 고통으로 가득 찬 이 세계에서 다들 아무렇지 않은 듯 살아가는지. 왜 고통받는 사람은 보이지 않고 세상은 마냥 평화로워 보이는지. 그건 바로 지는 똥이 마렵지 않기 때문이었다.

똥 마려운 사람은 혼자다.

춘당지를 둘러서 걷는 산책로는 두 갈래로, 비탈 위쪽 길과 춘당지에 가까운 아래쪽 길이 있었다. 지윤이와 썸남이는 춘당지에 가까이 갈 수 있는 아래쪽 길을 걷고 있었다. 나는 위쪽 길로 걸으며 그들을 지켜보았다. 길은 꽤 어두운 편이었다. 이런 어두운 길을 걸으며 연인들은 어떤 이야기를 할까. 춘당지 가운데 하얗게 조명을 밝힌 작은 섬의 모습이 수면에 반사되고 있었다.

어느덧 찾아온 신호에 나는 차렷 자세를 취한 뒤 괄약근을 '빠직!' 하는 소리가 날 기세로 조인다. 귀여니는 말했다. 신발 끈 더 꽉 묶어. 우리가 함께 할 코스는 백 미터 단거리가 아니야.

다시 또 희생자가 필요한 시점이었다. 지윤아. 너무 빠르잖냐, 하고 속으로 원망해 보지만 어쩔 수 없다. 지윤이는 자기 초능력을 통제할 수 없고, 그 초능력 때문에 앞으로 결코 누리지 못할 평범한 연애를 하루만이라도 누려 보기 위해 억지를 쓰고 있는 거니까. 그간 분위기가 조금 좋다 싶을 때마다 썸남이는 "그럼 이만." 하고 어디론가 부리나케 사라지기 일쑤였을 것이다. 지금 이 순간이 지윤이에게 얼마나 소중할까. 내가 그 소중한 시간을 지켜 주고 있다고 생각하면 기뻤고, 지윤이를 위해서라면 뭐라도 어떻게든 할 수 있을 것만…

… 같아서는 안 된다.

평생 날 쫓아다니며 괴롭힌 똥 마려움만큼이나 지금 느껴지는 갑갑함이 너무 싫었다. 이 상황을 그저 좋게만 받아들이기에는, 정당화를 위해 왜곡해야 하는 것들이 너무 많았다.

다들 춘당지에 가까운 아래쪽 길로 다닐 거라 생각했는데, 놀랍게도 내가 있는 위쪽 길로 걷는 커플이 무려 두 쌍이나 있었다. 두 쌍의 커플은 약간 거리를 두고 내 쪽으로 천천히 다가오고 있었다. 내 선택에 의해, 오늘 하루 종일 즐겁고 로맨틱했을 어느 커플의 일정이 막판에 와서 우스꽝스러운 급똥 엔딩을 맞을 것이다. 만약, 내가 오래된 연인을, 그러니까, "나 잠깐 똥 좀." 하는 정도의 말은 어렵잖게 꺼낼 수 있을 정도로 오래된 연인을 분간할 줄 알았더라면 당연히 그들에게 능력을 썼을 것이다. 하지만 나는 저들이 어떤 사이인지 알 수 없었다. 나는 그저 하찮은 똥싸개 초능력자일 뿐이니까. 이건 그냥 찍기다. 희생자 입장에서는 순전히 운이다. 앞 커플이냐, 뒤 커플이냐? 아까 식당에서 나 때문에 난처한 처지에 놓였던 사람들이 떠올랐다. 어린 시절부터 이어진 나와 내장 사이의 갈등을, 존엄성을 지키기 위해 참아 냈던 수많은 똥 마려움의 고통을 떠올렸다. 나는 내 고통을 남에게 떠넘기는 일에 무감각해지고 싶지 않았다. 그래서는 안 된다는 자각이 들었다.

나는 선택해야 했다. 똥 마려운 개인! 아니면, 세상 어딘가에 고통이 있다는 것을 실제가 아닌 막연한 관념으로만 받아들이면서 손뼉을 치고 찬송가를 부르는 군중! 둘! 중에서-! 골라야 한다!

장전! 내장이 내게 보고했다.

어서 사일로를 열어야 합니다!

두 쌍의 커플이 다가온다. 내가 능력을 쓴다면 그 둘 중 한 커플은 그들이 왔던 방향으로, 그러니까 대온실 쪽 방향으로 되돌아가야만 한다. 지윤이와 썸남이는 아직 춘당지 앞에 서 있다. 내가 지금까지 그 더러운 짓들을 해 온 것은, 지금 지윤이가 만끽하고 있는 저 소박한 시간을 위해서였다고 할 수 있다. 지윤이의 행복을 위해 내 욕망을 보류하고 오직 지윤이의 소원을 들어주겠다는 의지- 나의 그러한 마음을 지윤이가 알아줄지 모른다는 헛된 희망을 연료 삼아 나는 지윤이의 마음을 지켜주는 영웅이 되었다… 라고 생각했다. 하지만 실은 무관계한 이들을 희생시키는 악당에 불과했던 것이다. 지윤이는 한술 더 떠 그야말로 '크리미널 마스터마인드'가 되어 버렸다.

솔직히 말하자면, 지윤이의 부탁을 받아들인 데에는 질투나 하는 인간이라고 지윤이에게 비난당할까 봐 두려웠다는 점도 작용했다. 짝사랑꾼의 주술적인 자아도 취뿐만 아니라 그보다 더 근본적인 욕망, 즉, 미움받기 싫다는 애걸복걸이 작용한 것이다. 그런데 지윤이에게 비난받는 게 두려웠다는 건, 내가 지윤이를 믿지 못하고 지윤이와 나 사이의 신뢰 관계를 믿지 못했다는 뜻이기도 하다. 저 아름다운 춘당지의 밤 풍경을 배경으로 썸남이가 급히 화장실로 뛰쳐나가는 장면을 상상해 보라. 그다음 장면은 무엇일까? 내가 떠올릴 수 있는 상황은 이것뿐이다. 지윤이가 나를 원망하게 되는 것. 그렇게 생각하는 까닭은 분명, 지윤이에게 사랑받을 가능성보다는 미움받을 가능성이 더 크다고 확신하고 있기 때문이다. 내가 가질 수 있는 확신이 고작 그 정도라면 여기서 그만두어야 하지 않을까? 지금까지 늘 그래 왔듯, 내 안의 암흑은 내가 감당해야 한다. 어차피 나는 똥싸개고 혼자다.

아니, 꼭 그렇지도 않은가? 똥 싸러 가는 길이 꼭 외로워야만 할까?

누군가의 손을 잡고 함께 그 가기 싫은 길을 걸을 수도 있지 않을까?

비록 변기 위에 앉은 순간부터는 오롯이 나의 싸움이 펼쳐지겠지만, 적어도 변기 앞까지 같이 가 주는 누군가가 있다면! 그리고 나 혼자만의 싸움이 끝나길 기다리다 마중 나와 주는 누군가가 있다면! 내 곁에 있는 사람이 그런 사람이라는 믿음조차 가질 수 없다면, 그런 믿음이 없는 마음을 사랑이라 불러 줄 인간은 별로 없을 것이다.

그렇다면 이제 어떻게 해야 하지? 내게 닥친 똥 마려움을 스스로 감당하겠다며 이 자리를 뜨는 건 애초에 고를 수 없는 선택지다. 내가 이 자리를 뜨면, 다음 차례는 썸남이다. 춘당지의 로맨틱 무드는 깨지고 썸남이는 급히 화장실로 뛰어갈 것이다. 지윤이는 어떻게 된 영문인지 몰라 당황하겠지. 내일쯤 나한테 물어보러 올 것이다. 어제 일은 어떻게 된 거야? 그런 결말에 무슨 대단한 의미라도 있나? 그러므로, 지윤이를 사랑하는 사람으로서 나는 결단을 내릴 것이다.

내 등 뒤로 커플 한 쌍이 지나간다. 행복한 말들을 주고받으며.

두 번째 커플 한 쌍이 지나간다. 나직한 웃음을 주고받으며.

그리고 지금 내 내장은 편안했다. 지윤이를 따라다니면서 지윤이의 문제를 다른 사람에게 떠넘기는 짓을 언제까지고 저지를 수는 없다. 그건 지속 불가능한 연애다. 그러니 앞으로의 일은 지윤이에게 달렸다. 어렵겠지만 지윤이는 썸남이에게 '그 말'을 해야 한다.

지윤이는 어깨를 좁힌 채 몸을 바짝 굳히고 있었다. 목은 컴퓨터 작업을 오래 한 사람처럼 거북이 목이 됐다. 제발… 제발 지윤아. 터뜨려야 해! 썸남이에게 너의 간절한 마음속 외침(똥 마렵다는)을!

당연하게도 나는 지윤이의 지금 심정에 쉽게 이입할 수 있었다. 나나 지윤이처럼 소심한 사람에게는 '말을 했다가 비웃음을 사거나 안 좋은 취급을 당하는' 데 대한 공포심이 있다. 그 공포심이 너무 강하면 몸이 간절한 요청을 보내도 무시하고 어떻게든 참아 내려고 한다. 쉴 새 없이 태어나려고 하는 내 안의 마(魔)를 3교시부터 6교시까지 견뎌 냈던 초등학교 때의 나처럼.

썸남이도 지윤이에게 뭔가 문제가 생긴 걸 안 모양인지 지윤이를 향해 몸을 기울였다. 아마 다정한 목소리로 왜 그러느냐 묻고 있을 것이다. 어렴풋한 반사광이 그려 낸 윤곽선으로 지윤이의 도리질이 보인다. 이대로는 안 되겠다 싶었다. 지윤이에게 내 능력을 사용한 시점부터 나는 충분히 대담해진 상태였다. 산책로를 이탈한 나는 비탈길을 타고 아래쪽 길로 내려왔다.

내가 썸남이 앞에 모습을 드러내자, 그의 눈이 동그랗게 커졌다가 날카롭고 위협적인 느낌으로 변한다.

"계속 우리 따라다니고 있었죠? 뭡니까?"

움찔했다. 하긴, 별다른 미행 기술도 없이 겨우 3m 뒤에서 쫓아다녔는데, 들키지 않았을 리 없었다. 언제부터였을진 몰라도 계속 나를 경계하고 있었을 것이다. 나도 지윤이 못지않게 소심한 인간이라 갑자기 도망치고 싶어졌지만, 썸남이의 고개가 내 쪽으로 돌아간 틈을 타 표정 관리를 포기한 채 안간힘을 쓰는 지윤이를 보니, 다급한 마음에 다시 용기가 생겨났다.

"설명은 이따 해 드릴게요. 화장실은 이쪽이에요."
"네? 뭐? 화장실?"

썸남이가 놀라서 돌아보는 바람에, 지윤이는 그만 온 갖 주름살을 잡으며 찌푸리고 있던 얼굴을 들키고 만다.

이대로 그가 지윤이에게 정이 떨어지는 거 아닐까 싶어 덜컹 가슴이 내려앉았다. 정말 그런 일이 벌어진다면, "그런 인간한테는 널 좋아할 자격이 애초부터 없었던 거야!"라고 위로해 주어야 할까? 하지만 그건 너무 험담하는 것 같았고, "쟤가 나 싫어하게 하려고 그랬던 거지?"라며 날 원망하는 지윤이를 보게 될까 봐 무섭기도 했다. 다행히 이건 다 쓸데없는 상상이고 불필요한 걱정이었다. 썸남이는 혼란스러워하는 것 같았지만, 지윤이에게 가장 필요한 말을 해 줬다.

"지윤아, 화장실 가자. 괜찮아."

썸남이는 울상이 되어 도리질 치는 지윤이를 달래 주었다. 그렇게 괴로운 행군이 시작되었다. 똥을 참으며 걷기란 괴로운 일이다. 이러다 지려 버리는 건 아닐까, 그렇게 되면 내 인권은 계속 존중받을 수 있을까, 하는 공포감이 수시로 엄습해 온다. 그와 동시에 한 걸음 한 걸음마다 포기하고 싶다는 유혹이 찾아든다. 최대한 빨리 걷고 싶지만 그러기 힘들 수 있다. 지윤이는 썸남이의 팔을 두 손으로 꽉 쥐고 있었는데, 자길 미워하지 말아 달라는 무언의 메시지 같았다.

"숨을 편안하게 쉬어 봐."

지윤이를 안심시켜 주려고 말을 꺼내 보았는데, 괜히 멋쩍은 기분이 들어 더 이상 쓸데없는 소리는 하지 않기로 했다. 결국엔 나도 썸남이도, 물론 지윤이도 말없이 힘들게 걸어 나아갔다. 화장실은 끝없이 먼 곳에 있는 것만 같았다. 분명 창경궁 시설 안내도를 볼 때는 화장실 배치가 괜찮아 보였건만 왜 이리도 멀기만 한 건지.

나와 썸남이는 지윤이의 괴로움을 결코 공유할 수 없음을 안타까워하며, 지윤이와 걸음 폭을 맞춰 나갔다.

"저기!"

창경궁 야간 관람 코스의 하이라이트라고 할 수 있는 대온실이 보인다. 지금 당장은 대온실이 중요하지 않았지만, 그 근처에 화장실이 있다는 건 중요했다. 대온실은 화장실을 가리키는 등대와도 같았다.

"지윤아! 집중력을 유지해! 변기에 가까워졌을 때가 가장 위험한 순간이야!"

오랜 똥싸개 경력에서 나온 나의 조언을 뒤로한 채 지윤이는 허둥지둥 화장실로 들어갔고, 나와 썸남이는 안도의 한숨을 쉬었다. 그래. 이제 내가 이것저것 설명할 차례였다. 나는 대온실 앞에서 지윤이를 기다리자고 했고 썸남이도 동의했다.

밤의 창경궁이 대체로 은은한 조명으로 꾸며지는 반면, 투명하고 하얀 건물인 대온실은 휘황하게 빛나고 있었다. 검은 수채 물감 위에 떨어뜨린 흰 물감이 번지듯…. 근대 도시를 상상케 하는 이질적 스펙터클이 펼쳐지는 가운데, 놀랍게도 어디선가 소쩍새 소리가 들리고 있었다. 화장실에서 큰일을 치르고 나왔는데 썸남이가 이런 곳에서 기다려 주고 있다면 지윤이도 조금은 마음이 놓일 것이다.

나는 썸남이에게 상황을 설명했다. 지윤이가 썸남이와 계속 관계를 이어 가고자 한다면, 오늘 사용한 방법을 언제까지고 쓸 수는 없을 거라고도 했다. 그리고 지윤이에게 내가 능력을 써서 이런 상황이 벌어지게 됐다고 자백했다.

"지윤이가 많이 부끄러워할 거예요. 다행히…" 나는 조금 쓴맛을 느끼며 다음 말을 잇는다. "좋으신 분 같으니까 잘 위로해 주실 거라고 생각해요."

"그러니까, 지윤이랑 계속 있으면 제가 화장실을 들락거리게 될 거란 소리군요. 그동안 있었던 일이 이해가 가요. 어쩐지 좀 이상하다 싶기도 했는데."

"네. 아마 그쪽이 지윤이를 좋아한다는 확실한 증거가 되겠죠."

"그리고 그쪽도 지윤이를 좋아한다는 거고요?"

썸남이 웃으며 묻자, 나는 머쓱해져서 끄덕인다.

"지윤이한테도 그동안 고민이 많았을 거예요. 평범한 연애를 하고 싶었겠죠. 그래서 저한테 오늘 일을 부탁했을 거고요."

나도 썸남이도 당장 또렷한 해결책을 낼 수는 없어서 말없이 대온실만 쳐다보고 있었다. 그러던 중 일을 마친 지윤이가 쭈뼛거리며 나타났다. 화장실에서 지윤이는 운 것 같았다.

썸남이가 한 걸음 다가가자 지윤이가 고개를 푹 숙이며 물러섰다. 썸남이는 물러서지 않았다. 그는 두 손을 입에 모아 "이리 와. 대온실 같이 보자."라고 크게 말하고는 지윤이에게 손짓한다. 지윤이가 가까이 오자 썸남이는 "화장실이 이 근처에 있으니까, 혹시 나도 갑자기 급해지면 화장실 다녀와도 괜찮지?" 하고 지윤이를 안심시켜 주었다. 썸남이는 좋은 사람 같았다. 지윤이가 좋아할 만한 사람이었다. 그러면 나는 이제 빠질까? 어차피 조연 정도의 역할이었으니까.

"지윤이한테 부탁 하나만 해도 될까요?"

내 말에 썸남이가 끄덕여 주어 나는 지윤이에게 다가갔다. 눈물 때문에 화장이 망가진 것 같았지만, 그런 모습이어도 상관없을 만큼 난 아직도 지윤이가 좋았다.

"지윤아, 미안해. 계속 다른 사람한테 피해를 주는 건 옳지 않은 것 같았어. 그래서 내가 그냥 견뎌 볼까도 했는데, 생각해 보니, 그 방법도 아닌 것 같고, 그런 식으로는…"

"아니야." 아직도 눈물을 그렁그렁 매단 지윤이가 내 말을 끊었다. "나야말로 말도 안 되는 소릴 했어. 데이트 내내 행복했지만, 행복하지 않았어. 오히려 지금은 마음이 편해."

지윤이가 울먹거리며 말했다. 역시. 지윤이도 내내 마음이 편치 않았던 것이다. 다행이었다. 나는 미소를 지어 주고, 몸을 살짝 낮춰 지윤이에게 속삭인다.

"마지막으로 부탁이 하나 있어. 조금만 더 네 근처에 있을 거야. 정확히 말하면 네 능력 사정거리 안에. 그동안에 네 능력의 타깃은 계속 나로 부탁해."
"뭐?"
"꼭이야."

지윤이와 썸남이에게 눈 찡긋 인사를 하고, 나는 빠른 걸음으로 대온실 옆길의 막혀 있는 코스로 들어갔다. 조명도 거의 없고 나무도 우거져 정말 어두운 곳이었다.

소쩍새 소리가 들리고, 처음 듣는 종류의 새 소리도 들려온다. 지윤이와의 거리를 가늠하며 나는 보조 가방 안에 있던 3단 봉을 휘둘러 펼치고, 어둠 저편을 노려보았다.

"여기를 결전장으로 할까? 이제 슬슬 나오시지."

어둠 속에서 보랏빛 안광이 반짝하더니, 침침한 빛을 받으며 누군가가 모습을 드러낸다. 그가 위협적으로 웃는다.

"너도 초능력자니 알고 있겠지? 우리 초능력자들 사이에서 벌어지는 '밤의 전쟁'을."

목소리는 나직하게 들려온다. 저 녀석은 무슨 능력을 가지고 있을까. 바짝 긴장하며 3단 봉을 쥐었다.

"그런 게 있다는 건 지금 처음 알았어. 하지만 내가 유일한 초능력자가 아니라는 건 알고 있었지. 네가 다음에 할 말은 '너처럼 약한 능력자가 우선 타깃이 된다.'겠지?"

"그렇다. 너처럼 약한 능력자가 우선 타깃이…"

여유작작 말을 잇던 녀석은 합, 하고 입을 다물었다. 나는 유튜브에서 보고 배운 3단 봉 무술 기본 자세를 취했다.

"미안하지만 밤을 잘못 골랐어. 왜냐하면…"

오늘 밤의 나는 무한 탄창이거든.

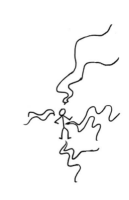

피클 (Fickle)

- 표국청 -

어려서부터 이야기 만들기를 좋아하다 대학에서 영화를 전공하였고 몇 편의 단편영화를 만들었다. 현재 사회복지사를 주인공으로 하는 단편영화 연출을 준비하고 있으며 각각 종교와 제사에 관련된 두 편의 시나리오를 쓰고 있다. 이번 〈피클(Fickle)〉을 계기로 영화와 소설 작업을 병행하겠다는 계획을 꾸리고 있다. 언젠가 아주 무섭고 나만의 오리지널리티가 있는 공포 이야기를 만드는 것이 꿈이다.

fickle : 변덕이 심한, 변화무쌍한.

0.

그러니까 이 일련의 사건을 이야기하려면 제가 그 아이를 어떻게 만났는지를 먼저 설명해야 할 것 같습니다. 그전에 지금 틀어 놓으신 녹음기를 혹시 꺼 주실 수 있으신가요? 네, 감사합니다. 그럼 이야기를 시작해 보겠습니다.

1.

그날, 농구공이 우레탄 바닥을 때리는 소리가 들렸습니다. 듣기만 해도 힘찬 에너지가 느껴져 기분이 좋아지는 그런 소리였습니다. 여름방학이 막 끝나 아직은 선선한 공기와 미지근한 공기가 서로 기 싸움을 하고 있는, 9월의 초순이었습니다. 애매한 시기에 전학을 와서 아직은 어색한 교복을 입고 있던 저는 그 소리를 이제부터 정붙이며 다녀야 할 고등학교의 정문을 지나며 들었습니다.

그 소리는 학교에 대해 썩 괜찮은 첫인상을 심어 주었습니다. 정문의 우측으로 작게 만들어져 있는 농구장으로 시선이 향하는 것도 당연한 일이었습니다. 농구장에 춘추복이라고 부르기에는 애매한 복장의 몇몇 학생들이 있었습니다. 풀 코트를 사용할 만큼 많은 수는 아니었기에 그들은 하프 코트에서 두 팀으로 나뉘어 2:2, 아니 자세히 보니 3:1로 농구를 하고 있었습니다.

방금까지 호탕한 소리를 퍼뜨리던 주인공이 막 지면을 박차고 뛰어올랐습니다. 농구공이 그물을 흔들며 바닥으로 뚝 떨어지는 와중에도 주인공은 농구 림에 매달려 있었습니다. 자그마치 덩크슛을 성공시킨 것이었습니다.

'체구가 그렇게 크지는 않은 것 같은데 대단하다.' 같은 생각을 하며 어느새 저는 정문에 그대로 멈춰 서서 농구장을 바라보고 있었습니다. 림에서 가볍게 바닥으로 낙하한 소리의 주인공은 몇 학년인지는 모르겠지만 분명 여학생이었습니다. 빈말로도 정리되어 있다고 말하기에는 어려운 짧은 단발머리에 헐렁한 셔츠와 학교 체육복 하의를 입고 있었습니다. 하얀색 운동화는 햇빛을 받아 반짝이는 것 같은 착각까지 들 정도로 깨끗했습니다.

제가 그녀의 외관을 살피는 동안 그녀는 자신을 상

대하던 세 명의 학생들에게, 뭐라고 말하는지는 잘 들리지 않았지만 짧게 몇 마디를 남기고 딱밤을 한 대씩 때린 뒤 그대로 뛰어서 학교 건물 안으로 사라져 버렸습니다.

짧은 시간 안에 벌어진 일이었습니다. 세 명의 학생들은 어벙벙한 표정으로 아무렇게나 던져두었던 가방과 춘추복 상의를 챙기기 시작했습니다. 마음 같아서는 그 학생들에게 다가가 무슨 사정이 있었던 것인지 이것 저것 묻고 싶었지만 시간이 빠듯한 탓에 그렇게까지 여유를 부릴 수는 없었습니다.

전학생이었던 저는 바로 교실로 향하지 않고 교무실로 향했습니다. 저의 새 담임인 안 선생님은 정년 퇴임을 얼마 남기지 않은, 첫인상만 이야기하자면 하회탈처럼 웃는 얼굴을 한 노년의 초입에 서 있는 남성이었습니다. 특히 눈가에 주름이 자글자글하게 잡혀 있었고 나이를 감안했을 때 비교적 풍성한 모발을 가지고 있었습니다. 간간이 흰머리가 섞여 있기도 했지만 전반적으로는 검은 머리카락이었기에 실제 나이보다 조금 젊어 보인다는 느낌이 들었습니다.

"그래, 이전에 있었던 학교에서는 안 좋은 일을 겪었다고…."

"네."

"응응, 많이 힘들었겠네. 그래도 우리 반 애들은 문제도 잘 일으키지 않고 다들 착한 녀석들이라 적응하기 어렵지는 않을 거야. 2학기 시작한 지 얼마 되지 않아서 진도 따라가기도 어렵지 않을 거다. 다니는 학원이나 예체능 하는 거 있니? 야자는 할 거니? 서류를 몇 개 챙겨 줘야겠구나."

안 선생님의 말에 따라 고개를 젓거나 짧게 대답하는 것 이외에는 하지 않았으니 일방적인 대화였습니다. 하지만 안 선생님의 말투는 점잖았고 그 안에 적절하게 유쾌함이 섞여 있어 확실히 노련하구나 하는 느낌이 들었기에, 일방적이지만 그렇게 불편하지는 않은 대화였습니다.

간단한 호구조사를 받고 잡담을 나누는 동안 시간은 어느새 조회 시간에 다다랐습니다. 안 선생님은 "시간이 벌써 이렇게 되었구나."라고 느긋하게 이야기하더니 저를 뒤따라오게 하고 교실로 향하셨습니다.

복도에서 간간이 마주치는 학생들과 인사를 주고받고 장난스럽게 교실로 보내는 안 선생님과 함께 걷다 보니 교실에 도착했습니다. 안 선생님은 저를 학생들에게 소개해 주었는데 처음 마주한 교실은 고등학교 3학년들이 사용하는 교실이라고 하기에는 조금 과하게 꾸며져 있다는 느낌을 주었습니다.

안 선생님이 미술 선생님이기 때문에 그런 걸지도 모르겠지만 학급 게시판을 비롯해 교실의 벽면이나 천장에도 색색의 장식들이 달려 있었습니다. 처음 그 장식들을 보고서 떠올린 것은 초등학교 시절에 만난 열정적이던 신임 선생님의 얼굴이었습니다. 이름은 까먹었지만 얼굴은 분명히 기억하고 있습니다. 특히 학부모 참관일 전날 땀 흘리며 저에게 장식에 대한 의견을 묻던 얼굴을 말입니다. 저는 그 얼굴이 꽤나 부담스러웠다는 생각을 했습니다.

학생들은 평범했습니다. 그런데 세 개의 분단으로 이루어진 교실 좌석에서 복도 방향에 가장 가까운 분단의 앞에서 두 번째 자리, 출입구와 가까운데도 교실에 들어오면서는 미처 바라보지 못했던 곳에 딩크숏의 그녀가 있었습니다.

아침과는 인상이 꽤 많이 바뀌어 있었지만 분명 그녀였습니다. 안경을 쓴 그녀는 담요를 어깨에 두르고 있었습니다. '머리가 조금 길어졌나?'라는 생각을 했는데 다음 순간 안 선생님이 지정해 주신 자리로 가야 했기 때문에 더 이상의 생각은 보류해 두기로 했습니다. 같은 반이니 앞으로 친해질 기회가 있겠다는 생각을 하면서요.

조회 시간이 끝나고 1교시가 시작되기 전 짧은 쉬는 시간, 반 아이들 중 세 명이 저에게 다가왔습니다. 제 옆자리에 앉아 있던 연정이를 필두로 희수, 진주라는 이름을 가진 아이들이었는데 주변을 둘러보니 무리 구성원이 홀수인 경우는 이 무리뿐인 것 같았습니다. 애매한 시기에 전학을 온 터라 이런 무리가 있어서 다행이다 싶었습니다. 남녀공학이기에 여자아이들 무리가 많을 것 같지는 않았거든요. 가능하면 빨리 학교에 적응하고 싶었습니다.

전학 오기 전에 어떤 곳에서 지냈는지, 이 학교의 분위기는 어떤지 가벼운 수다를 떠는 동안 쉬는 시간이 빠르게 사라져 가고 있었습니다. 간간이 앞자리의 그녀를 바라보았지만 그녀는 쉬는 시간 내내 미동조차 하지 않고 자리에 앉아 있을 뿐이었습니다. 그때, 뒷자리의 학생들 중 한 남학생이 언성을 높였습니다.

"진짜라니까! 처음 보는 애였는데 느닷없이 딱밤 내기 걸고 혼자서 나랑 옆 반 애들까지 세 명 다 제끼고 덩크 꽂았다니까?"

열과 성을 다해 설명하는 남학생의 얼굴을 보니 아침에 어벙벙한 표정을 하고 있던 그의 얼굴이 떠올랐습니다. 농구를 하던 학생들 중 두 명이 같은 반에 있었던 것입니다. 그런데 그 학생은 마치 자신과 함께 농구를 했던 여학생이 누구인지 잘 모르겠다는 듯이 말하고 있었습니다.

저는 당장에 그 남학생에게 진실을 말해 주고 싶다는 마음을 참고 쉬는 시간 내내 친밀감을 쌓아 올린 아이들에게 이 사실을 알리기로 했습니다.

"나 오늘 아침에 쟤 농구하는 거 봤는데."
"아 진짜? 나는 농구하는 것들 싫어. 땀 냄새 오져."
"그니까. 왜 아침부터 운동하는 거야 대체."
"그보다 쟤가 말하는 여자애 저기 쟤 같은데."
"누구?"
"쟤."

제 손가락 끝에는 담요에 가려져 뒤통수조차 보이지 않는 그녀가 있었습니다. 어깨에 두르고 있던 담요 안으로 사라져 버린 그녀는 가끔 자신이 그 안에 있다는 사실을 알리려는 듯 움찔거릴 뿐 별다른 움직임은 보이지 않았습니다.

제가 본 사실을 아이들에게 말해 주자 아이들은 대번에 손을 가로젓기 시작했습니다. 세 아이 모두 동시에 손을 젓는 모습이 AI 같아서 조금은 이상한 느낌이 들었습니다. 그중 희수가 제 어깨를 두드리며 말했습니다.

"소진아. 네가 아직 학교 학생들 잘 몰라서 애들이 다 거기서 거기로 보이는 거 아니야? 쟤는 그냥 오타쿠야."

"응? 오타쿠?"

진주가 재미있는 이야깃거리에 빠질 수 없다는 듯 끼어들었습니다.

"응, 그 왜 예전에 뉴스에도 나왔잖아. 지들이 만든 세상에 과몰입해 가지고 현실에서는 막 아싸면서 인터넷에서는 뭐라도 된 것마냥 구는 그런 부류. 쟤가 그거야. 자캐 굴리는 오타쿠."

자캐가 무엇인지도 정확히 모르는 제게 세 아이는 번갈아 가며 그녀에 대한 험담을 했습니다. 기분 나쁜 공기가 물씬 풍겨 오는 대화였지만 학교라면 어디서나 그런 대화들이 오고 갔기에 저는 그냥 웃을 뿐이었습니다. 그러는 사이 그녀의 이름을 듣게 되었습니다. 성은 하 이름은 나임. 순우리말인 데다 뜻이나 울림도 괜찮은 이름이라는 생각이 들었습니다.

"여튼, 하나임은 네가 가장 멀리해야 할 대상이야. 친해져서 별로 득 볼 게 없다고 해야 하나?"

희수의 말이 끝남과 동시에 종이 울렸습니다. 다음 쉬는 시간을 기약하며 멀어지는 세 아이들을 앉은 자리에서 배웅하고 얼른 시야를 돌려 하나임을 바라보았습니다. 담요에서 머리를 내미는 순간을 보고 싶었는데 어느새 하나임은 담요를 어깨에 두른 채 칠판을 바라보고 있었습니다. '수업은 잘 듣는가 보다.' 하고 생각했습니다.

그렇게 전학 첫날에는 쉬는 시간에 새로운 친구들을 몇 명 사귀고 대화를 나누고 수업 시간에는 하나임의 모습을 보는 일을 반복했습니다. 물론 대놓고 바라볼 수 없었기 때문에 흘끔흘끔 몰래 훔쳐보는 식이 되었지만 다행히 이를 이상하게 생각하는 학생들은 없었던 것 같습니다.

저는 학교 수업이 끝나면 하나임에게 말을 걸어야겠다고 생각했습니다. 아침에 봤던 농구 경기에 대해서 물어보고 싶었기 때문입니다. 하나임이 정말 다른 학생들과 관계가 좋지 않은 학생이라면 학교 내에서 말을 거는 것보다는 좀 더 자유롭게 이야기할 수 있는 곳에서 말을 거는 편이 낫겠다고 생각했던 것입니다.

다행히 개학일인 덕분에 수업은 일찍 끝났습니다. 물론 학생들 중 일부는 야자를 위해 학교에 남았지만 하나임은 그런 부류가 아니었습니다. 종례가 끝나자 바로 가방을 챙겨서 건물 밖을 빠져나가는 하나임을 따라잡기는 꽤나 버거운 일이었습니다.

저는 이제 막 사귄 친구들에게 서둘러 인사를 건네고 급하게 학교를 빠져나왔습니다. 아이들이 저를 어떻게 생각할지에 대해서 깊이 생각하지 못할 정도로 하나임에게 끌리고 있었습니다.

하나임은 학교를 빠져나가 줄곧 한 방향으로 걷고 있었습니다. 저는 들키지 않게 조심조심 그녀의 뒤를 밟고 있었죠, 순간 골목에서 연정이가 튀어나왔습니다. 그날 저와 친해진 세 명의 아이들 중 가장 말이 없고 얌전하던 그녀는 골목에서 걸어 나와 저를 발견하자마자 하이 톤으로 인사를 건넸습니다.

"너희 집도 이 방향이야? 말을 하지~ 여기까지는 학교에서 금방 오는 지름길 있는데!"
"아 정말? 이럴 줄 알았으면 미리 말 좀 할 걸 그랬네."

물론 제가 사는 곳을 쉬는 시간에 말하지 않은 것은 아닙니다. 아마도 연정이는 그 말을 흘려들었거나 그 대화를 할 때에 집중하지 않고 있었던 것이겠죠. 다행이라고 생각했습니다. 동시에 성가시다는 생각도 했습니다. 약 50m 앞에 하나임이 걸어가고 있었는데 연정이는 하나임을 보지 못한 건지 저에게만 집중하며 말을 걸어 왔습니다.

연정이가 걸어 오는 말에 이것저것 대강 답을 던져주면서 어떻게 하면 연정이를 떨쳐 낼 수 있을까에 대해 고민했습니다. 다행히 얼마 가지 않아 오래되어 보이는 복도식 아파트를 발견했습니다. 저는 아파트 단지로 들어서며 연정이에게 인사를 전했습니다. 연정이는 아파트를 위아래로 조금 훑어보더니 이내 밝은 표정으로 손 인사를 하고는 걷던 방향으로 멀어져 갔습니다.

저는 급하게 가장 가까운 동의 현관으로 들어서서 적당한 층으로 올라갔습니다. 어쩌면 오늘 하나임에게 말을 거는 것은 힘들지도 모르겠다는 생각을 하니 손톱을 물어뜯게 되었습니다. 조금 초조했던 것 같습니다. 결과적으로 그 덕분에 좋은 것을 보았으니 다행이었지만요.

피클(Fickle)

엘리베이터에서 내려 아파트 복도로 나오니 방금 전까지 하나임과 연정, 그리고 제가 나란히 걷던 그 길을 내려다볼 수 있었습니다. 연정이는 다른 골목으로 들어서 멀어지고 있었고 하나임의 모습은 잘 보이지 않았습니다. 놓친 것인가 생각하던 찰나 하나임의 담요가 눈에 들어왔습니다. 푸른빛의 담요는 멀리서 봐도 분명히 하나임의 것이었습니다.

막다른 골목에서 하나임은 담배를 피우는 불량 학생들과 마주하고 있었습니다. 불량 학생들의 교복이 저나 하나임이 입고 있는 것과는 확연히 달랐기 때문에 저는 하나임과 다른 학교 학생들 사이에 마찰이 생겼다는 것을 바로 알 수 있었습니다.

지금이라도 내려가서 하나임이 있는 골목으로 달려갈까 생각했는데 하나임은 태연하게도 가방에서 다이어리를 꺼냈습니다. 손에 쥐기 딱 좋은 크기의 다이어리로 보통은 오답 노트나 플래너로 사용할 것 같은 다이어리였습니다. 하나임이 다이어리를 펼쳐서 한 장 한 장 넘기며 무언가 고민하는 동안 불량 학생들은 피우던 담배를 마저 태우고 껄렁껄렁한 걸음으로 하나임에게 다가가고 있었습니다.

저는 순간 무슨 일이 일어날 것이라 직감했고 바로 스마트폰을 꺼내 카메라 어플을 작동시켰습니다. 확대를 해서 그런지 화질이 상당히 깨졌지만 하나임의 푸른 담요는 확실히 화면에 담겼습니다.

불량 학생들과 하나임 사이의 거리가 두 걸음 정도로 좁혀졌습니다. 저는 침을 삼켰고 혹시라도 뭔가를 놓칠까 봐 손가락에 힘을 주었습니다. 하나임은 다이어리의 한 페이지를 뜯어내어 자신의 입에 밀어 넣었습니다.

그 황당한 모습에 불량 학생 중 한 명은 웃기 시작했고 다른 한 명도 웃음기를 머금은 얼굴로 하나임에게 다가가 그녀의 어깨에 자신의 손을 올렸습니다. 순식간에 하나임의 발끝이 일자를 그리며 하늘로 곧게 뻗었습니다. 체육복 바지에 하얀색 운동화. 아침의 하나임이었습니다.

그녀는 자신의 어깨에 손을 올린 불량 학생의 턱을 오른발 끝으로 가격한 뒤 허공에 있던 오른발을 내림과 동시에 축으로 만들어 몸을 돌렸습니다. 자연스럽게 방금 전까지 땅을 딛고 있던 왼발의 발뒤꿈치가 다른 불량 학생의 관자놀이에 직격했습니다. 하나임이 한 손에는 다이어리를 들고 무거워 보이는 가방을 멘 채 물 흐르듯 불량 학생 둘을 제압하는 동안 어깨에 두르고 있던 담요는 조금도 흐트러지지 않았습니다.

2.

"그러니까… 정말 이거 얘기한 거는 비밀로 해 주시는 거죠?"

연정은 잔뜩 움츠러든 어깨를 펼 생각도 못 한 채 앞에 앉아 있는 중년의 형사를 향해 말했다. 형사는 그런 연정에게 긍정의 표시로 고개를 끄덕여 주었다. 중년과 형사라는 타이틀을 달고 있었지만 그의 외모는 비교적 부드러운 편이었다. 청소년 사건마다 그가 불려 다니는 것도 이러한 이유에서였다.

"뭐든 편하게, 아는 것만 이야기해도 괜찮아."

그제야 연정은 숨을 고르고는 어깨를 살짝 폈다. 무언가 과거의 기억을 회상하는 듯 눈동자를 약간 치켜올렸다. 중년의 형사는 그녀의 입에서 나올 말을 기다렸다.

"그러니까 그 애는 반의 중심이었어요. 누구나 그 애에게 잘 보이고 싶어 했죠. 같이 다니는 무리도 있었지만 그 애는 반 전체랑 고르게 잘 지냈어요. 저도 그 아이한테 잘 보이고 싶었어요. 잘 보인다고 해서 뭐가 나오는 건 아니지만… 그래도 더, 더 가까워지고 싶었어요. 뭔가 그 아이에게는 오라가 있었어요. 정체를 알 수 없는…. 그래서 그 이상한 부탁도 들어주게 되었어요."

3.

우리 반의 중심은 예인이었습니다. 2학기가 시작되고 얼마 지나지 않은 시점이었기에 반장 선거가 진행되었고 1학기 때도 반장이었다는 예인이가 큰 이변 없이 당선이 되었습니다. 전학 온 지 얼마 되지 않았기 때문에 예인이와 친해질 기회는 없었지만 그래도 몇 번 대화를 나누어 보니 어째서 아이들이 예인이를 좋아하는지는 알 것 같았습니다. 예인이는 사람들의 마음을 사는 능력이 뛰어났습니다.

하지만 제 관심은 오로지 하나임에게 향해 있었습니다. 하나임이야말로 특별한 능력을 가지고 있는 사람이었으니까요. 골목에서 불량 학생들을 해치우는 모습을 목격한 뒤로 저는 하나임을 본격적으로 관찰하기 시작했습니다. 물론 제가 알게 된 사실을 하나임에게 바로 말하고 친해지고 싶기도 했지만 그렇게 하는 것은 조금 재미가 없을 것 같다는 생각이 들었습니다.

관찰의 결과 하나임은 말 그대로 엄청난 능력을 가지고 있었습니다. 그 능력은 바로 자신이 원하는 인물이 될 수 있는 능력이었습니다. 다이어리에 인물의 성격이나 능력 등을 자세하게 기입하고 그 페이지를 뜯어 섭취하면 그 인물의 성격이나 능력을 가지게 되는 능력. 심지어 외형도 약간이나마 변했던 것 같습니다. 시간이 지나면 본래의 하나임으로 돌아오는데, 돌아오는 시간에는 편차가 존재했습니다.

아마 인물이 가지고 있는 능력이 강력할수록 더 빨리 본래의 하나임으로 돌아오는 것 같았습니다. 저는 그 짧은 관찰의 시간 동안 서로 다른 일곱 명의 인물로 변한 하나임을 목격했습니다. 물론 잘 숨어서 지켜보았기 때문에 하나임은 제가 자신의 능력을 알고 있다는 사실을 알지 못했습니다.

그 기간 동안 희수와 진주, 연정이와는 더 친해졌습니다. 특히 연정이하고는 하교하는 방향이 같다는 이유로 함께 집에 가게 되었습니다. 연정이가 제가 살지 않는 아파트를 저희 집이라 알고 있는 탓에 꽤나 애를 먹었습니다.

세 명의 아이들 이외에도 꽤 많은 친구들을 사귄 저는 적응을 나름 잘하고 있구나 하는 생각을 했습니다. 당연하게도 그 친구들 사이에 하나임은 껴 있지 않았습니다. 대놓고 하나임을 괴롭히는 아이들은 없었지만 아무래도 반 아이들과 하나임 사이에는 분명한 벽이 존재했고 반 아이들이 보는 앞에서 그 벽을 넘어가기에는 무리가 따랐기 때문입니다.

언제가 되어야 하나임에게 다가갈 수 있을까, 때때로 짝사랑에 빠진 것 같은 기분이 들고는 했습니다. 지금까지 사랑에 빠져 본 적이 없기 때문에 정확하게 두 기분이 일치한다고 장담할 수는 없지만, 서로를 온전히 이해할 수 있을 것만 같은 사람을 만나게 된다면 누구나 이렇게 가슴이 떨리지 않을까 싶었습니다. 제 생각을 하나임과 공유한다면 그 아이는 분명 동의해 줄 거라고 생각했습니다. 언젠가 다가올 그 순간에 하나임이 어떤 표정을 짓고 있을지 상상하는 것은 어느새 제 일과 중 하나로 자리 잡았습니다.

저는 하나임에 대해서 조금 더 알아야겠다는 생각을 했습니다. 물론 지금도 충분히 그 아이에 대해서 많은 것을 알고 있지만 제가 알고 있는 정보보다는 조금 더, 뭐랄까 과거의 일들에 대해서 알 필요가 있었습니다. 저는 직감적으로 그녀가 나와 같은 부류의 인간이라는 것을 알았지만 과거의 어떤 요소들이 그녀로 하여금 자신의 능력을 숨기게끔 만들었는지 알아야 했습니다. 그래야 제가 그녀를 진정으로 도울 수 있을 터였습니다.

저는 연정이에게 말을 걸었습니다. 하나임이 어째서 이런 상황에 놓인 것인지 알려 달라고 부탁했습니다. 어째서인지 연정이의 표정은 조금 굳어졌지만 이내 "소진이의 부탁이라면."이라는 말을 앞에 붙이고 이야기를 시작했습니다.

사건은 지금으로부터 1년 전, 1학년 2학기 초에 일어났다고 합니다. 아이들 사이의 어수선함은 어느 정도 가시고 각자의 무리가 자리를 잡아 갈 무렵의 일입니다. 하나임에게는 꽤나 친한 친구가 한 명 있었다고 합니다. 이 험난한 학교생활에서 구성원이 두 명인 무리는 특별한 경우가 아니면 지내기가 꽤나 힘겨울 거라고 생각합니다. 하나임의 무리는 큰 어려움을 겪지는 않았지만 그렇다고 반 내에서 특별한 대우를 받지도 않는 무리였습니다. 그래도 둘만 만족한다면 괜찮았을 텐데 아쉽게도 하나임의 파트너는 그 생활에 만족을 못 했던 것 같습니다.

그도 그럴 것이 이 나이대의 아이들에게 있어서 친구 관계라는 것은 삶의 모든 것인데 반년 동안 한 명의 친구하고만 학교생활을 해야 한다면 그건 몹시 힘든 일일 것입니다. 그래서 하나임의 파트너는 차츰차츰 다른 무리의 친구들과 친해지려는 노력을 했다고 합니다. 하나임도 그 사실을 모르지는 않았습니다. 다만, 하나임은 그런 친구를 보고 자신이 더 좋은 친구가 되려고 했습니다.

하나임과 파트너의 관계는 점점 더 종속적인 관계가 되어 갔습니다. 하나임은 자신의 쓸모를 파트너에게 확인받아야 하는 위치에까지 내몰렸습니다. 처음에는 간단한 수행평가 같은 것을 대신해 주었겠죠. 하지만 받는 사람은 언제나 받는 것에 익숙해질수록 더 많은 것을 원하게 되지요. 파트너는 결국 하나임의 가장 중요한 비밀까지 자기가 마음대로 다룰 수 있다는 것을 과시하고 싶어 했던 것 같습니다.

피클(Fickle)

"그전까지 반 애들은 하나임이 그냥 좀 특이한 애라고 생각했지 그 정도로 심각한 오타쿠인지는 몰랐거든. 어느 날 그 애가 하나임의 다이어리를 반 애들에게 공개했어. 아주 난리가 났지. 처음에는 소설을 쓴 건가 싶었는데 알고 보니 그냥 자기가 되고 싶은 사람들을 써 놓은 거더라고. 그때 한창 그런 커뮤니티 하는 애들이 사건도 크게 일으켜서 이미지도 안 좋고 그랬거든."

불쌍한 하나임, 아마도 파트너에게 자신의 능력에 대해서 진지하게 이야기했던 것이겠지요.

"하나임은 자기가 원하기만 하면 그 다이어리 속 인물들이 될 수 있다고 얘기했어. 애들은 그 말이 사실이라면 증명해 보라고 했지."

"그다음에는?"

"그다음에? 당연한 거 아니야? 갑자기 다이어리를 씹어 먹더니 그대로 토해 버렸어. 하나임은 그냥 루저일 뿐이었어."

"아… 그렇구나."

"그래, 그러니까 너무 관심 주지 마~ 네 이미지도 같이 안 좋아질 거야!"

연정이의 마지막 말에 저는 그냥 고개만 가볍게 끄덕여 보였습니다. 어째서 하나임의 능력이 아이들 앞에서 발현되지 않았는지는 잘 모르겠지만 하나임은 가장 믿었던 사람에게 이야기한 자신의 비밀 때문에 자신의 모든 것이었던 파트너를 잃고 학교 내에서 소외당하는 존재가 되어 버렸습니다.

"아, 마지막으로 하나 물어볼게. 하나임이랑 같이 다니던 그 친구는 어떻게 됐어?"

"아… 전학 갔을걸? 언제였는지는 잘 모르겠네~?"

버림받은 존재. 하나임에게도 나와 같은 아픔이 있다는 사실을 알게 되고 우리는 역시 비슷한 사람이라는 확신이 생기자 오늘이 하나임에게 말을 걸 운명의 날이라는 생각이 들었습니다. 다행히 연정이는 다른 일이 있어 하굣길에 함께하지 않았고 하나임은 저 앞에서 걸어가고 있었습니다.

"하나임!"

제 부름에 하나임은 멈춰 서서 저를 돌아봤습니다. 그 애는 평범한 길가에 서 있었을 뿐이지만 저에게는 그 순간이 강렬하게 다가왔습니다. 능력을 쓰지 않은 하나임의 얼굴을 보는 것은 어려운 일이었습니다. 수업 시간에는 정면만 바라보고 있었고 쉬는 시간에는 담요에 얼굴을 파묻고 있었기 때문입니다. 그 순간에도 담요에 반쯤 파묻힌 하나임의 얼굴은 거북이를 연상하게 했습니다. 아주 귀여운 얼굴이었습니다.

"양소진?"

하나임은 제 이름을 알고 있었습니다. 전학 온 날 교단에서 이름을 이야기했고 평소 친구들 사이에서 '양쏘'라는 별명으로 불렸기 때문에 이름을 기억하기 어렵지는 않았을 것 같습니다. 하지만 그럼에도 제 이름을 알고 있다는 것이 감격스러워 잠깐 감동에 잠겨 있었습니다. 하나임은 그런 저를 멍하니 보면서 제가 무언가 이야기하기를 기다렸습니다.

"나, 네가 얼마나 대단한 아이인지 알아!"

그렇게 외쳐 버렸습니다. 하나임은 제가 무슨 말을 하는지 영문을 모르겠다는 표정이었고 저는 하나임에게 제가 알고 있는 사실들을 모두 말해 주었습니다. 하나임은 처음에는 부정하다가 이내 어쩔 수 없이 자신의 능력을 인정했습니다. 이것은 조금 더 나중에 알게 된 사실이지만 다이어리 속 인물들은 전부 하나임이 상상으로 만들어 낸 인물들이었습니다. 그것이 얼마나 어려운 작업이었을지 어렴풋이 알 것 같아 슬퍼졌습니다.

"왜 다른 아이들한테 그 능력에 대해 숨기고 있는 거야?"
"그냥… 귀찮잖아."

하나임은 제가 하나임의 과거에 대해서 아무것도 모른다고 생각하는 것 같았습니다. 그러니 저도 모르는 척해 주는 것이 하나임에게 더 도움이 될 거라고 생각했습니다.

"내가 알게 돼서 귀찮아?"
"약간?"
"정말? 그럼 내가 모르고 있다고 생각해도 괜찮아!"
"뭐야 그게."
"그보다 나 네 닉네임 같은 걸 생각해 봤어."
"응?"
"원래 히어로들은 별도로 이름을 가지고 있는 법이잖아!"

하나임은 겉으로는 민망한 듯 손을 내저어 보였지

만 이내 조금 작은 목소리로 그 이름이 무엇인지 물어왔습니다.

"나중에, 때가 되면 알려 줄게."

이렇게 말하고 저는 웃어 보였습니다. 우리는 그 뒤로도 이런저런 대화들을 주고받으며 걸었습니다. 하나임의 집은 저희 집에서 얼마 멀지 않은 곳에 있었습니다. 하나임과 헤어져 한 시간 정도만 걸으면 제가 살고 있는 집이 나왔습니다. 그날의 대화를 되새기며 걷다 보니 한 시간이 그렇게 길지 않게 느껴졌습니다. 저는 언젠가 하나임의 능력이 도저히 숨겨지지 않을 만큼의 사건이 일어나 모두가 보는 앞에서 하나임이 능력을 발휘하기를 바랐습니다. 하나임은 학교의 스타가 될 필요가 있었습니다.

그리고 생각보다 그 기회는 일찍 찾아왔습니다.

도난 사건이었습니다. 무려 반의 중심인 예인이의 수중에 있던 것이 사라졌습니다. 예인이는 같은 반은 물론이고 다른 반 아이들도 다수 포함되어 있는 동아리의 장을 맡고 있었습니다. 저도 가입해서 몇 번 활동을 함께한 적이 있습니다. 특별히 정해진 활동을 하지는 않고 그때그때 하고 싶은 것을 골라 적당한 이름을 붙여 활동하고는 했습니다. 문화 활동이나 직업 체험 활동이나 봉사 활동 등을 했던 것 같습니다.

바로 그 동아리의 지원금이 분실된 것이었습니다. 학기당 한 번씩 지급되는 동아리 지원금은 한 학기 동안의 활동 전반에 걸쳐 사용되기 때문에 그 액수가 제법

크다는 듯했습니다. 예인이의 밝은 얼굴이 울상이 되었습니다. 저와 세 친구도 예인이를 달래기 위해 모인 아이들과 함께 예인이의 책상을 중심으로 모여 이런 저런 대책을 논의했습니다.

"아 그러니까 이런 건 좀 통장에 입금하는 방식으로 전달해야 된다니까? 학교가 구식이야 구식."

"괜찮아 예인아. 우리가 도와줄게!"

"내가 다른 반 동아리 애들한테도 이야기해 볼게!"

예인이를 위로하던 아이들은 곧 저마다 문제 해결을 위한 방안을 내어놓기 시작했고 그중 잃어버린 금액을 함께 모아 보자는 의견과 누가 훔쳐 간 것인지 알아내자는 의견이 아이들의 호응을 이끌어 내었습니다. 저는 후자에 조금 더 마음이 갔습니다. 저는 후자의 의견을 완벽하게 실현할 수 있는 사람을 알고 있었습니다.

아이들 중 몇 명은 하나임이 지원금을 훔쳐 갔다고 생각했습니다. 저는 하나임과 직접 얘기해 보겠다고 나섰습니다. 혹시 저와 하나임의 관계가 아이들에게 들통나지는 않을까 싶어 조금 조마조마했지만 다행히 아이들은 큰 의심 없이 저를 하나임에게 보내 주었습니다.

"나임아, 잠깐 이야기 좀 할래?"

저는 본래 상태의, 귀찮음 많고 쉬는 시간에는 담요 속으로 숨어들어 나오지 않는 하나임을 불렀습니다. 하나임은 담요 속에 숨어서도 이야기는 다 들었는지 순순히 저를 따라 나왔습니다.

"내가 훔친 거 아니야."

"알아."

"그럼 무슨 말 하려고?"

"범인, 우리가 찾자."

"뭐?"

저는 언젠가 몰래 보았던 하나임의 다이어리 안에서 추리력이 무척 뛰어난 인물을 본 적이 있었습니다. 그 인물은 누명을 쓰고 죽은 천재 탐정의 숨겨진 딸로 아버지에게서 추리력과 육감을 이어받아 아버지의 죽음과 연관된 조직을 쫓는 여정 속에서 수많은 사건을 해결하고 결국 조직의 실체를 밝혀내는 인물이었습니다.

"내가 아끼는 캐릭터인데…."

아무래도 하나임은 한 번 어떤 인물이 되고 나서는 두 번 다시 같은 인물이 되지 못하는 것 같았습니다. 똑같은 내용을 다이어리에 쓰더라도 이전의 그 인물이 되는 것은 불가능하다는 것입니다. 비슷한 설정의 다른 캐릭터를 만들 수 있을 뿐이었습니다.

"이 인물들은 각자 모두 다르단 말이야."

"그래도. … 이 사건을 해결하지 않으면 네가 가장 의심받을 거야."

하나임은 조금 고민하더니 이윽고 제 의견을 받아들이기로 했습니다. 다이어리를 꺼내 천재 소녀 탐정의 페이지를 펼쳐 뜯어내고 호흡을 조금 가다듬더니 이윽고 그 페이지를 입에 밀어 넣었습니다. 페이지를 씹는 동안 하나임의 표정이 조금 일그러졌습니다. 그 순간 하나임이 느끼고 있던 맛은 어떤 맛일지 약간 궁금해졌습니다. 금방 페이지를 씹어 삼킨 하나임과 저 사이에

흐르던 정적을 하나임이 깨뜨렸습니다.

"가자."

하나임과 저는 반으로 돌아와 점심시간 내내 학생들을 조사했습니다. 비어 있는 과학실의 한편에 의자를 세팅해 취조실처럼 꾸미고는 돈을 잃어버린 예인이를 비롯해 학생들을 한 명씩 불렀습니다. 점심시간 이전까지 무슨 일이 있었는지 학생들의 이야기를 들었습니다.

하나임을 탐탁지 않게 여기는 아이들도 있었지만 예리한 하나임의 질문을 들은 아이들은 점점 하나임의 능력을 인정하게 되었습니다. 몇몇 아이들은 조사를 받고 과학실을 나서는 길에 다음과 같이 이야기하기도 했습니다.

"원래 저런 애였나?"

하나임의 능력이 인정받음에 따라 저는 더욱 기분이 좋아졌습니다. 게다가 천재 탐정인 하나임과 함께하니 덩달아 유능한 조수가 된 것 같아 신나기도 했습니다. 하나임은 마지막으로 연정이를 불렀습니다. 연정이는 어깨를 움츠린 채 하나임과 제 앞에 앉았습니다.

"내가 마지막이네? 나는…"
"응. 왜냐하면 네가 범인이니까."

연정이가 말을 끝맺기도 전에 하나임이 선언했습니다. 저 멋진 모습을 많은 아이들에게 보여 줄 수 없다는 것이 안타까웠습니다. 연정이는 당황했는지 말을 더듬기도 하고 화를 내기도 했지만 나임이는 조목조

목 어째서 연정이 범인일 수밖에 없는지 설명했습니다. 예인이가 지원금을 받은 시간과 그 지원금을 두고 자리를 비울 수밖에 없었던 순간들에 대해서. 대담하게도 연정이는 수업 시간에 범행을 저질렀습니다.

예인이는 창가의 가장 뒷자리에 앉았는데 연정이의 자리는 예인이의 옆 분단에 있었습니다. 책상 간에 거리가 떨어져 있기는 했지만 팔을 뻗으면 충분히 닿을 수 있는 정도였고 예인의 옆자리에는 주인이 없었습니다.

"수학 시간에 예인이가 문제를 푸는 동안 훔쳤을 거야."

과연 예인이가 칠판 앞으로 나가 문제를 푸는 동안이라면 연정이는 방해받지 않고 예인의 책상에 손을 뻗을 수 있었을 것입니다. 이외에도 학생들에게 들었던 수학 시간 이후 연정의 행동들이 평소와는 거리감이 있어 나임이는 어렵지 않게 범인으로 연정이를 지목할 수 있었습니다.

연정이는 의외로 쉽게 자신의 범행을 인정했습니다. 지원금은 연정이의 주머니에서 나왔습니다. 하나임이 이 모든 추리를 하는 데에는 한 시간도 걸리지 않았습니다. 역시 하나임은 대단한 사람이라고 다시금 생각했습니다.

"이제 애들한테 범인을 밝히고 예인이 지원금도 돌려주면 되겠다."
"잠깐만!"

연정이가 목소리로 저를 붙잡았습니다. 그러고는 아무런 말도 하지 않고 계속 눈빛을 보냈습니다. 도와 달라는 이야기인지 아니면 다른 무슨 얘기를 하고 싶은 것인지 알 수 없어 당황하게 되었습니다.

"그냥 지원금만 돌려주자."

"뭐?"

"누가 범인인지는 굳이 애들한테 안 알려 줘도 괜찮을 것 같아."

하나임의 말에 저는 맥이 탁 풀렸습니다. 연정이는 연신 고맙다는 이야기만 하면서 지원금 봉투를 하나임에게 건네주고 과학실을 빠져나갔습니다.

"범인이 누군지 밝히지 않고 지원금만 돌려주면 애들이 어떻게 생각할 것 같아?"

"애들이 어떻게 생각하는지는 별로 중요한 게 아니잖아."

"아니 그게 제일 중요한 건데!"

어처구니가 없어 말이 나오지 않았습니다. 범인이 누구인지 밝히지 않고 지원금을 돌려주게 되면 하나임은 다시 평소처럼 반에서 있는지 없는지도 모를 인물이 될 것이고 심한 경우에는 아이들이 범인은 역시 하나임이었다고 생각할지도 모를 일이었습니다. 저는 하나임을 더 설득하고 싶었지만 이번에는 제 의견이 받아들여지지 않았습니다.

"연정이가 훔친 것은 맞는데 뭐랄까… 연정이가 훔친 게 아닌 것 같아서 그래."

"그게 무슨 말이야?"

"모르겠어…. 이 캐릭터가 가지고 있는 육감이 그렇게 이야기하는데… 아무래도 곧 원래의 나로 돌아갈 것 같아."

"그럼 어떡해!"

"일단 우리도 반으로 돌아가자."

다음 수업이 시작되기 전에 저희는 반으로 돌아와 앉았습니다. 제 짝인 연정이는 언제 겁에 질렸었냐는 듯 싱글거리며 저를 맞아 주었습니다. 저도 그런 연정이에게 웃어 보이기는 했지만 연정이를 진심으로 위해서라기보다는 당장의 귀찮음을 해결하기 위해서였습니다. 저는 범인이 누구인지 알려 줄 수 없다고 말하며 지원금을 예인에게 돌려주었습니다.

"혹시나 해서 말하는 건데 하나임은 범인 아니야."

하나임이 범인으로 몰리는 상황은 피하고 싶었습니다. 그 순간 이쪽을 보고 있던 하나임과 눈이 마주쳤습니다. 하나임은 저를 보더니 순간 표정을 굳히고는 얼른 고개를 돌렸습니다. 저는 눈이 마주치던 순간의 하나임이 능력을 쓰고 있는 상태였을지 궁금했습니다.

4.

"그럼 저 이만 가 봐도 될까요?"

이미 자리에서 일어난 상태로 연정이 말했다. 강 형사는 그런 연정에게 옅게 미소 지으며 고개를 끄덕여 보였다. 연정이 상담실을 빠져나간 뒤 강 형사는 창문 쪽으로 다가가 섰다. 학교의 정문이 보이는 창가. 정문에는 방송국이나 신문사에서 나온 것 같은 기자들과 리포터들이 드문드문 서 있었다.

"하이에나 같은 것들…."

강 형사가 비릿한 표정으로 말을 내뱉고는 턱을 쓰다듬었다. 말은 그렇게 했지만 언론에서 이 사건에 관심을 가지는 것은 당연한 일이었다. 전례 없는 교내 집단 자살 기도 사건. 다행히 크게 다친 아이들은 없었지만 자신의 목을 조르는 아이들의 모습을 담은 영상은 온라인상에서 엄청난 파문을 일으켰다.

강 형사가 조금 더 깊이 고민에 빠지기 직전, 상담실의 문을 두드리는 노크 소리가 들려왔다.

"들어와."

강 형사의 말이 끝나기 무섭게 상담실 문을 열고 들어온 사내, 민 형사는 강 형사에게 경례를 하고는 본인이 품에 안고 있던 자료를 강 형사에게 전달했다. 접착되지 않은 채 벌어져 있는 입구는 이 봉투가 단순히 서류들을 담기 위한 용도로 사용되었다는 것을 알 수 있게 해 주었다.

강 형사가 봉투 안의 서류를 한 번에 끄집어내어 책상 위에 내려놓는다. 서류들에는 각종 사건들이 기록되어 있다. 그리고 그 모든 기록들 속에 공통적으로 보이는 한 사람의 이름이 있었다. 서류를 되짚어 보며 강 형사는 이마를 손바닥으로 감싸 쥐었다. 이제 곧 이 상담실로 들어설 그 아이의 이름을 작게 되뇌어 보았다.

"양소진…."

강 형사는 그 서류들 중에서도 가장 오래된 서류를 집어 들었다. 신임 초등학교 교사의 자살 사건에 관한 서류였다. 사망자는 양소진의 담임선생님이었다. 서류 내에는 당시 초등학생이었던 양소진의 증언들도 첨부 되어 있었다.

- 선생님은 언제나 우리들의 꿈을 응원해 주셨습니다.
- 그런 선생님이 죽었다니 너무 슬픕니다.

당시 양소진의 사물함에서 사망자를 그린 것으로 추 정되는 그림들이 몇 장인가 발견되었지만 어린아이가 가지는 애정의 산물인 것으로 간주되었고 이내 수사는 종결되었다.

양소진은 어째서 연정에게 예인의 동아리 지원금을 훔치라고 부탁했을까. 아니, 애초에 그것은 부탁의 종 류에 해당하는 것일까?

전학 온 지 얼마 지나지 않아 어느새 예인만큼이나 학급의 중심이 된 양소진은 탁월한 리더십과 카리스마 를 가지고 있었던 것이 분명했다. 그리고 자신의 영향 력이 확대되는 과정을 즐겼던 것 같다. 이와 함께 하나 임이라는 소녀를 스타로 만들고 싶어 했다. 어째서일까.

"그런데 이런 수사는 너무 과한 것 아닐까요? 대기실 에서 이야기를 나눴을 때는 그렇게 나쁜 아이처럼 보 이지 않았는데…."

민 형사가 곰 같은 뭉툭한 손으로 자신의 뒤통수를 긁어 대며 말했다. 강 형사는 그런 민 형사의 모습을 보 며 짧은 한숨을 내뱉었다.

"요새 겉으로 멀쩡한 것들 믿을 수가 있어야지, 쓸데 없는 소리 하지 말고 양소진한테 면담 준비하라고 해."

강 형사는 양소진과의 면담을 진행해야겠다고 생각했다. 얼마 지나지 않아 양소진은 강 형사의 앞에 앉아 녹음기를 꺼 달라고 말했다.

5.

결론부터 이야기하자면 하나임은 저와 눈이 마주치던 그 순간만큼은 분명 능력이 유지되고 있는 상태였던 것 같습니다. 하나임은 제가 연정이에게 예인의 지원금을 훔쳐 달라고 부탁했다는 사실을 어렵지 않게 유추해 내었습니다.

하나임은 쉬는 시간에 저를 불러내었습니다. 장소는 옥상으로 연결된 후미진 계단이었습니다. 청소 시간이 아니라면 아무도 오지 않을 법한 장소였습니다.

"왜 연정이에게 그런 일을 시킨 거야?"
"시킨 건 아니고 부탁한 건데?"

물론 저처럼 학급에서 어느 정도 영향력이 있는 학생의 부탁은 같은 동급생에게도 조금은 강제력을 띤다는 것을 모르지는 않습니다. 그것이 또 참 재미있는 지점입니다. 하나임은 당황했는지 영문을 모르겠다는 표정을 지었습니다.

"굳이 사건을 해결하는 데 내가 필요하지도 않았잖아. 네가 일으킨 사건이니까."
"내가 혼자 해결하면 너의 능력을 애들한테 보여 줄 수 없잖아."
"내 능력을 왜 애들한테 보여 주고 싶은 건데?"

"그야 널 도와주고 싶으니까."

"왜? 내가 애들한테 따돌림당하는 게 그렇게 불쌍했어?"

"너는 나랑 같으니까."

하나임은 제가 하는 얘기의 맥락을 파악하기 어려웠는지 종잡을 수 없다는 마음을 숨기지 않고 얼굴에 표현해 내었습니다. 저는 방금 전 제 말에 생략이 많았다는 생각을 하며 하나임에게 설명을 시작했습니다.

"나는 네가 얼마나 외로운지 알아."

제 말에 하나임은 잠깐 동안 침묵했습니다. 저는 멈추지 않았습니다.

"과거에 있었던 일, 들었어. 너는 엄청 대단한 아이인데 아이들은 그것도 모르고 널 놀림거리로 삼았어. 하나임, 너는 네 편이 되어 줄 사람을 잘못 골랐을 뿐이야. 나는 네 예전 짝꿍이랑은 전혀 달라. 나는 네가 가진 능력을 알아. 그리고 너를 스타로 만들고 싶어. 사람들이 너의 진짜 능력을 알아보기를 원해."

"응?"

"현실의 우리는 아무것도 될 수 없잖아. 결국 고만고만하게 살다 가게 될 거야. 너랑 나처럼 뛰어난 사람들이라 해도, 아무리 열심히 살아도 말이지. 이 세상이라는 게 그렇잖아? 집에 돈이 많거나 빽이 있거나 그런 게 아니라면 발버둥 쳐 봤자 소용이 없지. 좋은 대학에 가게 되더라도 결국은 그 대학을 졸업하기 위해 사용된 재화를 메꾸기 위해 사회의 한 부품이 되는 수밖에 없어. 엿 같은 거야. 나는 알아. 너도 세상이 이렇게 엿 같다는 걸 알았기 때문에 그런 이상한 능력을 가져야만 했겠지."

"그게 무슨 말이야. 능력을 가져야만 했다니?"

"모르는 척하지 마, 하나임. 너도 네 능력은 그냥 망상이라는 거 알잖아. 네가 발차기로 양아치들을 제압한 것도, 추리를 통해서 연정이가 지원금을 훔쳤고 그 도둑질을 연정이에게 시킨 게 나라는 것을 알아낸 것도 전부 네가 가지고 있는 본연의 힘과 두뇌 덕분이었다는 거 내가 모를 줄 알아?"

"무슨 소리야…. 나는…."

"하나임! 너는 네가 가진 능력들에 제한을 걸어 둔 거야. 신체 능력에도 지적 능력에도 전부. 네 다이어리 속 인물들은 결국 다 네가 발휘할 수 있는 능력을 가지고 있는 거라고. 사회에서는 그런 능력을 가지고 있어 봤자 소용없다는 걸 깨닫고 그 능력들을 애초에 없었던 것으로 만들고 싶었던 거겠지. 불쌍한 하나임. 얼마나 외로웠을까."

"너 좀 이상한 것 같아."

하나임은 저를 두고 뒷걸음질 쳤습니다. 정확히 두 발자국 반 정도 뒷걸음질 친 하나임은 마치 이 세상에 존재하면 안 되는 존재를 봤다는 표정으로 저를 바라보았습니다. 그렇게 겁에 질린 하나임의 모습도 참 귀여웠습니다. 그리고 겁에 질렸다는 것은 좋은 징조였습니다. 하나임을 제 편으로 끌어들이는 과정이 순조롭게 진행되고 있다는 증거였으니까요.

"나는 네가 스스로를 인정하길 바라. 그리고 특별한 능력을 가진 네가 이 사회에서 얼마나 큰 부조리를 겪고 있는지도 알았으면 좋겠어."

"너 뭔가 위험한 일을 계획하고 있구나."

이제야! 하나임은 저를 똑바로 바라보았습니다.

"맞아, 위험한 일이지. 하지만 우리를 위해서 꼭 필요한 일이야."

하나임은 제 입술을 주시하고 있었습니다. 그 눈빛이 너무 뜨거워서 입술을 데는 것은 아닌가 걱정이 되었습니다.

"나는 이 학교에서 애들이 자살했으면 해. 그것도 많이."

"뭐라고?"

하나임은 제 입에서 나온 말을 믿을 수 없다는 반응을 보였습니다. 눈이 커지고 입술이 벌어졌습니다. 하지만 이내 그 입술은 굳게 다물어졌고 눈빛도 매서워졌습니다. 그 순간 하나임의 팔이 제 목을 가격했습니다. 정확히 말하자면 팔의 바깥쪽 부분으로 목을 밀쳤던 것입니다. 그대로 제 등은 벽에 부딪혔고 하나임은 저에게서 팔을 뗄 기미를 보이지 않았습니다. 아마도 하나임은 저를 이곳에 부르기 이전에 신체 능력이 뛰어난 캐릭터로 변신한 모양이었습니다. 그래 봤자 원래 하나임의 힘이 센 것이지만 말입니다.

"그게 무슨 소리야."

하나임은 제 말을 한 번 더 확인하겠다는 듯 물어 왔습니다. 저는 아주 친절하게 제가 하려는 일을 설명하기 시작했습니다.

"잘 생각해 봐. 우리는 사회를 일깨우기 위한 충격을 만들 필요가 있어. 아이들의 희생으로 너처럼 뛰어난 능력을 가진 사람들이 무시당하지 않는 세상을 만드는 거야."

저번 학교에서 한 일은 방화였습니다. 아이들을 일깨워 학교 곳곳에 불을 지르도록 했습니다. 그리고 학생들에게 절대로 학교 밖으로 도망치지 말라고 했습니다. 사회에 무언가를 일깨울 수 있다면 우리의 죽음은 매우 귀중한 희생이 될 것이라고 이야기해 주는 것도 잊지 않았습니다. 개중에는 눈물을 흘리면서 웃는 아이들도 있었습니다. 희생하는 아이들의 모습을 보면서 저도 찔끔 눈물을 흘렸습니다.

아이들을 학교에 남겨 둔 채 저는 학교 밖으로 나왔습니다. 다행히 학교 밖으로 도망치는 학생들은 없었습니다. 그렇게 많은 학생들이 죽었고 저는 집단 자살 사건의 피해자가 되었습니다. 학교에 남아 공부를 하던 중 갑작스레 불이 나 연기를 들이마시게 되었고 가까스로 학교 밖으로 나왔지만 멀리 가지 못하고 근방에 기절해 있던 학생. 그게 제 역할이었습니다.

불을 지른 주동자 역할은 학교 안에서 끝까지 빠져나오지 못한 학생의 몫이 되었습니다. 하나임만큼은 아니지만 그 학생도 뛰어난 학생이었습니다. 저는 함께 공부하던 친구들이 생각나서 더 이상 학교를 다닐 수 없다는 이유로 전학을 요청했습니다. 다행히 멍청한 학교는 제 말을 그대로 믿어 주었습니다.

"너 제대로 미쳤구나."

"왜 자꾸 내가 미쳤다고만 생각해? 너는 나와 같은 부류의 사람이잖아!"

"아니, 나는 너랑 달라. 넌 단지 스스로를 지나치게 불쌍히 여기는 것뿐이야. 난 내가 불쌍하지 않아."

이 말을 끝으로 하나임은 저에게서 조금 떨어지더니 주머니에서 접어 둔 다이어리 페이지를 꺼내었습니다. 연달아 두 번의 능력을 사용하는 하나임은 처음 보았는데 과연 어떤 인물로 변할지 궁금했습니다. 하나임은 다이어리 페이지를 삼키고는 저에게 있는 힘껏 주먹을 내질렀습니다.

그리고 다음 순간 저는 하나임이 내지른 오른쪽 팔 아래로 파고들어 그대로 하나임을 들어 올렸습니다. 중심을 잃고 바닥에 나뒹구는 어안이 벙벙한 표정의 하나임. 저는 그 표정을 감상할 시간도 없이 그대로 하나임의 위로 엎어져 하나임의 팔과 다리, 몸통을 짓눌렀습니다.

"미안, 나도 운동신경은 조금 좋은 편이야."

굳이 내세울 필요가 없었을 뿐이지 저는 운동을 잘하는 편이었습니다. 하나임의 신체 능력과 비교해도 크게 뒤지지 않을 정도입니다. 하나임은 제가 반격할 거라는 경우의 수는 생각도 못 했던 것 같습니다. 저에게 짓눌리면서도 하나임은 몸부림치기는커녕 그저 멍하니 저를 올려다볼 뿐이었습니다.

"자 하나임, 너는 그냥 남들보다 조금 더 신체 능력이 좋고 머리가 좋을 뿐이야. 이제 알겠어? 그리고 그 능력들을 스스로 가두고 있다는 것도 이제는 인정할 수 있겠지? 왜지? 왜 그렇게 능력을 가두게 되었지? 누가 널 그렇게 만들었어!"

온 힘을 다해 짓누르고 있는 것이 조금은 미안해져서 하나임의 입술만 뚫어져라 바라보았습니다. 하나임이 제 말을 긍정하기만 한다면 당장에라도 몸에 힘을 풀 준비를 하고 있었습니다. 이윽고 하나임의 입술이 움찔거렸습니다.

"내 능력은 진짜야."

"이 바보가! 진짜라고? 진짜라고? 진짜라고!? 그럼 어서 변신해 봐! 이 상황에서 벗어날 수 있는 사람으로 바뀌어 보라고! 왜? 마법이라도 쓰지? 초능력은 어떻고?"

다소 흥분해서 몸에 힘이 들어갔습니다. 조금 벌어진 하나임의 입술 사이로 고통스러운 신음이 흘러나왔습니다. 저는 더욱더 하나임을 다그쳤습니다. 그 능력이 진짜라면 제가 지금껏 해 온 일들에 흠집이 나는 셈이었습니다.

"너는 아무것도 될 수 없어, 하나임. 이 사회가 변하지 않는 이상은."

이 말을 끝으로 저는 하나임을 짓누르던 몸을 일으켜 세웠습니다. 하나임은 그대로 바닥에 누워 일어나지 않았습니다. 하나임은 무슨 생각을 하고 있었던 걸까요?

6.

강 형사는 자신의 앞에 앉은 양소진이 점점 무서워지기 시작했다. 양소진의 검은 눈동자를 마주하고 취조를 하다 보면 어느새 자신이 양소진을 취조하는 것이 아니라 양소진이 자신을 취조하는 것 같다는 느낌이 들었다. 양소진의 말들은 어째서인지 수긍이 갔다. 그녀의 생각이나 감정들이 자연스럽게 이해되었다.

학생들을 포섭해 방화 사건을 일으키고 그 사실을 은폐한 과정에 대해서 담담하게 말하는 양소진을 보고 있노라니 어쩌면 그 방화 사건은 정말 필요한 일이 아니었을까 하는 생각마저 들었다. 물론 그런 생각이 들자마자 고개를 가로저었다. 양소진은 고개를 가로젓는 강 형사를 보고 피식 웃었다.

"양소진, 너는 지금 네가 하는 말들이 정상적이라고 생각해?"

"글쎄요, 형사님이 보시기에는 비정상적인가 보죠."

"너를 위해서 다른 사람은 죽어도 괜찮다?"

"그렇게 얘기한 적은 없는데요. 더 나은 세상을 위해 희생이 필요하다는 거죠."

"그 희생에 자기 자신은 쏙 빠지는 게 말이 된다고 봐? 넌 그냥 남들을 죽음으로 몰아넣는 살인자야."

강 형사의 말에 양소진의 얼굴에서 표정이 사라졌다. 순식간에 공간을 잡아먹을 것 같은 분위기가 양소진의 주변에 펼쳐졌다. 바뀐 공기를 느낀 강 형사는 침을 삼켰지만 말을 멈추지는 않았다.

"2012년, 네가 많이 믿고 따랐던 사람이 죽었지."

"그 얘기는 별로 하고 싶지 않은데요."

"심현수. 당시 나이 28세. 신임 초등학교 교사로 네 담임선생님이기도 했어."

"그만하라니까요."

"그 사람의 죽음이 너에게 어떤 영향을 미쳤던 거지?"

양소진은 입을 열지 않았다. 강 형사는 자리에서 일어나 뒤에 정리해 두었던 서류 뭉치를 꺼내 책상 위에 쏟아부었다.

"중학교 시절 칼부림이 일어났던 사건에도, 고등학교 시절 너와 절친했다는 친구가 옥상에서 떨어진 사건에도 전부 네가 얽혀 있어. 하지만 너는 언제나 정신적 충격을 받았다는 이유로 전학을 다니기만 했을 뿐 어떤 조사도 제대로 받지 않았어."

"닥쳐!"

"너는 심현수를 많이 따랐고 심현수가 죽음으로써 너는 어딘가 삐뚤어지기 시작했던 거야. 내 말 맞지?"

"민재욱!"

양소진의 입에서 갑자기 제삼자의 이름이 튀어나왔다. 강 형사는 상황 파악을 하기 위해 순간 말을 멈춰야 했다. 이윽고 강 형사는 그 이름이 자신을 따라다니는 신입 형사의 이름이라는 것을 떠올렸다. 강 형사가 뒤를 돌아보기도 전에 민 형사, 민재욱은 강 형사의 뒤통수를 내리쳤다. 민재욱의 손에서 도자기로 만들어진 화분의 파편이 떨어져 바닥에 내려앉았다. 강 형사는 균형을 잃고 그대로 쓰러졌다. 희미해져 가는 의식 속에서 강 형사는 두 사람의 대화를 들었다.

"잘했어요, 민 형사님. 저는 교실에 들렀다 갈 테니까 후문에 차 대기시켜 주세요."
"아, 네…. 알겠습니다…."

민 형사 저 멍청한 놈. 강 형사는 몸을 일으켜 세우기 위해 손바닥으로 바닥을 밀어내려 했지만 밀어내는 동작만 머릿속을 맴돌 뿐 실제로 그의 손바닥은 제대로 바닥을 짚지도 못하고 있었다. 그리고 얼마 지나지 않아 강 형사는 의식을 잃었다.

7.

아쉽게도 방화 사건이 일어난 이후로도 세상은 바뀔 기미를 보이지 않았습니다. 그래서 이번에는 조금 더 자극적인 스토리를 쓰기로 했습니다. 어떤 소재가 있을까 찾기 위해 저는 세계적인 베스트셀러 작가가 쓴 작법서를 읽어 보기도 하고 명작으로 불리는 영화들의 스토리 구성을 탐구하기도 했습니다. 그렇게 해서 찾게 된 소재가 기절 놀이였습니다.

기절 놀이를 알고 계시는 분이 있을지 모르겠습니다. 기본적으로 친구의 손, 혹은 자신의 손으로 목을 졸라 뇌로 전달되는 산소를 차단하고 단기간 기절 상태에 빠지는 놀이를 뜻합니다. 답답한 세상을 살아가던 10대 청소년들 스스로의 목을 졸라 자살을 기도하다. 이게 제가 이번에 뽑은 메인 타이틀입니다.

놀이는 참으로 위험한 행위입니다. 별것 아닌 것 같

지만 가장 단순한 감정을 위해서 공들여 노력하는 일이니까요. 그리고 그렇게 공들여 노력을 하기 때문에 때때로 사람들은 그 놀이에 심취하게 됩니다. 무언가에 심취한 사람은 위험합니다. 심취한 것을 위해 어떤 것이든 해내기 때문입니다. 저는 그저 아이들에게 기절 놀이에 심취할 수 있는 계기를 마련해 주기만 하면 되었습니다.

어떤 아이는 자신이 처한 상황을 일깨워 주기만 해도 기절 놀이에 빠졌고 어떤 아이는 저를 사랑하게 만들었더니 그렇게 되었습니다. 아이들은 하나둘씩 놀이에 심취했고 어느새 저희 동아리 전원이 기절을 즐기게 되었습니다. 속전속결, 빠르게 아이들을 포섭해 나가다 보니 어쩐지 레이싱 게임을 하는 것처럼 속도감이 느껴져 유쾌했습니다.

하나임과의 마지막 대화 이후 수업 시간이 한 시간 두 시간 지날 때마다 저는 즐거움을 느꼈습니다. 방과 후 동아리 활동 시간에 제 계획을 실행하기로 마음먹었기 때문이었습니다. 하나임을 포섭하고자 했던 계획이 어긋나서 원래 예정했던 것보다 시기가 조금 앞당겨지기는 했지만 제가 쓴 작품이 세상에 공개되는 것은 매우 흥분되는 일입니다. 하나임은 저와의 대화 이후 평소와 같이 담요를 둘러쓴 채 가만히 있었습니다. 계획의 일부가 되어야 했던 하나임의 이탈은 뼈아프지만 어쩔 수 없다고 생각했습니다.

방과 후 동아리 활동을 위해 모인 아이들과 이런저런 놀이를 했습니다. 처음부터 메인 이벤트를 진행하면 조금 맛이 떨어진다고 생각합니다. 그래서 저는 아이들에게 익숙한 놀이로 활동을 시작해 중간중간 재미있는 이야기를 나누기도 하면서 아이들이 정신없이 이 시간에 심취할 수 있게 만들었습니다. 그렇게 분위기는 무르익고 결정적인 대사를 꺼낼 적절한 타이밍이 다가왔습니다. 나는 너무나 우울해서 기절 놀이를 하고 싶다. 누구는 우울감에서 벗어나려고 담배를 피우거나 심지어 마약도 한다는데, 난 기절 놀이만 해도 조금 괜찮아질 것 같다. 너희들도 함께해 줄 수 있을까? 뭐 그런 말이었던 것 같습니다.

물론 그때 당시에는 더 진지하게, 열과 성을 다해 이야기했을 것입니다. 제 말을 모든 아이들이 들어주었을 정도니까요. 한 명 두 명 자신의 목에 손을 가져다 대었습니다. 어떤 친구들은 서로의 목에 손을 올리기도 했습니다. 우리는 승부를 가르기로 했습니다. 저는 가장 깊게 기절하는 사람이 승리하는 걸로 하자고 말했습니다. 분위기에 심취해 있던 아이들은 그 기준에 흔쾌히 동의해 주었습니다. 그렇게 집단 자살 시도 사건이 시작되었습니다. 하나, 둘, 아이들이 쓰러지기 시작했습니다. 저는 그런 아이들의 모습을 카메라에 담아 인터넷으로 송출하였습니다. 물론 기절 놀이에는 참여하지 않았습니다. 모든 아이들이 쓰러지고 나면 태연히 학교 밖으로 나가는 것이 제 역할이었기 때문입니다.

그 순간 하나임이 교실 문을 열고 들어섰습니다. 저는 하나임이 생각을 바꾼 것인가 하고 기대했지만 하나임의 손에 쥐어진 다이어리를 보고서는 기대를 접었습니다.

"뭐 하러 왔어?"

"막으러 왔지, 당연히."

"아까도 말했지만 너는 막을 수 없어."

하나임은 분명히 제 계획을 방해하고 있었습니다. 우리 두 사람의 대화에 몇몇 아이들이 기절 놀이를 중단했습니다. 아이들은 하나임의 등장에 웃음을 터뜨렸습니다. 자신을 구하러 온 아이에 대한 조소. 저는 그 순간에도 하나임이 저를 포함해 이 아이들을 구하려는 이유를 알 수 없었습니다. 계속 살아남아 봤자 어떤 의미도 없는데 말이죠.

저의 이런 고민을 아는지 모르는지 하나임은 다이어리의 맨 뒷장을 펼쳤습니다. 그곳에 어떤 인물이 있었는지 기억을 더듬어 보았지만 생각나지 않았습니다. 그래도 하나임의 능력은 어느 정도 파악하고 있었기 때문에 저는 하나임이 어떤 인물이 되더라도 대처할 자신이 있었습니다. 하나임은 언제나처럼 다이어리 페이지를 뜯어 입에 밀어 넣었습니다. 아이들은 1년 전 구토 사건을 다시 목격할 수 있을 거라는 생각에 들떠 기절 놀이를 완전히 잊어버리고 있었습니다.

저는 하나임의 능력을 알게 된 이후로 그 능력의 비밀 역시 알고 있다고 생각했습니다. 하나임의 능력은 다른 사람이 되는 것이 아니라 자신이 가지고 있는 능력을 발휘하기 위한 고도의 자기 최면 능력이었습니다. 남들이 보기에 외형이 바뀌었다고 느낄 정도로 자신의 숨겨져 있던 능력에 집중하는 것입니다.

하나임 자신은 스스로가 얼마나 대단한 능력을 가

지고 있는지 몰랐기 때문에 자신이 다른 사람으로 변한다고 생각했지만 저는 단번에 알 수 있었습니다. 하나임은 대단한 운동 능력을 가지고 있고 대단히 머리가 좋으며 섬세한 손 기술을 가지고 있고 감정적으로 행동하다가도 순간 이성적으로 태도를 바꿀 수 있는 사람이었습니다.

하지만 그 순간 제가 목격한 하나임은 이전과는 조금 다른 느낌을 주었습니다.

"막을 수 있어."

하나임의 두 발이 허공에 떴습니다. 어느새 주변의 아이들은 정지해 있었습니다. 말 그대로 어떤 움직임도 없는 완벽한 멈춤. 이 공간에서는 저와 하나임을 제외한 다른 인간들의 시간은 흐르지 않는 것 같았습니다. 저는 이 상황을 믿을 수 없었습니다. 인간의 범주를 벗어난 무언가, 하나임은 그런 존재가 되어 있었습니다.

하나임은 저에게 다가와 제 이마에 손가락을 대었습니다. 순간 머릿속으로 누구의 것인지 알 수 없는 기억이 밀려들어 왔습니다.

누군가가 하나임을 바라보고 있었습니다. 하나임은 그 누군가를 마주 보며 웃고 있었습니다. 악의가 하나도 없는 얼굴. 어떻게 하면 사람이 저리 순수하게 웃을 수 있을까 싶을 정도로 맑은 얼굴이었습니다. 하나임을 바라보고 있는 누군가는 아무래도 과거에 하나임의 비밀을 아이들에게 폭로했던 하나임의 파트너인 것 같았습니다.

장면이 순식간에 전환되었습니다. 이번에는 하나임의 시점인 것 같았습니다. 아이들에게 둘러싸인 하나임의 수치스러운 기분이 고스란히 전해져 몸에 닭살이 돋았습니다. 하나임의 시선은 여기저기 흩뿌려지다가 교실 한구석, 자신을 바라보고 있는 파트너에게로 향했습니다. 파트너는 웃고 있었지만 한편으로는 손을 벌벌 떨고 있었습니다.

하나임은 파트너가 손을 떠는 것이 당황 때문인지 아니면 두려움 때문인지 알지 못했습니다. 하나임은 파트너를 추궁하는 대신 입을 굳게 다물고 미소를 지어보였습니다. 하나임은 그날 변신에 실패한 것이 아니라 파트너를 위해 자신의 능력을 숨겼던 것입니다. 그 순간 하나임의 목소리가 머릿속으로 스며들어 왔습니다.

"애들이 어떻게 생각하든 내 능력은 진짜니까. 그래서 나는 그날 능력을 숨긴 탓에 괴롭힘을 당했어도 아무렇지 않았어. 물론 하나뿐인 친구를 잃었지만, 그 아이는 나름의 행복을 찾고 있었으니까."

하나임의 목소리는 아주 차분했습니다. 이야기가 끝나자 저는 다시 교실에 서 있었습니다. 시간이 멈춰 있는 교실, 저와 하나임만이 시간을 허락받은 그 공간에서 하나임을 마주했습니다. 하나임의 짧은 단발머리는 어느새 등허리까지 내려오는 긴 생머리가 되어 있었고 그 머리의 색은 흰색이었습니다. 아주 신비하고 차분한 분위기였습니다. 제가 먼저 입을 열었습니다.

"그 아이가 그렇게 행복을 찾는 동안 네가 얻은 게 뭔데? 너는 버림받은 거잖아. 나는 네 예전 짝꿍 같은 부류를 잘 알아. 언제든 자신만 믿으라고 말해 놓고 그냥 그렇게 사라져 버리지."

"맞아."

"그것들은 우리 능력을 알아보지도 못해. 대체 왜 날 방해하는 건데? 하나임, 그래 알겠어. 내가 잘못 알았어. 네 능력, 그게 진짜라는 건 인정할게. 그래도 여전히 우리는 이 더러운 사회에서 빛을 볼 수 없어. 그게 사실이잖아!"

하나임은 여전히 허공에 살짝 뜬 채 저를 내려다보고 있었습니다.

"지금이라도 늦지 않았어. 내 계획에 함께해 줘. 난 네가 필요해, 하나임. 그리고 나는 널 절대 배신하지 않을 거야."

"배신당하는 일은 슬프지. 괴롭고. 하지만, 그렇다고 해서 내 모든 것이 부정당하는 것은 아니야. 지금 내 모습을 봐. 누가 나를 어떻게 생각하든, 세상이 어떻게 돌아가든 나는 무엇이든 될 수 있어. 너도 나랑 마찬가지야. 여기 있는 이 아이들도 마찬가지고. 우리는 뭐든 될 수 있는 거야."

그럴 리가 없다고 생각했습니다. 심현수, 그 사람이 죽은 이후로 저는 세상을 똑바로 바라보게 되었습니다. 세상은 우리에게 무엇이든 될 수 있는 기회를 주지 않습니다. 세상은 우리에게 딱 심현수 그 인간만큼의 위치만 제공할 뿐입니다. 심현수는 우리에게 꿈을 꾸라고 말했습니다. 꿈을 꾸면 무엇이든 이룰 수 있다고.

저는 하나임의 능력을 인정할 수 없었습니다. 하나임

은 자신이 아무것도 아닌 존재가 되리라는 것을 아는 사람입니다. 그래야만 합니다. 그런데 어째서일까요. 하나임은 이렇게 제 계획을 모두 망쳐 버리고는 자신이 정말 원하는 누구라도 될 수 있다는 것을 증명했습니다.

그럼 어쩌면, 어쩌면 저도 제가 원하는 존재가 될 수 있는 것일까요. 머리로는 그렇지 않다고 생각하면서도 어느새 하나임에게 안긴 저는 가슴 속에서 무언가가 새어 나와 눈물을 흘리고 말았습니다. 어디서도 느껴 보지 못했던 압도적인 안락함과 포근함을 느끼면서.

그 이후에 당직을 서고 계시던 선생님이 동아리실로 들어오셨고 먼저 밖으로 나온 저와 하나임을 제외한 학생들을 발견하셨습니다. 학생들 중 그 누구도 죽지 않았습니다. 하나임은 자신의 능력에 대한 아이들의 기억을 전부 지웠습니다. 그래서 하나임의 능력을 기억하는 것은 결국 저 혼자뿐이었습니다.

그 이후에 일어난 일은 형사님이 알고 있는 것과 같습니다. 동아리실의 아이들은 처음에는 침묵하다 결국 제가 이 모임을 주도했다는 사실을 선생님들께 알리게 되었고 저는 이렇게 쫓기는 신세가 되어 버린 것입니다.

8.

"그게 정말입니까? 사람이 어떻게 시간을 멈추고 머리가 어떻게 갑자기 자라고…."

민 형사는 자동차 운전석에 앉아서 이틀 전 있었던 사건에 대해 설명하는 양소진에게 되물었다. 양소진은 민 형사를 보면서 얇은 입술 끝을 올려 보였다.

"민 형사님이 믿고 싶지 않으면 믿지 않아도 괜찮아요. 하지만 세상에는 정말 놀라운 일이 있다는 것을 저는 알게 되었어요. 지금 이렇게 민 형사님이 저를 조수석에 태우고 차를 몰고 있는 것도 충분히 놀랍지 않나요?"

"그건 그렇지만…. 그럼 이제 어떻게 할 생각입니까? 계속 도망 다닐 생각이십니까?"

"천천히 생각해 보려구요. 어쩌면 저도 제가 원하는 존재가 될 수 있겠죠. 그때가 되면 다시 한번 하나임을 만날 수 있지 않을까요? 하나임은 저에게서 기억을 조금도 빼앗아 가지 않았어요. 그 아이도 저를 다시 만날 날을 기다리고 있을지도 모르죠."

그 말을 하며 양소진은 소리가 나지 않는 웃음을 웃고 있었다.

9.

집단 자살 시도 사건이 일어난 이후 학교는 조금 소란스러워졌지만 이내 안정을 찾았다. 소진이 그 이후로 어떻게 되었는지는 모른다. 이전에도 여러 사건에 관여되었으니 아마 도망친 소진에 대한 수사가 계속되겠지만 단서를 찾기는 어려워 보인다. 나는 처음부터 그 애가 나에게 이상하게 집착한다는 것을 알고 있었다. 농구를 했을 때도, 불량한 학생들을 물리쳤을 때도 그 아

피클(Fickle)

이가 어디선가 나를 보고 있다는 사실을 알고 있었다.

그 아이가 이야기했던 것처럼 내 능력은 내가 이미 가지고 있는 능력들, 하지만 인정하지 않고 있던 능력들에 집중하여 그 능력을 발휘하는 것이었다. 그날 처음 인간의 능력을 뛰어넘은 캐릭터로 변신하기 전까지는 말이다.

이전에도 몇 번이고 판타지 세상에서 살아가고 있는 인물이나 근미래에 살고 있는 설정의 인물들을 만들어 능력을 사용하고자 했던 적이 있지만 한 번도 성공한 적이 없었다. 나 역시도 포기하려 했다. 하지만 어제는 달랐다. 그리고 오늘도. 아마 앞으로도 나는 계속해서 어떤 인물로도 변할 수 있을 거라고 생각한다.

오늘 책상 서랍 속에서 나에 대해 기록한 소진의 노트를 발견했다. 그 페이지의 마지막 장에는 한 문장이 적혀 있었다. "Goodbye, Fickle." 나는 소진도 나처럼 어떤 인물이라도 될 수 있는 아이라고 생각한다. 언젠가 소진이 돌아왔을 때, 나는 그때도 소진에게 기적을 보여 줄 수 있는 사람이고 싶다.

메타몽

- 강명균 -

퇴근 후 커피를 마시며 글을 쓴다. 주말이면 더 많이 커피를 마시려고 노력한다. 기가 막힌 이야기를 써야지 다짐하며 엉덩이 힘을 기르는 중이다. 웹진《비유》에 〈골드버그 장치의 개선〉을 발표했다.

정신을 차려 보니 허름한 빌라 건물의 꼭대기 계단 참까지 올라와 있었다. 문 앞까지 왔으니 문을 두드려 보는 수밖에 없었다.

"실례합니다아."

목소리에 늘 자신감이 부족하다는 사장님의 잔소리가 언뜻 떠올랐다. 처음 와 보는 곳이니 자신감과 별개로 긴장이 되는 건 당연한 이치가 아닌가 싶었다. 혹시 여기가 아니면 어떡하지.

문을 밀고 들어서니 초록색 바닥의 평범한 옥상이었고 옥탑방 입구 옆에 있는 큰 간판이 눈에 들어왔다.

푸름넷 공부방

공부방? 여기가 아닌가? 당황하여 손에 쥐고 있던 컬러풀한 전단지를 내려다보았다. 그새 긴장해서 손에 힘을 줬는지 다 구겨지고 땀이 배어 있었다.

동물 탐정: 잃어버린 고양이, 개, 십자매 찾아 드림. 동물 탐색 전문 알파시스템즈.

그래, 맞아. 잃어버린 동물을 찾아 준다는 전단지를 보고 온 것이었다.

"어떻게 왔어요, 학생?"

열려 있던 옥탑방 안에서 한 여자가 나왔다. 수업 중이었는지 방 안에서 아이들 소리가 들렸다.

"학생은 아니고요. 이것 때문에 왔는데요."

나는 손에 든 전단지를 가리켰다. 평소에도 어려 보인다는 얘기를 많이 듣는 터라 여자가 어떻게 생각했을지는 짐작이 갔다. 나는 내년이면 열아홉이지만 고등학교는 중퇴한 상태였다. 그럼에도 중학생 정도로 보이는 게 문제였다. 그래서 실제 내 나이를 물어보기 전까지는 되도록 안 밝히면서 그렇게 어리지는 않다는 느낌을 주는 게 나의 일상 전략이었다. 별거 아닌 듯해도 꽤 중요한 부분이었다.

"혹시 여기 아닌가요? 거북이도 찾을 수 있나 해서요."

나는 침착하게 마치 어른처럼 말했다. 그녀는 두 손을 허리에 받친 자세로 고개를 기울여 내 손을 보았다. 여자는 나이가 많아 보이진 않았다. 기껏해야 30대 초반일 것 같았는데 지금은 인상을 팍 쓴 채 심각해져 있는 탓에 제대로 얼굴을 보기가 힘들었다. 그녀는 몇 번 내 얼굴을 빤히 쳐다보다 다시 내 손을 내려다보기를 반복했다. 의구심 가득한 표정이었다.

"여기가 맞긴 한데, 어떻게 왔어?"

"네? 그야 이 전단지 보고….."

"보자, 내가 거기에 주소도 적었던가."

그녀는 내 손에 들린 전단지를 낚아챘다. 순간 정전기라도 흐른 것처럼 깜짝 놀랐는데 나는 왜 깜짝 놀랐지, 싶어 더 당황한 모양새를 취하고 말았다.

"이상하다. 전화번호만 썼는데."

그러고 보니 어떻게 왔더라. 집 나간 알프레드를 찾아야 한다는 일념에 돌아다니다가 이 전단지를 발견한 뒤로는 정확한 기억이 없었다. 내가 전화로 물어봤던가. 아니지, 그랬다면 이 누나가 이렇게 모르는 척하지는 않을 텐데. 여기가 맞을 거라는 확신에 문을 두드렸던 좀 전의 기억만 선명했다.

"좋아. 지금은 수업 중이니까 한 시간 뒤에 다시 와."

어느새 그녀는 태도를 바꿔 환하게 웃으면서 말하고 있었다. 간결하게 정리해 버리곤 웃는 표정에 왠지 꼭 그녀의 말대로 하는 게 좋겠다는 느낌이 들었다. 뒤로 보이는 옥탑방은 아이들이 게임을 하고 있는지 시끌벅적했다.

"잃어버린 건 뭐든 찾을 수 있으니까 걱정하지 말고 꼭 와요."

그녀가 갑자기 친절하게 말을 덧붙인 탓에 나는 네, 하고 작게 대답하고 말았다. 그녀는 휙 돌아서서 다시 안으로 들어갔다. 왜 나는 상대가 당당해지면 더 위축되고 마는 걸까. 나의 이런 행동 방식을 좀체 이해할

수 없단 생각이 들었다. 어쨌든 다시 오면 도움을 받을
수 있을 거라니 안심은 됐다.

알프레드가 집을 나간 건 이번이 처음이 아니었다.
일을 마치고 돌아오면 복도 한구석에 코를 박고 숨어
있거나 공용으로 쓰는 식탁 아래에서 느릿하게 움직
이다가 다른 사람 손에 잡히곤 했다. 알프레드는 고시
원 건물에 사는 사람들은 다 아는 나름의 유명 인사였
다. 육지 거북은 처음 본다며 신기하다는 눈으로 구경
하는 이웃들 덕에 나는 처음 하는 고시원 총무 일에 금
방 적응했다. 그런데 이번엔 정말 알프레드가 사라졌
다. 사육장 뚜껑을 확실히 덮어 뒀는데 오후에 돌아와
보니 손바닥 크기도 넘는 녀석이 종적을 감춘 뒤였다.
고시원 입주자들 한 명 한 명에게 다 물어보았지만 봤
다는 사람이 없었다. 그 뒤로 정신이 나간 듯이 건물
밖 구석구석을 훑어보고 이웃 가게들에도 물어보며
다니던 중 우연히 전단지를 발견하게 된 것이었다.

대략 한 시간쯤 뒤 공부방을 다시 찾았다. 안으로 들
어서니 책과 잡동사니가 사방에 널려 있었는데 어지럽
다기보단 아늑하다는 느낌을 받았다. 그녀는 나에게 자
신이 앉은 테이블 맞은편에 와 앉으라는 눈짓을 했다.

"자, 그럼 시작해 볼게. 찾는 게 어떤 거라고?"
"거북이요. 육지 거북. 이름은 알프레드. 크기는 한
이 정도 되려나."

나는 두 손을 모아 오목하게 만들어 보였다. 한 손보
다 크고 두 손보다 작은 정도. 그녀는 내 말을 듣고 무
언가를 적더니 종이 한 장을 내밀었다.

"여기다 그려 봐. 어떻게 생겼나."

"아, 사진 있어요. 한 달 전쯤 찍은 건데."

"아니야, 직접 그려야 해. 그래야 찾을 수 있어."

그녀는 단호했다. 공부방 안에서 그림을 그리라는 말을 들으니 마치 과외 받는 학생이 된 기분이었다. 사실 학원 비슷한 곳조차 다녀 본 적이 없으니 정확히 알 수 없었지만 대충 이런 느낌 아닐까. 그렇게 생각하니 이상하게 포근해지는 기분이 들었다.

"뭐 하는 거야. 딴생각 말고 집중해. 너의, 알버트? 알프레드에게 말이야."

그녀는 내가 딴생각하는 걸 어떻게 알았는지 타박을 했다.

알프레드. 독립을 하고 처음 번 돈으로 산 레오파드 거북이었다. 시설에 있을 땐 누군가와 함께 있는 게 익숙했는데 독립해 보니 가족이 없다는 게 더욱 절절히 느껴졌다. 그러던 중 우연히 육지 거북을 분양받아 키우게 된 것이었다.

"너 혹시, 여기 오기 전 들렀던 데 있니?"

"그게 잘, 기억이 안 나긴 하는데…."

난 평소처럼 누에 공장에서 일하고는 곧장 고시원으로 돌아왔다. 곧 알프레드가 없어진 걸 알아채고 다시 밖으로 나와 몇 군데를 돌아보았지만 아무런 소득이 없었다. 그러다 문득 전단지를 발견해 동네에 이런데가 있었나 물어보려고 문구점 아저씨에게 들렀던 일이 기억났다. 그 뒤 공부방 앞에서 뻘쭘한 모양새로 문을 두드리게 된 것 같았다.

"성지 문구? 음. 그 아저씨라면 말이 되네."

"그 아저씨가 훔쳤다는 건가요?"

"그게 아니라 그 아저씨 덕분에 네가 여길 찾아낼 수 있었다는 거지."

"아저씨는 오늘 바빠셔서 인사도 제대로 못 했는데요. 마침 무거운 걸 나르고 계셔서 도와드리긴 했지만."

그녀가 무슨 말을 하려는 건지 도통 감을 잡지 못한 채 난 계속 연필을 쥐고 있었다. 이제 거의 완성한 상태였다. 이대로 등갑의 무늬만 잘 그리면. 그녀는 다른 것에 생각이 가 있는지 내가 그리는 걸 보지도 않았다.

"따라와. 갈 데가 있어."

그녀는 그렇게 말하더니 급히 일어나서 밖으로 향했다. 나는 어리둥절해져 그림을 내버려 둔 채 그녀를 따라나섰다.

"여기까지 왔다고요?"

백화점이었다. 알프레드가 이곳에 와 있을 확률은 거리로 보나 시간으로 보나 희박했다. 계산해 보지 않아도 뻔했다. 갑자기 백화점에 오다니 그녀의 생각을 종잡을 수가 없었다.

"저기 쟤 보여? 저쪽에 잘생긴 사람."

오래된 케첩 색의 경차 안에 쭈그려 앉은 자세로 그녀가 가리키는 방향으로 시선을 돌렸다. 안전 조끼를 입고 경광봉을 휘두르는 한 주차 요원이 보였다. 저쪽과 이쪽 사이가 그리 멀진 않았는데 분명 잘생긴 얼굴은 아니었다. 키는 크지만 몸통이 얇다는 느낌이 들었고 얼굴은 정말 평범했다.

"뭔가 다르지?"

뭐가 다르다는 거지. 탐정 놀이라도 하는 것처럼 모르는 사람을 뜯어보기 시작했다. 진짜 평범한데, 싫었지만 고개를 기웃거리며 보고 있자니 그녀의 말대로 다른 점이 있었다. 저 남자에게서 빛이 나고 있었다. 그다지 밝지 않은 지하 주차장이라 남자의 몸 전체가 내는 환한 빛이 더 눈에 띄었다. 저런 걸 후광이라고 하던가. 늦게 일을 마치고 집에 오는 길에 보곤 했던 높게 뜬 보름달이 떠올랐다.

"가자. 소개해 줄게."
"아는 사람이었어요?"

먼저 내려서 걷는 그녀의 뒤를 따라 남자에게 다가갔다. 다가갈수록 보름달 같던 밝기가 은은한 반딧불이 불빛 정도로 바뀌어 갔다. 둘은 친한 사이인 듯했다. 남자가 먼저 반가워하는 얼굴로 말했다.

"어쩐 일이야?"
"이쪽은 우리 의뢰인이야."

남자는 '그런데 왜?'라고 묻는 듯한 표정으로 그녀를 보면서도 손으로는 꽤 숙달된 동작으로 차들을 안내하고 있었다.

"여긴 내 남자 친구이자 동업자야. 서로 악수라도 해."

얼떨결에 떠밀려 악수를 하기 위해 손을 잡는 순간, 찌릿, 하고 손끝에 전류가 흘렀다. 겨울도 아닌데 정전기가 오르나 싶어 당황했는데 남자도 마찬가지인 모양이었다.

"이제 알겠지? 이따 일 끝나고 와. 얘기하고 있을게."

여자의 말을 들은 남자는 뭔가 더 할 말이 있었지만 굳이 하지 않으려는 것 같았다. 그러다 다시 나를 보며 미소를 지어 주었다. 나도 애매하게 입꼬리를 올려 화답했다. 나쁜 사람 같진 않았다. 세상 사람을 돈 떼먹는 사람과 떼이는 사람으로 나눈다면 떼였단 사실도 잘 모르는 쪽일 듯했다. 차들이 밀려오자 그가 다시 경광봉을 바삐 휘두르며 안내를 시작했다.

"가자. 볼일은 다 봤어."

그녀 뒤를 따르고 있노라니 알프레드를 찾는 일이 쉽지만은 않을 거라는 예감이 들었다. 탐정이라는 사람들이 일하는 방식은 어찌나 이해하기 어려운지. 알프레드가 오늘 집을 나갈 줄 알았으면 아침에 상추라도 더 많이 꺼내 두고 오는 건데, 하는 생각이 스쳤다. 지금쯤 배고파하고 있겠지. 그 생각을 함과 동시에 아직 저녁을 먹지 않은 배에서 꼬르륵 소리가 났다. 몸은 기민하게 내달리는 그녀의 차 조수석에 파묻혀 있었지만 머릿속에서는 걱정이 떠나질 않았다.

그녀의 요리 솜씨가 남다른 건지 아니면 원래 이렇게 맛있는 음식인 건지 그녀가 만든 김치찌개는 탁월했다. 뭐랄까, 월등하다든가 우월하다든가 아무튼 그런 표현이 적절해 보였다.

"천천히 먹으면서 네 얘기 좀 해 봐."

"제 얘기는 왜요?"

입안에 흰밥을 넣고 씹으면서 손으로는 입을 가리는 모양새를 취했다. 밥 먹으면서 말하면 예절에 어긋나는데, 하는 생각이 들었다. 누군가와 밥을 먹을 때 식사 예절에 항상 신경 써야 한다는 말은 어디에서 들었더라. 시설이었던가 아님 학교였던가. 그런데 지금 내 맞은편에서 식사 중인 그녀는 그런 예절 따위는 신경조차 쓰지 않는 듯 우걱우걱 밥을 넘기고 있었다.

"너 내 이름은 아니? 안여주야. 누나라고 불러."

"알프레드는 찾을 수 있는 거예요?"

그 말을 뱉고 나니 새삼 알프레드를 향한 죄책감이 들었다. 밥을 먹고 찾아보자는 그녀의 말에 그러자고 했지만 지금 이러는 동안에도 알프레드는 어디서 길을 헤매고 있을지 몰랐다.

"걱정 마. 안전할 테니까. 너에 대해 알아야만 정확히 찾을 수 있으니까 물어보는 거야."

그녀는 어딘가 확실히 믿는 구석이 있는 것처럼 말했다. 어차피 내 입장에선 밑져야 본전이었다. 그녀가 바로 동물 탐정이라고 하지 않았던가. 게다가 의심한다고 해 봐야 다른 방법이 있는 것도 아니었다.

"저는 순신이에요. 이순신."

이름을 말할 때면 항상 부끄러웠다. 이 이름이 부끄러운 게 아니라 내 덩치나 실체, 혹은 존재감이랄까, 그런 게 이 이름에 한참 못 미친다는 생각이 들기 때문이었다. 역사 속 구국 영웅과 같은 이름을 가졌다는 건 괜히 억울해지는 일이었다.

"대성할 이름이네."

그녀는 내 이름엔 별로 개의치 않는 듯 잠자코 내 얘기를 더 듣고자 했다. 나는 별로 할 얘기가 없었다. 특별한 일이란 건 특별한 사람에게 일어나는 법이다. 이순신이란 이름을 갖고 있거나 가졌던 사람은 아마 나 말고도 수천이 넘겠지만 누구나 떠올리는 그 사람은 단 한 사람뿐이다. 보통은 그 이름의 그늘에 눌린 채로, 아니면 시간을 들여 조금씩 조금씩 그 기대감의 농도를 희석하기 위해 애를 쓰며 살고 있을 것이다. 누구나 쉽게 기억할 이름을 가지고 그렇게 살기란 좀처럼 쉽지 않은 일이었다. 그래서 난 이름에 대한 불만부터 토로했다.

"어떤 건지 알아. 그런데 그 처지는 너의 정체성이 될 거야. 튀지 않으려는 마음과 튈 수밖에 없는 포지션 사이에서 싸워 나가야 할 운명인 거지."

그녀는 이상한 말들로 내 이야기에 추임새를 넣었다. 그러고는 학교는 다니고 있냐, 지금은 뭐 하냐, 학교생활은 어땠느냐까지 물어보았다. 이미 배는 부르겠다 누가 작정하고 들어 주겠다고 하니 나도 모르게 신이 났는지 난 학교 다닐 때의 일화 하나를 무턱대고 꺼내 놓기 시작했다.

"점심을 먹고 다들 꾸벅꾸벅 졸던 때였어요. 비가 올 것처럼 바깥은 어둡고 흐린 날이었고요. 반에 저처럼 조용하고 눈에 띄지 않는 애가 있었는데 그 애가 발작을 일으킬 것 같더라고요. 근데 이상한 게 전 한 번도 발작하는 사람을 본 적이 없거든요. 아직 아무일 없었지만 곧 그 애한테 무슨 일이 생길 것 같은 느낌이라고 해야 하나, 예감 같은 게 강하게 들었어요. 아니나 다를까, 가만 보니 그 녀석 머리카락이 정전기가 난 것처럼 쭈뼛 서 있고, 주변의 물건들도 다 붕 떠서 미세하게 떨리는 거예요. 곧 무슨 일이 벌어질 것처럼요."

그 모습을 보고도 어떻게 해야 할지 몰라 난처했던 기억이 생생했다. 누구한테 먼저 알려야 할까 어떻게 해야 하나 혼란스럽기만 했다. 다들 조용히 자습을 하거나 엎드려 잠만 자는 점심시간에 혼자 믿기지 않는 광경을 봤다고 해서 "야, 이거 봐!"라고 외칠 용기는 없었다는 것도 난처했던 이유 중 하나였다.

"어떡할까 하다 그냥 조심히 다가가서 그 애 어깨를 한 번 잡았죠. 그러자 그 애는 다시 원래대로 돌아갔어요. 퍼뜩 깼다가 다시 꾸벅꾸벅 조는 상태로요. 물건들도 마찬가지로 공중에 떠 있지 않게 됐고. 그런데 그 뒤로 전 사흘 동안 고생했어요. 마치 정전기가 옮겨붙은 것처럼, 여름 교복을 입었는데도 천이 막 달라붙고 따가워서 벌벌 떨었거든요."
"빙고!"

그녀가 손뼉을 치며 말했다.

"알아냈어. 넌 메타몽이야."
"메타몽요? 그거 포켓몬 아니에요?"
"예를 들자면 그렇다는 거지. 무엇이든 흡수해서 복제할 수 있는 능력. 넌 그걸 지닌 매우 희귀한 캐릭터야."

메타몽

그녀가 농담을 하는 줄 알고 이 얘기의 웃긴 포인트를 찾으려 골몰했다. 갑자기 나를 초등학생 때 본 〈포켓몬스터〉에 나오는 물컹하고 흐리멍덩한 캐릭터에 비유하다니. 욕을 한 것 같진 않은데 칭찬이라고 하기에도 이상했다. 그녀가 눈을 반짝이며 말을 이어 가려 할 때에 백화점에서 본 그녀의 남자 친구가 들어왔다. 일을 마치고 온 듯했다. 그가 손과 발을 씻고 옷까지 갈아입고 나오는 동안에도 그녀는 개의치 않고 설명을 계속 이어 갔다.

"네가 어떻게 오늘 이곳까지 오게 된 걸까? 내가 주소도 알려 주지 않은 이곳으로 말이야. 성지 문구 아저씨 만났다고 했지? 그 아저씨 덕분이야. 그 아저씨는 타고난 길잡이거든."

"말했지만 아저씨가 바빠서 인사도 제대로 못 했는데요."

"그럼 네가 아저씨의 능력을 이용했을 가능성이 있지. 물건을 나를 때 접촉했던 게 유효했을 거야. 아마 아까 얘기한 학교의 그 친구도 염력이라든가, 남다른 능력을 지녔을 가능성이 커."

믿기도 어려웠거니와 나는 그녀가 왜 이런 이야기를 하는지 납득이 가질 않았다.

"성지 문구 아저씨는 동네 지리에 대해 아주 빠삭하지. 이 동네에 오래 있어서 그렇다고 단순하게 생각할 수 있겠지만 아냐. 토박이인 나보다 더 잘 알거든. 동네뿐만이 아냐. 어딜 가든 그 아저씨는 길을 파악할 수 있어. 장소만 주어지면 그냥 길을 알아내는 거야. 그래서 길을 물어 오는 외지인들에게 친절하게 길을 알려 주고 계시지. 다만 안타까운 건 운전 면허가 없으셔서 아직까지 본인 능력의 진가를 모르신다는 거고."

옆에서 잠자코 앉아 얘기를 듣던 그녀의 남자 친구가 고개를 끄덕거렸다.

"자, 여기 상봉 오빠는 무슨 능력을 갖고 있을 것 같아? 나는 처음에 오빠가 그냥 참 밝다고만 생각했거든. 후광이랄까, 묘하게 빛이 나는 것 같았어. 그런데 그게 정말이었던 거야! 사람이 얍실하고 마냥 태평해 보이지만 깜깜한 데서는 도깨비불처럼 눈에 띄는 거야. 신기하지 않니? 이불 속에서도 빛이 나더라니까."

그 말에 남자 친구가 그녀에게 눈을 흘기었다. 그녀는 아랑곳하지 않았다.

"난 상봉 오빠를 알아본 거야. 그건 오빠도 마찬가지였거든. 이게 운명 아니고 뭐겠니?"
"여주는 숨은 걸 찾아낼 수 있어. 누가 숨긴 것이든 잃어버린 것이든. 여주야, 어릴 적 숨바꼭질할 때 애들이 잘 안 끼워 줬다고 했지? 네가 술래일 때마다 순식간에 끝나 버려서."
"응. 그랬지. 한번은 날 골탕 먹이겠다고 자기네 집에 숨어 버린 애부터 내가 찾고 시작했으니까."

그는 그녀의 말에 고개를 절레절레 저었다.

"그래. 이 직업이 딱이다. 아니지, 우리 흥신소를 열어 보자니까."
"난 어른 사람은 싫어. 복잡하고 이기적이고. 애들이

나 동물이 나은 것 같아."

"여주야, 우리도 어른인 거 알지?"

그가 타이르듯 말했다. 그래도 그녀는 미간을 찌푸리며 질색을 했다. 나는 두 사람의 말을 간신히 따라가고 있었다. 그녀가 설명을 이어 갔다.

"우리처럼 이런 능력을 지닌 사람들이 곳곳에 있어. 아주 드문 건 아닌가 봐. 오늘 우리가 만나 이렇게 이야기하는 걸 보면. 아마 대부분은 누군가가 발견해 주기 전까지 자신의 특별함을 모른 채 살고 있을 거야. 어쩌면 모르는 채 사는 게 나을 수도 있지. 성지 문구 아저씨에게 '아저씨는 인간 내비게이션이에요!'라고 말해 봐야 실제 아무런 도움도 되지 않을 테니까. 가서 펜이나 공책을 사 드리는 게 낫지. 간혹 자신의 능력을 알게 된 사람들은 그걸 악용하기도 해. 그런 사람을 빌런이라고 하지?"

"잠깐만요."

나는 일단 말을 멈추게 하고서 그들을 빤히 쳐다보았다. 이건 뭐랄까. 말로만 듣던 다단계나 신흥종교 같은 건가. 말로 구슬리고 일확천금 같은 것에 눈이 멀게 하여 가산을 탕진케 만든다는 그런 위험한 무엇? 갑자기 아까 먹은 김치찌개가 얹힐 것 같았다.

"전 돈 없어요. 가난해요. 고시원 살고요."

"우리도 좀 궁핍해. 근데?"

그가 황당하다는 듯이 나를 보며 반문했다.

"두 분은 초능력 히어로 같은 거예요? 성지 문구 아저씨도요? 근데 그거랑 제가 무슨 상관인 거예요?

왜 이런 얘기를 하는 거예요?"

그는 내 말이 꽤 도전적이라는 듯 흥미로워하며 눈을 빛냈고 그녀는 옅게 웃으면서 그에게 눈길을 줬다. 이제는 그가 말을 마무리 짓길 바라는 눈치였다. 그가 여유 있게 입을 열었다.

"그러니깐 너는 있잖아…."

그는 주변을 둘러보면서 말할 거리를 찾는 듯했다. 그럼 그렇지. 뭔가 입에 발린 말을 늘어놓으며 사리 분별 못 하는 얼간이들의 주머니를 털려 하겠지.

"아! 빨아 쓰는 행주 같은 거야. 특별한 녀석들의 특별함을 마음껏 훔쳐서 사용하다 다시 본래대로 돌아갈 수 있는. 그러니 훨씬 더 특별한 녀석이지."

그는 그 비유에 흡족해했다. 옆에 앉은 그녀는 입을 벌리고서 황당해했다. 빨아 쓰는 행주라니. 황당한 건 나도 마찬가지였다.

"아니 그러니까 상봉 오빠의 말은, 음. 좋아, 내가 정리할게. 우리는 네가 너의 능력을 제대로 쓰길 원해. 허튼짓하며 다니지 않고 때로는 우리를 도와주기도 하고 말이야. 우리도 널 도울 거니깐."

그녀는 허튼짓이란 단어를 말할 때 마치 선생님처럼 한 손가락을 세워 강조하는 모양새를 취했다. 나를 저녁까지 붙잡고 얘기한 것도 그런 이유 때문인가 싶었다. 도와 달라고? 하지만 어떻게? 시설에서든 학교에서든 혼자인 게 낫다는 생각을 자주 했다. 결국 학교를 그만둔 건 졸업해 봤자 기뻐해 줄 사람이 없기 때문이었다. 여태껏 뭘 해야 할지, 뭘 해도 좋은지 알려 주는 사람도 없었다. 그런 나보고 도와 달라니.

이렇다 할 대답이 없는 나를 두고 두 사람은 한참 동안 더 얘기를 나눴다. 둘은 서로 이상한 문제로 열변을 토하거나 때때로 배를 움켜잡고 웃어 댔다. 난 그런 모습을 지켜보다 밤이 늦어서야 집으로 돌아갔다.

누에고치 상자를 들어 옮긴 뒤 뜨거운 물을 쏟아부었다. 공장에는 늘 익은 뽕잎의 퀴퀴한 냄새가 뜨거운 증기 속에 고루 퍼져 있었다. 마스크를 써 보았지만 눅눅하면서 싸한 기운은 피부 어디에 닿든 유쾌하지 않았다. 제 몸의 몇 배가 넘는 뽕잎을 먹어 치웠을 누에들은 고치 속에서 잠든 채 있다가 자기도 모르게 생을 마감한다. 뭐라도 될 줄 알았을 텐데 고작 사람 손에서 실이 되는 것으로 끝이 난다. 그러니 동글동글하게 잘 말린 누에고치란 건 일종의 관에 불과하다고 평소 생각했다.

"잘 봐. 음과 양, 숫자 0과 1, 바둑판의 흑돌과 백돌, 히어로와 빌런. 이런 대립 쌍은 무수히 많아. 알아야 할 건 그게 다 한 끗 차이로 갈라진다는 거야. 요 한 끗 차이."

어제 그녀는 두 손가락 끝을 모아 좁은 틈을 만들어 보이며 말했다.

"나는 아마 흑돌이었을 거야. 운 좋게도 난 내가 가진 능력이 어떤 건지 잘 알고 있었고, 남한테 들키지 않으면서 요령 있게 쓰는 법도 알았으니까 무서울

게 없었지. 마음 깊은 곳까지 까맣게 변해 갔던 건지 난 점점 이기적으로 굴게 됐어. 필요하다면 남을 이용할 궁리까지 하고 있었으니까. 상봉 오빠를 만나지 않았더라면 아마 난 계속 흑돌로서 살았을 거야."

그녀는 씁쓸한 표정으로 말했다. 나는 동글동글한 누에고치 하나를 집어 장갑 낀 손으로 굴리며 그녀가 이어서 했던 말을 떠올렸다.

"너의 운명을 스스로 결정해야 할 때가 올 거야. 정확히는, 네 능력을 누굴 위해서 쓸 건지 결정해야 할 때가 온다는 거지. 그건 피할 수 없어. 이젠 네가 누군지 너 스스로가 알게 됐으니까. 자, 그러니까 넌 흑돌이야, 백돌이야?"

나는 항상 나에 대해 알고 싶었다. 무엇을 향해서 자라고 있는 걸까. 왜 남들과 같지 않은 걸까. 나의 부모는 이런 나를 궁금해하고 있을까. 왜 이런 이름을 붙여준 걸까. 그리고 나는 왜 버려진 걸까.

퇴근길 버스 안, 내 주머니 속엔 하얀 누에고치 하나가 들어 있었다. 고치의 틈이 벌어지기 전까지는 내가 할 수 있는 게 뭔지 직접 확인해 볼 필요가 있었다.

허름한 성지 문구를 밖에서 보면 카운터에서 졸고 있는 아저씨가 언뜻 보였다. 아저씨는 요새 들어 종종 기력 없이 멍하니 있곤 했다. 내가 학교에 다닐 때부터 손님은 많지 않았다. 그나마 있는 단골은 죄다 어린아이들인데 나이 든 아저씨가 그 에너지를 상대하기에는 힘에 부치는 건가 싶었다. 이곳에 온 건 그녀가 했던 말이 사실인지 아저씨를 통해 시험해 볼 수 있지 않을까 하는 생각에서였다.

"아저씨, 이거 얼마예요."

나는 카운터 앞쪽에 있던 펜을 집어 들었다. 그는 흐릿한 눈으로 간신히 내 손에 초점을 맞추는 듯했다. 나는 만 원짜리 지폐를 꺼내 내밀었다. 그는 천천히 잔돈을 세기 시작했다.

"혹시 가까운 동물원이 어디 있는지 아세요?"
"동물원? 가만 보자. 가까운 데는 없지. 여기서 한 시간은 나가야지. 왜, 위치를 정확히 알려 줘?"
"아, 아니에요. 괜찮아요."

아저씨의 얼굴에 순간 생기가 돌았다. 간만에 길을 좀 알려 주고 싶었는데 내가 사양한 탓에 못내 아쉬워하는 듯했다. 그가 건네주는 잔돈을 받는 동안 뭔가가 내 손끝으로 흘러든 것 같았다. 착각일 수도 있었다. 밖으로 나가 확인하는 일만 남았다. 금방 뒤돌아서서 나가려다가 다시 아저씨에게 손을 내밀었다.

"아저씨, 이거요. 졸리실 때 씹으세요. 자일리톨이에요."
"으응. 그래, 고맙구나."

나는 껌을 주고 돌아서면서 계속 동물원을 생각했다. 한 시간 거리. 동물원. 가장 가까운 곳으로. 그러자 곧 머릿속에 지도가 펼쳐진 것처럼 위치가 선명하게 떠올랐다. 덕분에 곧장 뛰어서 모퉁이를 돌아 나간 뒤 버스를 탔다. 그다음으로 향해야 할 방향까지 어느새 자연스럽게 그려지고 있었다.

토요일 오전이었는데 관람객은 거의 없었다. 전부터 여길 오고 싶었던 건 파충류관 때문이었다. 알프레드와 같은 육지 거북도 그곳에서 볼 수 있을지 몰랐다. 매표소에서 표와 함께 준 책자에 동물원 지도가 잘 안내되어 있었지만 나는 일부러 지도를 보지 않은 채 파충류관을 떠올렸다. 그와 동시에 발이 닿는 방향으로 계속 걸었을 뿐인데 어느새 사방으로 도마뱀이나 이구아나 등의 일러스트와 함께 열대 느낌의 야자수 조형이 곳곳에 설치된 파충류관에 다다랐다.

　　나는 두리번거리며 갖가지 파충류를 눈으로 훑었다. 들어온 입구로부터 가장 멀리 떨어진 곳에 육지 거북이라고 쓰인 팻말이 보였다. 그곳엔 커다란 설가타와 레오파드 거북들이 얌전한 자세로 입을 오물거리며 상추를 먹고 있었다. 보고 있자니 처음 알프레드를 데려왔던 때의 기억이 떠올랐다.

　　"다른 녀석들보다 성장이 좀 느려요. 가족이라고 생각하고 키워 주세요."

　　알프레드를 분양해 준 사람은 내게 그렇게 말했다. 내가 좁은 방 안에 사육장을 만들고 꾸미는 동안 알프레드는 등갑 속에서 좀체 나오려고 하질 않았다. 혹시 옆에서 빤히 보고 있는 게 신경이 쓰이나 싶어 떨어져 보니 조금씩 고개를 내밀고 주위를 두리번거리는 것이었다. 녀석에겐 집이나 먹이는 물론이거니와 심리적인 안정감 또한 중요한 것 같았다. 조그만 몸으로 귀엽게 움직이는 걸 보니 주인이 했던 말이 다시금 떠올랐다.

"키우다가 힘들면 버리거나 방치하는 사람들도 있어요. 가족은 만들어 가는 거잖아요. 책임을 져 주십사 부탁드릴게요."

그 말이 떠오르자 마음이 울컥 복받쳤다. 사라진 알프레드를 찾아야 했다. 내가 무책임하게 굴어선 안 되는 것이다. 소득 없이 동물원을 나오면서 알프레드에 대해서만 생각했다. 혹시 알프레드가 있는 장소가 저절로 떠오르지 않을까 싶어 시도해 보았지만 실패했다. 그렇다면 이제 어디로 가야 할까. 답은 하나였다. 머릿속에 그려진 지도에서 허름한 옥탑 공부방이 밝게 빛나고 있었다.

"테스트해 보면 되지. 너도 너의 능력을 완전히 믿지 못하겠단 거잖아? 저기 저 편의점 앞에 머리 묶은 여자애 있지. 학원 가방 메고 휴대폰 게임 하는 애."

나는 그녀가 옥탑방 창문 밖으로 손을 뻗어 가리키는 여자애를 눈으로 좇았다. 열 살쯤 되어 보이는 애가 그녀의 말처럼 핸드폰에 빠져 있었다.

"저 애는 한 번도 데이터 걱정을 해 본 적이 없어. 처음엔 와이파이만 마음대로 끌어다 쓰는 줄 알았더니 남의 데이터망을 가로채서 사용하더라고. 저 애가 크면 우리가 영입할까 진지하게 고민 중이야. 잘못하면 빌런이 될 가능성도 농후하거든."

"쟤도 그럼 능력자예요?"

내 질문에 그녀가 눈을 찡긋했다.

"저 애한테 가서 말 좀 걸어 봐. 다녀오면 우리 집 와이파이 비번은 자연스럽게 알게 되겠지?"

나는 반신반의하면서도 어차피 여기에 온 이상 그녀의 말을 따르기로 했다. 일단 손해 볼 건 없었고 내능력에 대한 것뿐만 아니라 그녀의 말이 전부 사실인지도 확인할 기회를 잡은 셈이었다.

꼬마애는 내가 옆에 우두커니 서 있는데도 핸드폰에서 눈을 떼지 않았다. 머리를 뒤로 짱짱하게 묶은 데다 앞짱구여서 그런지 어린 게 제법 고집스러워 보였다.

"그 게임 재밌어?"

여자애는 흘깃 나를 한 번 보고는 다시 게임 화면을 내려다보았다. 좀비들이 쓰러질 때마다 점수가 쌓이고 있었다.

"그냥 시간 때우려고 하는 거예요. 학원 차 올 때까지."

정말 그렇다기엔 손놀림이 예사롭지 않았다. 무지막지하게 쏟아지는 좀비들을 집요하게 제거하고 있었다.

"가방이 열려 있는데."

나는 손을 뻗어 아이가 멘 가방의 지퍼를 닫아 주려고 했다. 순간 그 애가 가방을 앞으로 휙 돌려 고쳐 메며 말했다.

"엄마가 친절한 사람은 믿지 말래요."

솔직했다. 가정교육을 잘 받은 건가. 어릴 때부터 그런 소소한 팁들을 아기 새처럼 주워 먹고 자라난 애들이 부러웠다.

"나 그 게임 한번 해 보면 안 되니?"

역시 게임 얘기에는 경계심이 낮아지는 모양이었다. 아이가 잠깐 대꾸도 없이 있다가 의외로 쉽게 핸드폰을 건네주는 것이었다. 이미 단계가 한참 올라가 있었는지 스타트 버튼을 누르자마자 좀비들이 물어뜯기 시작했다. 여자앤 새초롬하게 옆에 앉아서 내가 죽어 가는 걸 지켜봤다. 캐릭터가 죽은 뒤 기록을 표시하는 화면에 초아라고 뜨는 걸 보니 그게 이 애 이름인 듯했다.

"저 이제 가야 돼요."

나는 핸드폰을 돌려주고 아이가 학원 차를 타고 가는 것까지 지켜보았다. 마치 부모가 된 기분이었다.

"어때? 참고로 우리 집 와이파이 비번은 쉽게 맞히기 어려워."

초아라는 여자애와 접촉한 뒤 옥탑으로 돌아온 나는 옥탑방의 와이파이 비번을 맞혀야 했다. 와이파이 접속에 성공한다면 내가 다른 사람의 능력을 빌릴 수 있다는 것도, 그리고 저 애뿐만 아니라 곳곳에 이런 특이한 능력을 가진 사람들이 존재한다는 것도 정말 가능성 있는 얘기라고 봐야 했다.

"비번은…."

000001. 왠지 모르게 그 숫자가 떠올랐다. 떠오르는 대로 입력하고 기다렸더니 아니나 다를까 와이파이에 접속되는 것이었다. 옆에서 그녀는 '오' 하는 입 모양을 내며 손을 모아 감탄했다.

"어때, 이제 믿기니? 이 누나가 거짓말쟁이는 아니

란다."

"우연일 수도 있잖아요. 비번이 왜 이렇게 쉬워요."

"얘가 의심이 많네, 의심이 많아."

"그럼 누나 능력도 제가 쓸 수 있어요?"

"아, 물론. 내 손을 잡고 '초파워!'라고 외쳐."

"정말요?"

"당근 농담이지. 찾고자 하는 걸 떠올리는 데에 집중해. 어디에 있을까를 생각하면 힌트가 되는 장소가 조그맣게 떠오를 거야."

그녀는 손을 내밀었다.

"구호를 외칠 필요는 없지만 손을 잡을 필요는 있을 거야. 어떤 기운 같은 걸 직접 느끼게 될지도 모르지."

나는 그녀의 손을 잡고 눈을 감았다. 한낮이라 뜨겁게 달궈진 초록색 페인트 바닥의 열기가 피부로 느껴지는 듯했다. 나는 집중해서 알프레드를 떠올렸다.

장소가 어딘지는 알 수 없었다. 알프레드는 그릇에 담긴 애호박을 야금야금 먹고 있었다. 천연덕스럽게 먹이에 열중하는 모습을 보니 눈물이 날 것 같았다.

"어때, 의심병 환자야. 이제 궁금증이 좀 풀렸니? 주변 풍경은 내 시야로는 보이지 않아. 태평하게 먹이 먹거나 자는 모습 말고는 안 떠오르더라고. 걔 맞지?"

"잠시만요."

나는 그녀의 손을 놓고서 다시 한번 눈을 감았다. 내가 정말 그녀의 능력을 쓸 수 있는 거라면 확인해 보고 싶은 게 있었다. 사실 남아 있는 기억이 거의 없기에 존재 자체에 집중하려고 했다. 아주 어린 나의 기억, 그 기억을 헤집다 보면 되살아나지 않을까. 조금씩 누군가가 떠올랐다. 아스라이 떠오르는 얼굴은 실제로 만나면 알아챌 수 있을 것 같기도 하고 전혀 몰라볼 것 같기도 했다. 솔로 바닥 청소를 하는 듯한 나이 든 여자의 옆모습이 보였다. 나는 감았던 눈을 떴다. 딱 아까 본 알프레드만큼만 선명했다.

"정말 잘 안 보이네요."

목이 메는 것 같았다. 연기를 마신 것처럼 눈물이 나고 목이 막히는 느낌이 들었다. 햇살이 너무 좋은 옥탑에 올라와 있는데 참 이상한 일이었다. 난 간신히 소리를 내어 말했다.

"저 좀 도와주세요. 저도 열심히 도울게요."

*

시내 곳곳에 따개비 축제를 알리는 현수막이 걸렸다. 따개비 채취 체험관, 따개비 아트 전시관, 따개비 거리 등이 설치되어 조그마한 도시가 통째로 복작거렸다. 지역에서 사활을 걸고 내세우는 축제였다.

"나는 여기가 따개비로 유명한 줄 작년에 처음 알았어. 이 동네 20년 넘게 살았는데."

여주 누나가 공부방 아이들의 학습지를 채점하며 말했다.

"작년보다는 사람이 많이 올 거라고 기대하던데."

상봉이 형이 고양이 탈을 챙기며 말했다. 가게 앞에서 춤을 추는 호객 행위 알바를 할 때 쓰는 물건이었다. 반응이 좋다는 말을 듣고 며칠 더 연장해서 일해 주는 듯한데 정작 상봉이 형은 힘들어서 오늘까지만 하고 그만둔다고 했다. 그는 체질이 허약했다. 게다가 뾰족한 물건만 보면 식은땀이 난다면서 펜을 쥐고 하는 사무직 일은 엄두도 내질 못했다. 그래서 주로 밖에서 일하는 알바를 했는데 상봉이 형이 사람들의 눈길을 유난히 끄는 건 다 그의 능력 덕분이었다.

나는 동물 탐정 전단지 한 묶음을 가방에 넣었다. 내일 공장에 갔다가 돌아올 때 평소보다 더 일찍 버스에서 내려 동네에 붙일 생각이었다. 그렇게 다니는 중에 알프레드가 있을 만한 곳을 알게 될 수도 있을 것 같았다. 알프레드를 찾지 못한 채 벌써 한 달을 흘려보냈다.

잃어버린 동물을 찾는다는 의뢰는 생각보다 많지 않았다. 목줄 없이 돌아다니는 강아지나 꾀죄죄한 고양이는 어디에서든 항상 많이 보였는데 실제로는 많아야 일주일에 한 건 정도의 의뢰만 들어왔다. 거리를 떠도는 아이들의 주인은 자신이 뭔가를 잃어버렸다는 사실조차 잊었을까. 하여튼 동물을 잃어버린 사람은 적지 않을 텐데 의뢰가 이렇게 없는 이유는 홍보가 되지 않은 탓인 것 같았다.

나는 그날 이후로 시간이 될 때마다 공부방에 가서 두 사람을 도왔다. 뭐든 돕겠다고 했지만 실은 그 말이 머쓱해질 만큼 할 일이 없었다. 게다가 내가 능력을 써서 그들을 도우려 하니 더 큰 문제가 생겼다. 딱 한 번 동물 탐정 일을 돕겠다고 나선 적이 있는데, 그

녀의 능력을 내가 사용한 순간부터 그녀는 아무 능력
도 발휘하지 못했다. 마치 능력을 나에게 빼앗긴 것
같았다. 다행히 사흘 정도 지나자 그녀의 능력은 원래
대로 돌아왔다. 사정이 이러하다 보니 내가 도울 수
있는 부분은 제한적이었다. 전단지나 대신 붙이러 다
니는 게 다였다.

"네, 푸름넷 공부방… 아, 사람요? 사람은 저희 분야
는 아닌데."

대개는 여주 누나가 운영하는 공부방에 대한 문의
가 왔지만 아주 가끔 이렇게 사람도 찾을 수 있냐는 전
화가 오기도 했다. 그러면 그녀는 경찰서에 신고하시
거나 흥신소를 알아보시라고 하며 연락처까지 알려
주는 모양이었다.

"하, 벌써 오늘 두 번째야. 사람 찾는다는 전화."
"흉흉하네. 왠지 일진이 안 좋은 것 같은데."

혼잣말을 하듯 구시렁거리며 상봉이 형이 밖으로
나갔다. 티브이에선 바로 어제 따개비 축제의 시작을
알린 불꽃놀이 장면과 함께 들뜬 사람들의 목소리가
흘러나왔다. 아나운서 말에 따르면 방문객 숫자가 예
상보다 더 많다고 한다.

상봉이 형이 나간 뒤 나도 곧 가방을 챙겨 신발을 신
고 나왔다.

"순신아, 조심해. 예감이 안 좋아. 개똥 조심. 벼락 조
심. 삐끼 조심!"

여주 누나가 뒤에서 말했다. 삐끼는 왜 조심해야 하

는 걸까, 살짝 의구심이 드는 게 사실이었다. 탈 쓰고 알바할 때의 상봉이 형이 바로 그런 사람인 것 같은데. 아무튼 누나가 조심하라고 하니 뭐든 조심해서 나쁠 건 없었다.

고시원에서 돌아와 해야 할 일들을 좀 하다가 장이라도 볼 겸 다시 밖으로 나왔다. 티브이에서 축제의 들뜬 기운을 비추긴 했지만 실제로는 훨씬 더 북적북적하다는 게 고스란히 느껴졌다. 어딜 가든 사람들로 바글바글했고 외지인들은 주로 가족 단위로 움직이며 봉지에 뭔갈 담아서 먹거나 사진을 찍느라 바빴다. 올해의 축제는 성공적일 모양이었다.

개인 사정으로 쉼.

길을 지나며 본 성지 문구는 며칠째 문을 닫은 채였다. 아저씨에게 무슨 일이라도 있는 걸까. 자주 왕래하며 소식을 묻는 사이는 아니었으니 사정을 알 순 없었다. 내게는 아저씨에게 자신의 능력을 알고 있냐고 직접 묻고 싶은 마음이 있었다. 누나는 그게 아저씨에게 도움이 되지 않을 거라고 했지만 그래도 모르고 있는 것보다는 좋을 거라는 게 내 생각이었다. 나는 '빨아 쓰는 행주'였다. 그게 뭐 어때서. 아저씨는 '인간 내비게이션'이에요, 하고 말해 줄 날이 언젠가는 오지 않을까.

- 대박! 고양이 의뢰 3건 들어옴.

여주 누나의 카톡이었다. 그새 의뢰가 세 건이나 들어왔으면 오늘은 그녀의 예감과 반대로 상당히 운이 좋은 날이다. 도와줄 일이 있을지 모르니 이따가 옥탑방에 가 보는 게 좋을 것 같았다.

"아, 죄송합니다."

분홍색 후드를 걸친 남자애였다. 좁은 골목에서 어깨를 부딪친 그 애가 먼저 사과를 했다. 내가 핸드폰을 보느라 앞을 못 본 탓인가 싶었는데 어차피 그쪽도 후드를 뒤집어써서 앞이 제대로 안 보였을 듯했다. 나도 죄송하다고 말하고 뒤를 돌아보니 어느샌가 먼발치까지 걸어간 남자애가 우뚝 멈춰 서서 나를 보고 있었다. 당황한 듯 무슨 말인가를 하려는 것 같았는데 다시 고개를 돌려 서둘러서 인파 속에 섞여 들어가는 모습이 보였다.

바로 그 순간이었다. 한 달이 다 되도록 애타게 찾아다녔던 알프레드가 떠올랐다. 선명하게 머릿속에 한 장면이 그려지는 것이었다. 알프레드는 어느 녀석의 품 안에 있었다. 분홍색 후드를 쓰고 조금씩 빠르게 뛰어가는 바로 그 남자애의 품이었다.

뭔가를 더 생각할 겨를이 없었다. 저 녀석이 알프레드를 데리고 있는 게 분명했다. 나는 사람들 틈을 비집어 가며 녀석을 쫓았다. 이미 멀어져 있는 통에 감으로 쫓아가는 수밖에 없었다. 내 능력이 잘 달리는 것이었다면 이런 순간에 얼마나 유용했을까. 아니, 그냥 달리기를 좀 더 연습해 둘걸. 학교 다닐 때 내 달리기 실력은 꼴찌에 가까웠다. 녀석은 외지인들로 북적이는 수산 시장 골목으로 들어갔는데 그 뒤로는 도무지 어디로 갔는지 찾을 수가 없었다. 허탈하고도 참담했다. 알프레드를 또 잃어버렸다. 그 녀석과 부딪힌 것이 알프레드가 나에게 보낸 구조 요청일 거라는 생각마저 들었다.

- 오늘 늦겠다. 행사 주차 안내할 사람이 급히 필요하다고 아는 형이 도와 달라네. 인형 탈 알바 끝내고 도와주고 올게.

상봉이 형이 보낸 메시지였다. 그도 바쁜 모양이었다. 난 내 손을 내려다보았다. 내가 가진 능력이라는 건 누굴 제대로 돕지도 못할뿐더러 내 앞에 당면한 일도 처리하지 못했다.

아냐. 다른 사람이라면. 순간적으로 나는 여주 누나를 떠올렸다. 바로 지금이라면 가능할지 몰랐다. 알프레드를 데리고 있는 녀석을 방금 봤으니 이제 그 분홍 후드가 어디 사는지만 찾으면 되는 것 아닐까. 마음이 급해졌다. 돌아가서 누나의 도움을 받아야 했다.

나는 서둘러서 다시 옥탑으로 향했다. 거리는 현지인인지 관광객인지 모를 사람들로 가득 차 있었다. 수산시장 골목 안으로 들어왔던 조금 전보다 배는 더 많은 사람이 보이는 듯했다. 그런데 사람들의 표정이 이상했다. 놀러 온 장소를 두리번거리며 호기심을 드러내기보다는 당황하여 갈팡질팡하고 있는 것이었다. 마치 낯선 곳에 버려져 길을 잃고 떠도는 동물들 같았다. 그것도 가족 단위로, 모조리 다 헤매고 있는 모습이었다.

알프레드를 찾으려면 서둘러야 했지만 곳곳에서 나는 웅성웅성한 소리와 거리에 깔리는 기묘한 분위기는 그냥 지나치기엔 섬뜩하리만큼 이상했다.

"미쳤어. 이게 뭐야. 30건이 넘어. 30건이 넘는다고!"

옥탑방에 들어서자마자 마주한 여주 누나는 넋이 나가 있었다. 왜 그런가 했더니 잃어버린 동물을 찾는다는 전화가 순식간에 폭발적으로 증가했다는 것이었다.

"이게 말이 돼? 아까부터 끊임없이 전화가 와. 대부분 산책하는 중에 잃어버린 것 같대. 사람도 찾을 수 있냐는 전화는 또 왜 그렇게 많이 오는 거야?"

그녀는 무슨 일부터 시작해야 할지 난감해했다. 이렇게나 바쁜 적이 없기도 했다지만 연달아 의뢰가 들어온단 사실에 살짝 흥분해서 그런 것 같기도 했다. 당장 전화를 걸어 온 사람들에게 약속 장소를 안내하고 동물 사진을 보내 달라고 부탁하느라 정신이 하나도 없어 보였다. 그녀가 틀어 놓은 티브이에서는 뉴스 속보가 흘러나왔다.

- 실종 신고 건수가 늘고 있습니다. 축제를 맞이하여 놀러 온 가족 단위 관광객들이 길을 잃고 헤매는 사이에 아이들을 잃어버린 경우가 많다는 소식입니다.

인터뷰에 응한 경찰은 인상을 쓰면서 하루 만에 이렇게 신고가 많이 들어온 적은 없었다고 말하고 있었다. 시 공무원은 왜 이런 상황이 발생한 건지 모르겠다고 했다. 예상보다 많은 사람이 오긴 했지만 그렇게까지 혼잡스러워질 정도는 아닌 것 같은데, 라며 말끝을 흐렸다. 마지막으로 기자가 인터뷰한 시민은 당혹감에 빠져서 헤어나질 못하는 표정을 하고 있었다. 그 사람은 인터뷰에 응하다 말고 맥없이 기자에게 되물었다. "저기요. 여기서 나가려면, 어디로 가야 합니까?"라고.

뉴스에 따르면 온 도시가 패닉 상태였다. 그때 여주

누나가 상봉이 형으로부터 온 전화를 받았다. 평소 멘탈이 강한 상봉이 형이었는데 목소리에 담긴 당황스럽다는 뉘앙스가 옆에 있던 나에게도 고스란히 전해졌다.

"다들 이상해. 길을 알려 줘도 뱅글뱅글 돌아서 다시 나한테 와. 아무리 저쪽으로 가라고 해도 알겠다 하고는 또 헤매고 있는 거야. 아예 포기하고 주저앉는 사람들도 있어. 더 환장하겠는 건 이 주변에서 오래 일한 알바들도 지금 다 어버버 한다는 거야."

"어디야? 우리가 지금 갈게."

"따개비 광장이야. 거기로 와."

여주 누나는 전화를 끊은 뒤 어딘가 충격을 받은 사람처럼 조용히 고개를 숙였다. 곧 두 손으로 얼굴을 한 번 감싸 쥔 그녀는 무서울 만큼 차분해진 얼굴로 말했다.

"죄다 길을 잃어버리고 헤맨다 이거지. 가자, 순신아. 우리가 해야 할 일이 생겼어."

그녀의 얼굴에 바짝 독이 올라 있어서 난 알프레드 얘기는 꺼내지도 못했다.

"만약 우리가 길을 잃지 않고 제시간에 도착한다면 이 상황은 우리 같은 놈의 소행일 거야. 능력을 가진 사람들은 이 대환장 파티에 별 영향을 받지 않는단 얘기니까. 어떤 자식일지 궁금하네."

그녀는 차에 시동을 걸고 험하게 액셀을 밟았다. 내가 벨트를 미처 매기도 전에 그녀는 금세 다시 후진해서 편의점 앞에서 놀고 있던 초아까지 뒷좌석에 태웠다.

"얘는 왜 데려가요?"

"하나라도 더 있으면 좋잖아."

일손이 많으면 어디에라도 쓴다는 건가. 그녀의 논리는 농경 사회에나 어울릴 법하게 단순했지만 왠지 설득력 있다는 생각에 고개를 끄덕였다. 차는 덜컹거리며 따개비 축제의 한복판을 향해 내달렸다.

"여기야, 여기!"

상봉이 형이 경광봉을 든 채로 두 손을 크게 흔들었다. 그의 얼굴이 평소보다 더 핼쑥해져 있었다. 도로가 막혔다는 점을 감안하면 얼추 제시간에 도착한 듯했다. 그렇다면 이 이상한 현상 뒤에는 우리가 지닌 것과 같은 종류의 힘이 작용하고 있다는 추측이 거의 맞다고 봐야 한다. 여주 누나는 광장 옆 갓길에 아무렇게나 차를 댔다.

"어떻게 된 거야. 이 사람들 대체 어디로 가겠다는 거야?"

로터리뿐만 아니라 공용 주차장 안에서까지 뱅글뱅글 돌고 있는 차들을 가리키며 그녀가 말했다.

"무슨 영문인지 모르겠어. 집으로 가겠다는 사람도 있고, 서울로 올라간다는 사람도 있는데 다들 이 모양이야."

상봉이 형의 얘기를 들은 여주 누나는 곧 아무나 붙잡고 말을 걸기 시작했다. 그녀는 억지로 꾸며 낸 친절한 얼굴로 다가가서는 어디 가시려고요, 뭘 찾고 계세요, 하고 물었다. 대답에 따라 각자에게 맞는 방향을 일러 주겠단 계획이었다. 그러나 길 안내를 받은 사람들은 맥이 빠진 표정으로 알겠다고 하더니 원래 자리에서 50m도 못 벗어난 채 다시 헤매기를 반복했다. 상봉이 형은 아예 로터리로 나가 경광봉을 흔들며 차를 빼내려고 애를 쓰고 있었다. 이 상황을 취재하러 나온 방송사 차량부터 관광버스까지 전부 방향을 못 잡고 도로를 메운 채 경적만 계속 울려 대고 있었다.

그야말로 아수라장이었다. 초아가 플레이했던 좀비 게임이 떠오를 지경이었다. 그 게임에서는 시간이 지날수록 좀비들이 점점 많이 몰려들었다. 지금 이 상황이 계속된다면 축제 장소로 빨려 드는 사람은 더 늘어날 테고 그럼 문제를 해결하기도 더 어려워질 것이라는 게 불 보듯 뻔했다. 가정할 수 있는 최악의 상황은 이 사달을 해결하겠다며 시 당국이 공무원이나 경찰, 소방대원까지 죄다 투입하는 것이다. 그들이 이 안에서 함께 뒤엉켜 있는 동안 축제 장소 바깥에서 범죄 사건이나 화재 사고라도 일어난다면 손 한 번 못 쓴 채로 대참사를 맞이하게 될 수도 있었다. 올해의 따개비 축제는 당연히 폭삭 망하는 것이고 수많은 관광객은 이대로 발이 묶여 돌아가지 못한 채 정말 영원히 좀비처럼 헤맬지도 몰랐다. 이후 매년 이맘때면 동네가 축제장에서 죽은 원혼들로 가득 차 평소 제대로 풀리던 일도 꼬이고….

끔찍했다. 나는 이 혼란 속에서 터무니없는 상상에 빠져 정신을 놓지 않도록 노력했다. 마냥 이렇게 손 놓고 있을 수만은 없었다. 그때 어디선가 아이의 울음소리가 들려왔다. 소리가 들린 곳을 찾아보니 길을 잃은 듯한 남자애가 가게 앞에서 울고 있었다.

"꼬마야, 왜 울어? 길을 잃었어?"

다가가서 아이에게 물었다.

"엄마 아빠가 어딨는지 모르겠어요. 방금 전까지 여기 있었는데."

그 대답을 들으니 지금부터 빨리 주변을 둘러보면 부모를 찾을 수 있을 거란 생각이 들었다. 아이의 손을 잡고 광장 한가운데로 나갔다. 사람들은 멍한 표정으로 어디론가 가려고 했지만 실제로는 같은 자리를 뱅글뱅글 돌 뿐이었다.

"저기 있어요. 엄마! 아빠!"

남자애가 가리키는 사람들에게 그 애를 데리고 갔다.

"저분들이 네 부모님 맞아?"
"네. 맞아요."

꼬마의 손을 놓아주고 두 사람에게 넘긴 뒤 돌아선 찰나였다. 흐아앙. 다시 우는 아이의 목소리가 들렸다. 돌아보니 부모로 보이는 두 사람은 멍하니 앞사람을 따라가기만 했다. 둘 다 앞쪽을 기웃거리면서 다급하게 움직이기에 바빴다. 그 와중에 아이를 잡았던 손이 미끄러지면 아이는 잰걸음으로 다시 부모를 뒤따라가길 반복하고 있었다.

이런 식으로는 사태를 해결할 수 없었다. 같은 문제가 반복되기만 할 뿐이었다. 광장의 한편에서는 여주 누나가 일그러진 표정으로 계속 한 명 한 명에게 목적지를 물어보고 있었다. 그러나 좀 전에 말 걸었던 사람이 다시 돌아와서 여주 누나에게 묻는 일이 계속되자 그녀도 넋이 나갈 것 같다는 표정을 지었다. 상봉이 형은 멀리서 봐도 이미 지쳐 있었다. 그가 내는 후광의 밝기조차 점차 희미해지는 것 같았다.

아! 어쩌면, 다른 방법이 있을지도 몰랐다. 나는 서둘러 차로 돌아갔다. 이 상황 속에서도 초아는 뒷좌석에 그대로 앉아 핸드폰 게임에 빠져 있었다.

"초아야, 따라와. 너랑 내가 나서야 할 것 같아."

초아의 도움부터 필요했다. 나는 초아의 손을 붙잡고 여주 누나에게로 향했다. 초아의 손을 잡았을 때부터 이미 이 공간을 메운 전파의 흐름이 느껴지기 시작했다. 이 부근의 전파는 방사형으로 잘 펼쳐져 있었지만 따개비 광장에서만 유독 구불구불하게 꼬이고 비틀어졌다.

'이 애는 이런 걸 항상 느끼면서 사는 건가.'

순간적으로 안타까운 마음이 들었다. 하지만 아직 어려서 오히려 이런 감각을 자연스럽게 여기고 있을지도 몰랐다. 나는 초아의 손을 꼭 잡은 채 거의 이인삼각을 하듯 뛰어서 누나를 붙잡았다.

"누나, 손 좀 빌려주세요!"

"손? 갑자기 왜?"

일일이 설명하기 어려웠다. 일단 한번 해 보는 게 나았다.

"초파워!"

"아하, 오케이."

그녀 또한 더 지치기 전에 뭐라도 해 볼 수 있는 건 뭐라도 다 해 보자는 생각이었나 보다. 누나가 내 손을 잡자 꿈인지 환영인지 헷갈리는 이미지들이 전해져 오기 시작했다. 여주 누나가 찾고 싶어 하는 것이나 초아가 찾고 싶어 하는 것, 혹은 이곳의 사람들이 찾으려고 하는 무언가가 전파를 따라서 자꾸 흘러들어 오는 것 같았다. 본 적 없는 사람이나 장소가 시시각각으로 눈앞에 보였다가 사라지길 반복했다.

이제는 상봉이 형에게 다가갈 차례였다. 그는 로터리 한가운데 서서 무릎을 짚고 헉헉대고 있었다. 체력이 약한 그가 종이 인형처럼 금방이라도 풀썩 쓰러지지 않을까 걱정이었다.

상봉이 형과 도로 하나를 사이에 두고 마주 보게 되었을 때쯤 도로를 메운 차들과 인파 위로 거대한 형상 하나가 움직이기 시작했다. 난 고개를 들고 멈춰 서서 그 형상을 바라보았다.

반투명한 질감의 분홍빛 형상은 기이하게 일렁이고 있었는데 똑 부러지는 입매와 쩍쩍 갈라진 등갑의 모습이 너무도 익숙했다. 알프레드였다. 알프레드는 느릿하게 두리번거리며 뭔가를 찾고 있었다. 마치 거대한 산이 움직이는 것 같았다. 저 형상이 실제일 리는 없었다. 내 다급함이 빚어냈거나 뭔가가 잘못되어 비쳐진 왜곡된 이미지에 가까울 터였다.

마음이 다급해졌다. 어쩌면 녀석은 나를 찾고 있는지도 모른다. 저렇게까지 거대해진 것도 내 탓인 것 같았다. 누군가를 잃어버려선 안 된다고 생각했는데. 실수든 고의든 그건 견딜 수 없는 상처를 주는 폭력이고 잘못이라고 생각했는데. 죄책감에 발이 쉽게 떨어지질 않았다. 알프레드와 한 번이라도 눈이 마주쳤으면 하고 바랐다.

아니야, 지금은 먼저 이 사람들부터 원래대로 돌려 놔야 해. 내 손을 잡은 이들의 간절함도 나의 간절함만 큼 중요했다. 알프레드를 찾으려면 이 상황부터 정리 하는 게 우선이었다. 나는 초아와 여주 누나를 이끌고 상봉이 형을 마주했다.

"저는 이런 거 잘 몰라요. 어떻게 힘을 사용해야 할 지도, 왜 이런 일이 발생하는지도."
"순신아, 형 힘들어. 얼른 요점만 말해."
"김밥요! 아니, 그러니까…."

나는 내가 생각한 바를 설명했다. 이런 상황에서는 각자 움직이기보다 힘을 모아야 한다는 것을. 김밥 재 료는 따로 있을 때보다 김 안에 함께 있을 때 더 우아 하고 맛있어진다는 것을. 그러니까 내가 김밥의 김과 같은 역할을 해 보겠다는 얘기였다. 나에게는 능력이 없다. 아니, 있기는 하지만 내 능력은 이 사람들이 있 어야 발휘될 수 있다. 내가 떠올린 방법을 얼추 알아챘 는지 다들 비장한 표정으로 고개를 끄덕였다.

로터리에서 우리는 바깥쪽을 바라본 채로 어깨를 맞대고 둥글게 섰다. 서로를 맞잡은 손이 연결되어 원 을 이루자 나와 직접 닿지 않은 상봉이 형의 기운까지 내 손끝을 타고 전해져 왔다. 동시에 주변이 환해지는 듯한 느낌이, 우리를 둘러싼 공간을 누군가 핀 조명으로 비추는 것 같은 느낌이 들었다. 상봉이 형의 능력이었다. 누군가 멀리서 지켜보고 있었다면 전구처럼 밝게 빛나는 우리를 보고서 어리둥절해졌을 터였다.

나는 천천히 눈을 감았다. 엉킨 실타래처럼 꼬여 있는 각 전파의 끝을 따라가는 데에 집중했다. 초아가 와이파이를 훔쳐 쓸 때 주로 사용하는 능력이었다. 암호화된 신호 속에는 어디에서 흘러나오는 건지, 어디를 거쳐 누구에게로 가는지 따위의 정보가 숨어 있었다. 이제 조각난 퍼즐 위에 불안하게 서 있는 듯한 사람들의 모습이 하나둘 보이기 시작했다. 하나같이 혼란에 빠져 넋을 놓은 표정들이었다.

찾는 게 어떤 건가요. 언젠가 여주 누나가 내게 물었던 것처럼 나는 사람들에게 물었다. 귓속말을 하듯, 아이를 달래듯 조심스럽게 접근해 간신히 그들이 가고자 하는 목적지를 알아챘다. 그다음은 원래 상봉이 형이 하던 일을 할 차례였다. 사람들을 목적지로 안내하는 것이다. 여주 누나가 찾아낸 장소마다 상봉이 형이 미리 마중 나간 것처럼 자리를 잡았다. 그리고 아주 먼발치에서도 보일 법한 조도로, 그러나 시야를 해치지는 않을 정도로 빛을 내며 서서히 손을 흔들었다. 정확히는 내가 그 모습을 떠올렸다. 내가 머릿속으로 그린 상봉이 형은 알바를 할 때처럼, 주차장에서 경광봉을 흔들 때처럼 사람들의 눈에 띄는 곳에 서서 천천히 손을 흔들었다. 사람들이 서로 부딪히거나 누굴 잃어버리지 않도록.

"어어, 움직인다. 사람들이 빠져나가고 있어."

등 뒤에 선 상봉이 형의 목소리였다. 나는 눈을 감은 상태였다. 하지만 사람들이 길을 찾아 돌아가고 있다는 것을 알 수 있었다. 소란스러웠던 경적 소리도 점차 잦아들고 있었다. 엉켜 있던 전파가 실타래의 실처럼 풀리는 듯한 감각이 느껴졌다. 이 모든 일이 물 흐르듯이 진행되고 있다는 것도 느낄 수 있었다. 차올랐던 바닷물이 빠져나가는 듯했다. 수많은 사람들이 잠시 나를 거쳐 다시 각자의 방향으로 흘러 나가는 것이 너무나 자연스러운 일이라는 걸 느끼며 나는 한참 동안 눈을 감고 있었다.

　"대충 정리된 것 같은데?"

　여주 누나가 말했다. 다들 지쳐 있었다. 어느새 주변은 어둑어둑해졌고 사위는 고요해졌다. 축제가 끝난 뒤 밀려드는 공허함을 가장 먼저 맛보는 사람들이 바로 우리인 것 같았다.

　"어? 쟤, 저기 저."

　나는 어둑어둑한 공용 주차장 입구 앞에 우뚝 서 있는 한 사람을 가리켰다. 분홍 후드를 쓴 녀석이었다. 엉거주춤한 자세로 녀석은 우리를 향해 천천히 걸어오고 있었다. 다시 금방이라도 달아날 것 같아서 누가 저 녀석 좀 잡아 달라고 외치려 했는데 어느새 손 뻗으면 닿을 거리까지 다가와 있었다.

　"죄송해요. 이거 돌려 드릴게요."

　녀석은 후드 주머니에서 뭔가를 꺼내서 내밀었다. 초아와 상봉이 형은 이게 뭐냐는 얼굴로 그걸 내려다봤다. 잠시 뒤 여주 누나만이 녀석이 내민 게 내가 찾던 육지 거북, 알프레드라는 걸 눈치챈 모양이었다.

"너무 갖고 싶어서 가져가긴 했지만 사실은 바로 팔려고 했어요. 얘가 밥 먹을 때 아니면 고개도 안 내밀고 움직이지도 않아서요."

알프레드가 낯을 가리는 편은 아닌데 그랬다고 하니 마음이 짠해지는 데가 있었다. 거처가 바뀐 탓에 불안했거나 불편했기 때문일 터였다. 다친 데는 없는지부터 살핀 뒤 어서 사육장에 돌려놓고 싶었다. 녀석으로부터 알프레드를 조심스럽게 건네받았다.

"진짜 죄송해요. 다시는 안 그럴게요."
"너 우리 고시원에 살아?"
"네."

사실 나는 이런 녀석이 고시원에 있는 줄도 모르고 있었다. 후드를 벗어 넘긴 모습을 보니 만난 적이 있는 듯도 했고 처음 보는 얼굴 같기도 했다. 몇 시간 전 시장에서 마주쳤던 얼굴이 이 얼굴이었는지조차 헷갈렸다.

"대부분의 사람들이 절 봐도 잘 기억 못 해요. 죄송해요. 정말 다시는 안 그럴게요. 팔려고 나갔다가 이건 아닌 것 같아서 돌려주려고 했는데 그때 갑자기 마주치는 바람에, 당황해서 도망쳤어요."

분홍 후드는 거의 울먹거리면서 말했다.

"근데 너 여기는 어떻게 알고 왔니? 길은 안 헤맸어?"

여주 누나가 물었다.

"아, 네. 그게 왠지 이쪽으로 와야 할 것 같아서. 거북이가 가자고 하는 대로 온 것 같아요."

"거북이랑 대화를 해?"

"그건 아니지만… 얘가 뭘 찾고 있는 것 같았어요. 지나치면서 본 사람들은 다 이상하게 길을 헤매고 있고. 다급한 마음에 일단 얘가 가자고 하는 방향으로 가 보자 마음먹으니까 여기 이 형이 있었어요."

"흐음."

분홍 후드의 대답에 여주 누나가 낮게 한숨 소리를 냈다. 그러고는 나와 분홍 후드를 번갈아 바라보았다. 그녀는 짐짓 심각한 표정을 지었지만 묘하게 웃고 있다는 걸 알 수 있었다. 무슨 말부터 해야 할까. 아니 이 녀석도 능력자 맞는 거야? 세상에 이렇게나 엉터리 같은 사람들이 많아? 그만큼 세상이 엉터리로 돌아가고 있다는 뜻인가. 나는 떠오르는 대로 말을 꺼냈다.

"너 이거 도둑질인 거 알고 있지?"

"네…. 죄송해요."

상대가 계속 미안하다고 하니 더 이상 할 말이 없었다. 애초에 나는 누구를 나무라거나 훈계해 본 적이 없으니 이런 상황에 어떤 말이 어울리는 건지도 몰랐다. 어느새 상봉이 형이 뒤에서 팔짱을 끼고는 어깨로 슬쩍 나를 밀었다. 나는 민망해져서 알프레드를 쓰다듬는 척했다. 그러다 고개를 살짝 들어 분홍 후드에게 단호한 어조로 물었다.

"넌 네가 뭘 잘한다고 생각해?"

그 말에 뒤에서 풉, 하는 소리가 터져 나왔다.

성지 문구 입구에 흰 국화가 수북이 쌓여 있었다. 나는 오전에 누나와 함께 들렀다. 그 뒤 같이 장을 보고 돌아오는 길이었다.

"원래 암이 있으셨대. 그런데도 티가 전혀 안 났다니."

여주 누나는 씁쓸해하며 말했다. 일부러 티를 안 내셨던 걸지도 모른다는 생각이 들었다. 언제 찾아가도 항상 웃는 얼굴로 맞아 주던 분이었는데. 아저씨의 빈자리는 앞으로 더 크게 느껴질 것 같았다. 물어보는 사람 누구에게나 친절하게 길을 알려 주는 아저씨가 대단하다고, 멋있다고 말씀드리지 못한 게 아쉬웠다. 한때는 주변에서 일어나는 일들을 모두 대수롭지 않게 여겼다. 그동안 주변 사람들의 특별함을 모른 채 지나쳐 온 걸지도 몰랐다. 이제는 알고 있다. 세상에는 아저씨처럼 남을 위해 자신의 능력을 발휘해 온 사람들이 있다. 여주 누나나 상봉이 형처럼 묵묵히 일하다가도 위기의 순간 자기 일처럼 뛰어드는 사람들도 있다. 물론, 더러는 자신의 특별함을 모른 채 방황하는 사람도 있을 것이다.

난 그 점을 민성이를 볼 때마다 미루어 짐작하곤 했다. 남의 눈에 안 띄는 게 자신의 능력이라는 걸 녀석은 이미 어렴풋이 알았을 것이다. 그런데도 늘 형광색 계통의 후드를 뒤집어쓰고 다녔다. 어떤 마음이었을지 헤아릴 수 있었다. 누군가 자신을 봐 주길 바라는 그런 마음이 아니었을까. 이제 민성이는 누구보다 나를 따르게 되었다. 물론 알프레드와도 사이좋게 지냈다. 상봉이 형과 여주 누나와도 가족같이 어울렸다. 그날 이후 우리는 보이지 않는 끈으로 연결된 것만 같았다.

"이것 봐요. 저 이거 벌써 다 깼어요."

편의점 앞을 지나는데 그 앞에 앉아 있던 초아가 어김없이 일어나서 한마디 했다. 손가락으로 브이를 그리며 자기 핸드폰을 내미는 걸 보면 여전히 애는 애였다.

"너 공부는 잘하고 있는 거지?"

여주 누나가 초아에게 말했다.

"네. 근데 공부보다 게임이 더 쉬워요."
"다음에 우리 집 와. 같이 하자."

초아는 그녀의 말에 신이 나서 언제요, 라고 채근하듯 물었다. 나는 그녀의 제안이 게임을 같이 하잔 게 아니라 공부를 같이 하잔 것이 아니었을까 생각했다. 여주 누나는 똑똑하니까 그 말을 계기로 초아도 가까이에서 지켜보겠다는 꿍꿍이를 펼치는 건지도 몰랐다. 어쨌든 그녀의 판단이라면 믿을 수밖에 없었다. 그녀는 내가 가장 믿고 의지하는 사람이었다.

"그런데 말이야. 아직 다 풀리지 않은 게 있단 말이지."

옥탑방을 향해 계속 걸으면서 그녀가 말했다.

"그날 사람들이 길을 잃게 만든 건 민성이가 아니야. 그 애 능력과는 관계가 없어. 오히려 성지 문구 아저씨가 가지고 있던 능력과 관계가 있다면 모를까. 길을 찾아 주거나 길을 잃게 만드는 것…."
"두 능력은 서로 동전의 양면과 같은 거니까요?"

"그렇지. 그런데 그날 아저씨가 돌아가셨잖아. 아저씨 스스로 대규모의 사건을 일으키진 못했을 거야. 다른 방식으로 증폭된 힘이 터져 나온 거라면 모를까."

나는 그녀의 말을 들으면서 그녀의 손을 잡고 상봉이 형에게 다가갈 때 보았던, 산처럼 거대해진 알프레드를 떠올렸다. 뭔가를 찾고 있는 듯한 녀석의 모습은 나를 닮아 있었다. 자신을 보살피던 사람이 사라졌다는 것. 그걸 알았을 때 드는 마음은 어떤 걸까. 그리고 그럴 때 할 수 있는 행동은 뭘까. 수많은 사람이 어디로도 떠나지 못하게 가로막았던 건, 실은 그 안에서 누군가를 간절히 찾고 싶었기 때문이 아닐까.

"알프레드요. 그 일이 알프레드와 관련이 있는 것 같아요."

나는 그날 내가 본 알프레드의 모습을 설명했다. 그저 환영을 본 거라고 생각한 탓에 여태껏 말하지 못했다.

"그게 사실이라면 알프레드도 단순한 육지 거북은 아닌 것 같네. 만약 알프레드가 너처럼 다른 존재의 힘을 흡수할 수 있는 거라면 그날의 일이 어떻게 일어난 건지 설명할 수 있게 되지. 아저씨의 능력을 흡수한 뒤 폭주한 녀석이 결국 너의 말을 듣고서는 잠잠해진 걸지도 몰라. 어쨌든 알프레드의 주인은 너잖아."

그녀는 멈춰 서서 눈에 힘을 주어 나를 바라보며 말했다.

"다신 잃어버리지 마. 절대 누가 가져가게 두지도 말고. 넌 앞으로도 녀석이랑 뗄 수 없는 관계여야 해."

"물론이죠. 알고 있어요. 가족이잖아요. 어떻게든 지킬 거예요. 이제 절대 안 잃어버려요."

"올. 제법인데. 그렇다면 다행이고."

왠지 그렇게 말하고 나니 책임이 더 막중해지는 것 같았다. 나는 여전히 나의 능력은 특별하지 않다고 생각한다. 하지만 가까운 사람들을 돕고 지킬 수 있는 힘이라면 그게 뭐가 됐든 초능력이 아닐까. 나는 알프레드와 나를 도와준 사람들을 지키고 싶었다. 그들을 지키기 위해서라면 어떤 위험도 감수할 수 있을 것만 같았다.

옥상의 문을 열고 들어서니 민성이와 상봉이 형이 이불을 널고 있었다.

"갔다 왔어? 좀 쉬어. 아 참."

상봉이 형이 잠시 말을 멈췄다가 이었다.

"의뢰가 하나 들어왔어. 앵무새를 잃어버렸대. 근데 한 마리가 아니라 세 마리야. 주인한테 사정이 있는 것 같던데. 최대한 남들 눈에 안 띄게 찾아 달라네."

"으. 피곤해. 네가 할래?"

여주 누나는 나를 보며 물었다. 이미 웃고 있는 걸 보면 내가 맡게 되리라는 걸 다 예상한 눈치였다.

"저도 갈게요."

민성이가 손을 털며 소리쳤다. 녀석은 이럴 때 특히 적극적이었다.

"좋아! 집 나간 앵무새 찾기. 너희 둘이서 해결해."

여주 누나는 신발을 벗고 안으로 들어갔다. 나는 내리쬐는 햇볕을 받으면서 작게 한숨을 내쉬었다. 다음할 일이 생겼다. 그때 내가 중얼거린 말은 아마 민성이도 듣지 못했을 것이다. 나는 웃음을 참으면서 아주 작은 목소리로 말했다. 메타몽 나가신다.

작가 후기

히어로물을 좋아하지만, 히어로가 나타나기를 바란 적은 없다. 히어로가 있으면 빌런이 있게 마련이고, 빌런은 왜인지 세계 정복 혹은 도시 정복을 꿈꾸며 어설픈 계획을 세우고, 둘이 싸우다 보면 건물 하나쯤은 무너지게 되어 있다. 그런데 아무리 생각해도 나는 히어로도 빌런도 아닌, 건물 앞을 지나가다 잔해에 깔려 발버둥 치는 엑스트라인 것만 같았다. 작품이 끝날 때까지 살았는지 죽었는지도 알 수 없는 그런 엑스트라 말이다. 어렸을 적부터 그렇게 생각했다. 내 위치는 엑스트라일 뿐이라고. 지구를 구하기에 바쁜 히어로는 아무래도, 나까지 신경 쓰지는 않을 것 같다고. 바쁜 어른들이 어린아이가 놀이터에서 혼자 앉아 있어도 크게 신경 쓰지 않는 것처럼 말이다.

'마이너리티 히어로'를 구상하면서 어떤 사람을 히어로라고 부를 수 있을까 고민했다. 있어야 하는데 정작 잘 없는, 그런 히어로를 그려 내고 싶었다. 어른다운 어른. 아이들의 고민을 들어 주는 어른. 아이의 아픔에 공감해 주는 어른. 자신이 어른임을 받아들이고 다음 세대의 세계를 걱정해 주는 그런 어른. 아이에게는 그런 존재가 있어야 하는데, 이상하게도 내가 어른이 되는 동안 겨우 몇 번밖에 만나지 못했다. 내가 그런 어른이 되었냐 하면, 자신 있게 그렇다고 대답할 수도 없다. 그래서 나는 오미자 할머니에 대해 썼다. 오미자 할머니는 한 명이지만, 그의 안에 깃든 힘은 한 명의 것이 아니라 생각한다. 오드리 헵번을 닮은 오미자의 언니에게 글을 가르쳐 준 선생님, 오미자를 지켜 준 언니, 그리고 오미자. 그들의 상냥함이 이어 내려와 오미자의 파워가 된 것이다. 그들의 맥은 야에게 이어져, 야는 캡틴의 든든한 파트너로 수많은 상냥함을 경험하면서 어른이 될 것이다. 글을 쓰는 동안 어른이 되어 가는 야를 상상할 수 있어서 좋았다. 아이가 무사히 어른이 되는 건 자연스럽지만 얼마나 경이로운 일인지. 아이였을 때의 슬픔을 잊지 않는, 아이에게 상냥한 어른들이 많아졌으면 좋겠다.

그래서 이 글에서 한심한은 나름, 빌런이다. 어른이 되지 못한 어른이기에. 그러나 나는 한심한을 싫어할 수만은 없다. 내 안에도 한심한의 일부가 있으니깐. 한심한이 훌륭한 빌런이 되었으면 좋겠다. 건물을 부수지는 말고. 부수더라도 아래에 깔린 사람은 나중에 구해 주기를 바란다. 이제는 빌런도 자기가 벌인 일 뒤처리는 해야 하는 시대 아니겠는가.

소설 속, 오미자가 겪었던 화재 사건은 1960년에 부산에서 발생했던 국제 고무 공장 화재를 모티브로 하고 있다. 단 상당 부분 소설적 각색을 거쳤음을 밝힌다. 부산의 범일동 골목 시장 부근에는 '신발 박물관'이 있고, 그 근방을 '누나의 길'이라고 칭하는 푯말이 세워져 있다. 누나의 길. 누가 지은 명칭인지 몰라도, 나는 그 명칭이 좀 싫다. 너무 노골적이라서. 그좁은 골목길을 오고 가던 여자들은 그저 '누나'가 아니었을거다. 그들에게는 각자 꿈이 있었을 거다. 그렇게 믿는다.

오미자가 세상에 나올 수 있게 해 준 안전가옥에 깊은 감사를 전한다. 이 글을 읽어 주신 모든 분들에게는 더욱 더 진한 감사를 전한다. 다시 만날 때까지, 우리 모두 파이팅.

끝끝내 이겨 내는 영웅을 좋아한다. 그 어떤 절망과 좌절, 슬픔과 이별을 맞닥뜨려도 끝내 일어서는 영웅을. 비록 복면 아래로 상처투성이이거나 눈물로 얼룩진 얼굴을 하고 있더라도, 마음은 엉망진창이 되었다고 하더라도 말이다. 세상을 구해야만 하는 운명이 비범함이자 비극이 되는 이야기가 언제나 나에게는 매력적으로 다가왔다.

언젠가는 영웅 이야기를 꼭 써 보고 싶다는 생각을 오랫동안 해 왔다. 그러다 '슈퍼 마이너리티 히어로' 공모전을 알게 됐고, 뭐가 됐든 한 편을 꼭 써서 내야겠다는 다짐을 했다. 기존의 영웅들보다 더 특별한 영웅을 만들고 싶기도 했고, 아주 하찮은 능력을 가지고 있어 우스꽝스러운 영웅을 만들고 싶기도 했다. 아이디어가 많기는 했는데, 결국 내가 택한 건 '가장 쓰고 싶었던 흔하고 흔한 이야기'였다. 아주 매력적인 캐릭터를 가지고 써 봤자, 내가 가장 좋아하는 근본적인 감동을 주지 못한다면 그건 내가 쓰고자 했던 영웅 이야기라고 할 수 없을 것 같았다. 내가 가장 좋아하는 걸 쓰기로 마음먹었다. '끝끝내 이겨 내는' 이야기를 말이다.

〈서프 비트〉는 그렇게 쓰게 됐다. 기존의 영웅 서사를 그대로 따라가는 이야기다. 이별과 좌절을 통해 자신의 본 능력을 알게 되는 '주영'이를 통해, 나는 성장을 보여 주고 싶었다. 화려한 영웅이 등장하기 이전, 그가 영웅의 길을 선택할 수밖에 없게 한 비극적인 필연을…. 스스로 보기에 꽤 만족스러운 이야기가 쓰여서, 몇 번의 퇴고 후에 마감 날보다 훨씬 앞서 제출했다.

결과를 기다리는 시간은 전혀 초조하지 않았다. 공모전에서 떨어지더라도 나는 내가 만든 영웅을 계속해서 움직이게 할 생각이었다. 소설 이후의 이야기를 상상하며, 이 영웅은 앞으로 어떤 것들과 싸우게 될지도 궁리해 보았다.

반짝반짝 빛나는 다른 작품들의 아이디어 속에서 내 영웅이 얼마나 밋밋해 보일지 감도 잘 오지 않는다. 그렇지만 나는 언제나 이렇게 밋밋하지만 강한 영웅들을 사랑한다.

예전의 나라면 이런 글을 안 썼을 것이다. 난 밍밍하고 템포 느리고 아무 일도 일어나지 않는 이야기를 좋아했고, 그런 글을 쓰려고 해 왔다. 물론 100% 그런 이야기만 쓴 것은 아니었다만, 드라마틱한 전개를 일부러 기피했던 예전의 나라면 끊임없이 썰렁 개그를 주절거리는 1인칭 화자라든가 마지막에 가서 여주인공이 닭똥 같은 반성의 눈물을 흘리는(근데 이 표현 되게 이상하지 않나. 애틋한 상황을 묘사하는 건데 똥…) 전개는 채택하지 않았을 것이다.

그러니 이번 작품은 "내 본연의 글이 아니다."-라고, 잘난 척을 했으면 좋겠지만, 이제 와서 보면 내가 예전에 썼던 작품들은 대체로 요령부득의 함량 미달 작품들이었다. 나야 개인적으론 내 글들을 좋아하지만, 객관적으로 보면 공모전에서는 탈락이, 연재에서는 흥행 실패가 너무나 당연했던 작품들이라고 본다. 게다가 예전의 내 글쓰기 방식의 특성상 작업 속도가 너무 느렸던 탓에 써낸 작품의 수 자체가 너무 적다. 아, 밍밍한 작품이 본인 스타일이라고요? 그래서 몇 편 쓰셨어요? 하고 내게 물어보면, 대답하지 못하고 우물쭈물하는 나를 볼 수 있을 터이다.

요사이 반성해 보니 밍밍하고 느린 작품을 쓰려면 오히려, 이야기가 그만큼 또렷하고 절박해야 한다는 생각이 들었다. 반면에 내 기존 글쓰기는 이야기의 힘을 선명하게 살리지 못했다. 그래서 대략 1년 전부터 내 글쓰기를 리부트한다며 이런저런 시도를 해 보고 있는 중이었다. 이번 작품도 그 와중에 튀어나온 것이다.

그렇다고 이번 작품이 나 자신과 동떨어진 작품이냐, 하면 그런 건 아니다. 오히려 그 반대다. 아주 자연스럽게 나온 작품에 가깝다.

난 내장의 비협조 속에서 살아왔는데, 따라서 주인공과 나는 많은 고민을 공유하고 있다. 작중에 나온 응가에 대한 논설들과 비유적인 표현들은 모두 나와 내 주변 똥싸개들이 실제로 주고받은 말에서 인용한 것들이다.

똥 이야기만 인용한 건 아니다. 내가 평소에 가장 좋아하는 개그 형태는 '인용 개그'고, 이번 작품에서도 이것저것 욕심내서 인용했다. 누군가는 알아보고 웃어 줄 것이다, 라고 기대하면서. 그러니 어떤 인용을 했는지 대놓고 밝히지는 않을 것이다. 다만 여러분이 절대 모를 인용 하나만 출처를 밝힌다. 똥 마려움을 암시하는 표현들 상당수는 동생 놈과 주고받은 것인데, "나의 내장은 나의 적"이라는 표현은 그가 고3 시절 그린 만화에서 인용한 것이다. 그 만화에서 동생은 시도 때도 없이 응가와 방구를 생산하는 자신의 내장과 일대일 격투를 벌인다.

그나저나 이야기 한 편을 곱씹다 보면 지엽적인 부분에 괜히 신경이 쓰일 때가 있다. 나와 성격 비슷한 분이 있을까 봐 이 자리에서 보충 설명을 하나 해야겠다. 작중 지윤이가 저녁 식사를 하던 식당 말인데, 식사를 하던 손님들이 우루루 화장실로 몰려가는 사태가 벌어지면 당연히 식중독을 의심하게 된다. 마침 연어 회를 주재료로 삼는 집이니 사장님도 뭐가 잘못됐나 걱정이 이만저만이 아니었을 것이다. 하지만 해당 사건은 '초능력에 의한 비상식 사건 수습 위원회'에서 적당히 잘 무마했으니 너무 걱정하실 필요는 없다. 구성원 다수가 초능력자인 위원회에게 이 정도 사건은 일상 업무 수준밖에는 되지 않는다. 특히 현장 요원들은 날고 기는 엑스퍼트들이니 일 처리의 정확함은 믿어 주셔도 된다. 문제는 이 현장 요원들이 조만간 주인공을 찾아가게 된다는 것이다. 벌금형이나 징역형을 때리기 위해서는 아니다. 그래서 주인공은…

5월의 어느 주말, 여느 날과 다름없이 시나리오 작업은 진전이 없었고 저는 막막한 기분에 젖어 김사월 님과 김해원 님이 부르신 〈지옥으로 가버려〉 라이브 버전을 유튜브로 듣고 있었습니다. 그러다 문득 지금 인스타그램을 들여다봐야겠다고 생각했습니다. 하루에도 수십 번씩 머릿속을 파고드는 그 충동 명령에 의해 저는 슈퍼 마이너리티 히어로 공모전을 처음으로 접하였습니다.

공모전을 처음 접하고 떠올린 것은 우리 삶 속에 있는 영웅 혹은 영웅적인 능력을 가진 누군가에 대한 막연한 이미지였습니다. 그 영웅에게는 어떤 능력이 있을까? 능력을 숨긴 채 살아가고 있을까? 왜 능력을 숨길까? 그 능력을 알아챈 사람은 어떻게 될까?

그러고는 각자에 대한 모든 것을 다 내놓다가도 어느 순간 숨기기도 하는 공간을 떠올렸습니다. 그 공간에서 어떤 사건을 겪고 자신의 능력을 숨긴 채 살아가는 히어로와 그 능력을 알아채고 히어로의 열렬한 팬이 되어 버리는 다른 사람의 이야기를 떠올렸습니다. 그렇게 〈피클(Fickle)〉의 첫 문장을 쓰게 되었습니다.

첫 문장을 쓰고 연달아 1장에 해당하는 글을 모두 쓴 뒤 2주

정도 소설을 들여다보지 않았습니다. 어떻게 이야기를 나아가게 만들지에 대한 고민은 머릿속을 계속 돌아다녔고 어느 정도 이야기의 구성도 세워졌지만 뭔가 하나, 어떤 중요한 조각이 빠져 있다는 느낌이 들었습니다.

마감일에 이르러 다시 마주한 〈피클(Fickle)〉의 초반부를 여러 차례 입으로 읊조리다가 '이 이야기가 히어로의 팬이 되는 사람의 독백극이라면 결국 주인공은 히어로가 아닌 그 사람이겠구나.'라는 생각을 했습니다. '지금껏 히어로에 대한 고민만 해 왔는데 중요한 것은 히어로가 아닌 다른 누군가이다.' 이 생각을 중요한 조각으로 삼아 〈피클(Fickle)〉을 마무리할 수 있었습니다.

시나리오를 쓰다 보면 '이 시나리오가 영화로 만들어지기는 할까?'라는 고민이 들기도 합니다. 이야기는 분명 그 자체만으로 충분한 가치가 있는 것인데 저는 시나리오란 영화로 만들어져야 가치가 있는 글이라고 규정해 버리고 있었던 것입니다. 이번에 〈피클(Fickle)〉을 쓰면서는 그런 고민 없이 그저 하나의 재미있는, 특히나 내가 재미있다고 느끼는 글을 쓰기로 마음먹었고 실제로 그렇게 작업하게 되어 너무나 즐거웠습니다. 앞으로는 소설도 시나리오도 즐거운 마음으로, 이야기 자체를 바라보며 써 내려가고 싶습니다.

어떤 분은 이 글을 읽어 보시고 저와 마찬가지로 재미를 느끼시거나 다른 무언가를 느끼실 수 있을 것입니다. 또 어떤 분은 글 안에서 아무것도 얻어 가시지 못할 수도 있을 것입니다. 전자의 분에게는 깊은 고마움을, 후자의 분에게는 죄송한 마음을 보냅니다. 다만, 이 사람이 정말 즐겁게 글을 썼구나 하는 생각을 한 번씩 해 주시면 저는 더할 나위 없이 만족스러울 것 같습니다.

마지막으로 제가 재미있게 쓴 글을 함께 재미있어 해 주신 안전가옥의 모든 분들과 특별한 이름을 찾아다닌 저에게 흔쾌히 이름을 빌려준 홍하나임 배우, 언제나 저를 지지해 주는 가족들 그리고 선혜에게 감사 인사를 드립니다.

왜 이렇게 되었지, 라는 물음에 대한 대답으로 '모든 건 어느 바이러스로부터 시작되었다.'와 같은 문장이 떠오르는 요즘입니다. 2020년은 너무 이상하고 무서웠던 한 해로 기억될 것 같습니다. 우리나라에서는 사람들이 마스크를 구하기 위해 약국마다 줄을 섰고 이탈리아에서는 시신을 둘 곳이 없어 임시로 장소를 마련했으며 미국에서는 약탈과 폭동이 일어났습니다. 이웃 나라에선 사람이 쓰러지고 죽어 가도 괜찮다며 서둘러 경제 활동을 재개해야 한다고 말합니다. 어떤 소설이나 이야기보다도 암울하고 끔찍한 현실이 아닐 수 없습니다. 다른 나라의 상황을 전해 듣고 있으면 매일 뉴스를 통해 바이러스에 감염된 사람의 수를 숨죽여 지켜보는 우리의 상황은 그나마 나은 편이 아닌가, 하는 생각이 들 정도입니다.

이 작품을 쓸 때에도 여전히 그랬습니다. 저는 방 안에 앉아 수박을 우적우적 먹으며 이거 큰일인데, 라고 생각하면서 작품 걱정과 세상 걱정을 함께 했습니다. 작품은 아직 막막했고 뉴스는 연일 심각했습니다. 무책임한 일부 사람들에 대한 불안과 불신의 분위기가 더해졌습니다. 우리는 언제라도 서로를 욕하고 비난할 준비가 되어 있었습니다. 당연했던 일상으로 언젠가 돌아갈 수 있을까, 괜찮아질 수 있는 걸까, 앞으로가 더 아득해질 지경이었습니다.

슈퍼 마이너리티 히어로 안전가옥 앤솔로지 06

지은이	범유진·천선란·대혐수·표국청·강명균
펴낸이	김홍익
펴낸곳	안전가옥

기획	안전가옥
프로듀서	이지향·정지원
	김보희·신지민·윤성훈·이수인·이은진·임미나
공동기획	메가박스중앙(주)플러스엠
	이정세·이민우·김유진·함연주·진하연
편집	이혜정
퍼블리싱	박혜신·임수빈
디자인	금종각
서비스 디자인	김보영
비즈니스	이기훈
경영지원	홍연화

출판등록	제2018-000005호
주소	(04779) 서울특별시 성동구 뚝섬로1나길 5,
	헤이그라운드 성수 시작점 202호
대표전화	(02) 461-0601
전자우편	marketing@safehouse.kr
홈페이지	safehouse.kr
ISBN	979-11-91193-02-2
초판 1쇄	2020년 12월 15일 발행
초판 2쇄	2021년 8월 13일 발행
초판 3쇄	2024년 4월 30일 발행

그래도 한 줄기 빛과 같은 희망을 볼 수 있는 건 각자의 자리에서 묵묵히 일하는 사람들이 있기 때문이 아닐까 싶습니다. 공동체가 무너지지 않는 건 평범한 사람들이 서로에게 신뢰를 보태고 있기 때문이라고 지금도 믿고 있습니다. 어디든 있을 법한 평범한 사람들을 생각하면서 이번 작품을 썼습니다.

〈메타몽〉의 설정은 샤워를 하던 중 스펀지를 보고 스펀지와 같은 능력을 머릿속으로 굴려 보다 떠올렸습니다. 거기에 더해 별거 아닌데 별것처럼 느껴지는 능력들엔 뭐가 있을까 궁리를 해 봤습니다. 그런 능력은 앞으로도 계속 궁리해 볼 예정입니다. 참고로 〈포켓몬스터〉의 메타몽은 외모가 참 귀엽습니다.

전 물건을 잘 잃어버리지 않는 편인데 그래서 한번 잃어버리고 나면 패닉을 겪습니다. 어디서 잃어버렸지, 어떻게 잃어버렸지, 에 이어서 '왜' 잃어버렸지, 라는 생각까지 하게 됩니다. 그러다 보면 원래 버릴 거였다든가 잃어버려도 아까울 게 없다는 합리화까지 하는 경우도 종종 있습니다. 정말 안 잃어버리는 게 제일 좋습니다. 그런데 지금 살펴보니 책상 위에 있던 펜이 하나 없어졌네요. 어차피 거의 다 쓴 거긴 합니다.

요즘 출근 시간이 계속 길어지는 기현상을 겪고 있습니다. 이렇게나 차가 막힌다니 분명 어떤 음모가 도사리고 있을 법한데 말 그대로 출근에 쫓겨서 파헤칠 시간이 없습니다. 이렇게 늘어난 소요 시간에 적응하고 있다는 것도 무서운 일입니다. 그러니 제발 누구라도 예전의 30분 이하로 다시 고쳐 준다면 감사하겠습니다. 근처에 있는 공장의 트럭 뒤를 졸졸 따라가는 1차선 출근길이 너무 싫습니다.

연말이 되었을 때 서로를 영웅이라 치켜세우며 올 한 해를 되돌아볼 수 있기를 간절히 바라고 있습니다. 평범했던 우리를 떠올리는 데에 이 소설이 보탬이 되면 좋겠습니다. 좋은 때가 다시 올 겁니다. 잘 버티시길 바랍니다. 저도 앉은 자리에서 꾸준히 글을 쓰고 있겠습니다.